KB047537

명성을 얻어야 부가 따른다

명성을 얻어야 부가 따른다

최고 기업의 명성관리 노하우

찰스 J. 폼브런 · 시스 B.M. 반 리엘 지음 | 한은경 옮김

서울출판미디어

FAME AND FORTUNE:
HOW SUCCESSFUL COMPANIES BUILD WINNING REPUTATIONS

Authorized translation from the English language edition,
entitled FAME AND FORTUNE:
HOW SUCCESSFUL COMPANIES BUILD WINNING REPUTATIONS,
1th Edition, ISBN: 0130937371
by FOMBRUN, CHARLES J.;VAN RIEL, CEES B.M.,
published by Pearson Education, Inc, publishing as Financial Times Prentice Hall,
Copyright © 2004.

옮긴이의 말

오스트리아의 위대한 작곡가 하이든은 인생에 있어서 성취하기 어려운 세 가지로 첫째 명성을 얻는 것, 둘째 살아 있는 동안 명성을 유지하는 것, 셋째 죽은 뒤에도 명성을 보유하는 것을 꼽고 있다. 이는 그만큼 명성을 얻기도 힘들고 그것을 유지하기도 힘들다는 점을 잘 표현하고 있다. 사회적으로 저명한 정치인이나 기업인 혹은 인기 스타가 어느 날 갑자기 뇌물수수나 마약문제로 구속되고 오랫동안 쌓아온 명성을 하루아침에 먼지로 날려버리는 일을 우리는 자주 보고 있다.

개인의 경우뿐만 아니라 기업의 경우도 마찬가지다. 대기업은 망하지 않는다는 대마불사의 법칙은 IMF를 겪으면서 여지없이 무너져버렸다. 기업과 국가의 신인도가 추락하면서 외국의 수많은 투자가, 금융가 등의 다양한 이해관계자들이 자본을 회수하기 시작하면서 한 국가의 경제가 모래성같이 무너지는 경험을 하였다. 개인이나 기업의 좋은 평판이 허물어지면서 개인이나 기업 자체가 망해버리거나 오랫동안 고통을 겪는 경험은 우리나라뿐 아니라 외국의 사례에서도 쉽게 찾아볼 수 있다.

이 책 본문에도 나오는 사례지만 1995년에 세계적인 석유기업인 셸이 겪은 일은 명성의 굴절을 뚜렷이 드러내는 사건이었다. 1995년 6월, 셸이 노후하여 수명이 다한 높이 140m, 무게 15,000톤이나 되는 북해 유전의 초대형 해양 원유 시추선을 6월 21일 영국과 네덜란드 사이 북해 한가운데에 가라앉혀서 폐기하기로 결정한 데 대해 그린피스가 결사반대를 선언하였다. 그린피스는 이 장치에 약 130톤 가량의 유독물질이 그대로 남아 있어 해양오염이 심각해질 것을 경고하였다. 그러므로 그린피스는 셸에 대해 이 원유 채굴시설물을 육지에 끌어올려 안전하게 처리할 것을 주장하였다.

그러나 여러 전문가를 동원하여 검토한 결과, 작업의 안전성, 경제적 비용, 환경오염 등 크게 세 가지 측면에서 가장 효율적이고 환경친화적인 철거방법이 심해로 가라앉혀 폐기하는 것이라고 판단한 셸은 해양 시추선의 심해 폐기를 계속 추진하였다. 그러나 그린피스는 이를 가장 무책임한 결정으로 판단하고 시추선 점거 항의시위, 감시선박으로 예인작업 방해하기 등의 반대운동을 펼쳤고, 이러한 활동은 인터넷과 방송을 통하여 급속히 전세계로 전파되었다.

그 결과 유럽 전역에 셸 불매운동이 전개되고 셸의 매출은 30%까지 급감하는 사태가 빚어지게 되었다. 보다 더 심각한 문제는 이러한 사태로 인한 직접적이고 경제적인 손실보다 셸의 평판이 급격히 악화되어 기업 이미지 조사에서 세계 최고의 악덕기업으로 꼽히게 되었다는 것이다. 해양 시추선의 폐기방식에 대해서는 아직도 과학자들 사이에 논란이 일고 있을 만큼 환경에 관한 한 셸과 그린피스의 방식에 차이가 없다는 것이 객관적인 현실이었지만 그것으로 빚어진 결과는 엄청난 것이었다. 그린피스의 명성은 전세계로 퍼졌고 셸의 명성은 땅에 떨어지고, 악덕기업의 이미지로 인한 불매운동과 소비자의 외면으로 셀 수 없을 만큼 엄청난 경제적 손실을 입게 되었다. 셸은 그후

몇 년간에 걸쳐서 지속적인 투자와 프로젝트의 진행을 통해서 명성의 회복을 추구하였다. 그러한 노력을 통해서 과거의 명성을 어느 정도 회복하긴 하였어도 소비자와 일반대중들은 셸의 어두운 그림자를 아직 완전히 지우지 않고 있다.

명성을 쌓기는 어렵지만 허물기는 순식간이다. 그리고 허물어진 명성을 다시 회복하기란 더더욱 어렵다. 개인이나 기업 모두 마찬가지이다. 명성과 평판이 얼마나 중요한지, 하이든의 경구처럼 그것을 유지하고 발전시키는 일이 얼마나 어려운지 셸의 경우를 통해서도 잘 알 수 있다. 그러나 그토록 까다로운 명성을 구축하고 유지 발전시키는 방법에 관한 관련 서적이나 연구가 매우 미미하다는 것이 오늘날의 현실이다.

명성에 따르는 평판에 대한 근원과 평판을 효율적으로 관리하는 방법론을 수많은 사례분석과 그것의 계량화를 통해서 증명하고 있는 폼브런의 『명성을 얻어야 부가 따른다』를 이번 기회에 소개하게 되어 그나마 다행으로 생각한다.

폼브런은 평판의 중요성을 흥미진진한 수많은 사례분석을 통하여 증명한다. 그리고 구체적인 재무분석을 통해 평판가치를 계량화함으로써 평판이 단순히 담론의 차원이 아니라 사회과학의 차원에서 논의될 수 있는 근거를 제공하고 있다는 점에서 이 책은 큰 의미가 있다. 특히 그는 평판지수라는 하나의 과학적 잣대를 제시하고 기업의 총체적 경영성과와의 인과관계를 추적함으로써 평판은 한 기업이 적극적으로 축적해 나가야 할 하나의 자본가치를 지닌다는 사실을 증명하고 있다.

이 책을 번역함에 있어서 역자는 가능한 한 원본에 충실하게 번역하려고 하였으며 지나치게 영어적인 표현은 앞뒤의 논지에 따라 풀어서 설명하였다. 특히 명성(fame)과 평판(reputation)은 구분하여 번역하였고, 사례분석에 있어서 사건의 전개과정에 독자의 이해를 돕기 위해 약간의 부가설명을 첨부하였다.

이 책을 번역하는 과정에서 원본의 오류를 몇 가지 발견하여 수정하였다. 또한 이 책은 평판을 재무성과와 관련지어 논의한 부분이 많아 경영학 교수의 자문을 구하기도 하였다. 그럼에도 불구하고 잘못된 부분이 있다면 그것은 모두 역자가 지닌 언어의 한계 그리고 전망의 한계로 인한 것이다. 마지막으로 이 책을 출판하는 데 있어서 견마의 노고를 아끼지 않은 도서출판 한울에 감사한다.

감사의 말

가치있는 성과를 거둔 연구과제들치고 주변의 많은 사람들, 즉 파트너라든가 동료직원, 애널리스트 및 보조원들 그리고 친구들 등으로부터 끊임없는 도움을 받지 않고 수행된 예를 별로 보지 못했다. 이 책도 역시 예외는 아니다.

몇 년간에 걸친 회의와 공동작업을 통해 평판연구소와 그 주변의 사람들은 평판이라는 개념의 발전에 매우 중대한 공헌을 해왔다. 특히 평판지수 프로젝트에 생명력을 불어넣는 작업에 있어서 마하켄 슐츠(Majken Schultz, 코펜하겐 경영대학원), 데이비드 라바시(Davide Ravasi, 보코니 대학교), 클라우스-피터 비드만(Klaus-Peter Wiedmann, 하노버 대학교), 케이스 맥밀란(Keith MacMillan, 헨리 경영대학원), 게리 데이비스(Gary Davies, 맨체스트 경영대학원) 그리고 프랭크 테비센(Frank Thevissen, 브뤼셀 호리 대학교)의 도움을 입은 바가 크다. 페덱스(FedEx)의 빌 마가리티스(Bill Margaritis)는 이 작업을 수행하는 데 가장 변함없는 독려자였다. 어찌 그에게 감사의 뜻을 표시하지 않을 수 있겠는가. 그러고 보니 반드시 감사의 뜻을 표해야 할 분들이 또 있다. 초기의 우리 평판연구 멤버인 버슨 마스텔러(Burson Marsteller)의 캐롤 발록(Carol Ballock)과 레슬리 게인스 로스(Leslie Gaines Ross)와 웨버 샌드윅(Weber-Shandwick)의 스콧 메이어(Scott Meyer), 그리고 누구보다도 먼저 우리의 후원자가 되었던 프라이스 워터하우스 쿠퍼스(Price Waterhouse Coopers)의 헤롤드 칸(Harold Kahn)이다. 평판연구 작업을 안정된 궤도에 올려놓기란 정말 쉬운 작업이 아니었다. 그러나 얼마나 멋진 작업이었던가!

데니스 라슨(Dennis Larsen)은 온라인 리서치와 재무분석을 통해서 우리를 지원하는 데 열과 성을 다하여 아낌없이 전력을 투구했다. 지난 2년 동안 카스퍼 울프 닐센(Kasper Ulf Nielsen)과 니콜라스 조지스 트래드(Nicholas Georges Trad)는 평판연구소에 없어서는 안 될 사람이 되었다. 왜냐하면 덴마크, 노르웨이 그리고 스웨덴에서 전개된 평판연구에 실질적인 활기를 불어넣는 중요한 작업에 그들의 도움은 매우 중요한 역할을 했기 때문이다. 마하켄 슐츠야말로 그들을 우리 작업에 동참하게끔 한 환상적인 인물이다.

런던에 자리잡고 있었던 다린 무디(Daryn Moody)는 평판연구소의 간행물인 ≪기업평판 리뷰(*the Corporate Reputation Review*)≫를 여러 전문분야와 함께 엮어서 사려 깊은 학문적 연구와 실용적 사례에 대한 공동의 연구결과를 발행하는 탁월한 간행물이 되도록 한 실질적인 조력자였으며 동시에 공동연구자였다. 우리가 펴낸 연구업적 가운데 많은 부분이 지식의 교환을 위한 그와 같은 초기 포럼에서 도출되고 검증되었다.

그러나 우리 작업의 핵심 멤버는 시장조사 전문회사인 해리스 인터랙티브(Harris Interactive)의 조이 세버(Joy Sever)라는 점에는 우리 모두 이견이 없다. 그는 평판지수연구소의 '원동력'이었으며 사려 깊은 파트너이자 동맹군이었다. 해리스 인터랙티브는 우리 작업을 위하여 안전하고도 엄격한 방법론을 적용하여 전세계적 규모의 전형적 소비자 샘플을 책임지고 개발했다. 그들 또한 평판지수연구소를 이용하여 경험적 연구를 수행한 우리의 파트너였다. 웃음거리가 되지 마라—이것은 말처럼 그리 쉬운 것이 아니다. 특히 복합적이고 다양한 국가, 다양한 사회, 다양한 언어의 장벽을 무릅쓰고 수행해야 할 연구과제일 경우 더더욱 그러하다. 그러나 그녀가 해리스에서 '평판의 실제(Reputation Practice)'의 구축에 성공하는 것을 보는 순간 우리는 너무 행복했다. 연례적인 혹은 그때마다 상황에 따라 제기된 전세계에 걸친 평판지수 프로젝트의 수행에 그녀와 그녀의 팀이 보여준 피땀 흘린 작업에 대해서 우리는 심심한 감사의 정을 표시하고자 한다. 그들은 자료와 지식 간의 상호작용에 대해서 좀더 깊은 통찰을 하게끔 우리에게 끊임없는 자극을 주었으며 연구과제를 수행하는 데 있어서 나타난 많은 사례를 서로 어긋나지 않게 잘 처리하도록 방향을 제시해주었다. 또한 그들은 평판지수 프로젝트의 수행에 필연적으로 동반될 수밖에 없는 여러 기업, 대학 교수들, 그리고 자문역들 사이의 얽히고설킨 관계를 해소하는 데 많은 방법론들을 제시해주었다. 전세계에 걸친 그리고 시간에 관계없이 지원을 보내준 호주의 올리버 프리드만(Oliver Freedman), 그리고 뉴욕의 라마 보트라가듀르(Rama Botlagadur)와 데이드르 와너(Deidre Wanat)의 핵심 팀에게 축배를! 평판지수에는 해가 지지 않는다.

이제는 졸업한 비올리나 린도바(Violina Rindova)와 나오미 가드버그(Naomi Gardberg)도 정말 수고했다. 여기에 관련된 강의에 참석하거나 세미나에 참여한 많은 석사과정의 학생들과 실무진들이 그러했듯이 알게 모르게 방법론적인 측면에서 어떤 때에는 매우 독창적인 의견을 제시함으로써, 우리의 생각을 바꾸게 하기도 하고 어떤 경우에는 우리의 견해를 보다 확신하게 하기도 하고 때론 수정하게 하기도 했다.

명백한 것은 시간을 죽이다보니 해결된 일도 많았다는 사실이다. 아시다시피 집이나 사무실에서 다른 일로 꾸물거리다보면 어느덧 다른 일이 해결되어 있는 경우가 많은 법이다. 조크(Joke)의 행정적인 지원도 빼놓을 수 없다. 브뤼셀에서 파트타임으로 일했던 사무실 스텝들[로빈 로커만(Robin Lokerman), 캐서린 하트만(Catherine Hartman), 미카엘 포트(Michael Podt), 아르나우드 폰살드(Arnaud Ponsard), 그리고 나탈리 레이노드(Nathalie Reynaud)에 의해 운영된]은 우리들을 위해서 외부적인 일을 처리하는 데 많은 도움을 주었다. 반면에 가정적인 측면에서 보면 하네케 에르츠(Hannaeke Aerts)와 미카엘 베빈스(Michael Bevins)는 남들이 줄 수 없는 도움, 오랫동안 컴퓨터 앞에 홀로 앉아 씨름하고 있는 나에게 마음의 평화—어떤 때에는 약간의 음식과 와인을 곁들여서—를 제공했다.

언제나 하는 얘기지만 책은 노동과 사랑의 산물이다. 편집진인 팀 무어(Tim Moore)와 러스 홀(Russ Hall)의 끊임없는 질책으로 말미암아 안정적으로 일에 매진할 수 있었고 덕분에 우리들이 일에 너무 몰입하여 일을 그르치는 일이 없도록 함으로써 큰 도움을 받았다. 그들의 엄격한 자극으로 말미암아 이 책을 완결짓고 다음 단계에 대한 생각을 정리할 수 있었음을 진정 감사하게 생각한다.

여러분 모두에게 진정 감사의 뜻을 표한다.

차 례

서론

평판의 깊은 수렁

신문을 훑어보면 어느 나라 할 것 없이 기업평판과 관련된 기사가 숱하게 많이 보인다. 애석하게도 대부분의 기사는 투자자들이나 소비자들을 오도하여 고발당한 기업임원들의 사기행각에 대한 혐의를 포함한 별로 좋지 못한 내용으로 가득 차 있다. 2003년 봄 이후의 기사만 살펴보더라도 다음과 같은 내용을 볼 수 있다.

- 월스트리트에서 가장 큰 10개의 투자은행은 그들의 투자금융업무 추진에 있어서 투자자의 손실을 유도할 정도의 왜곡된 기업평가 보고서를 발표했다는 혐의를 해소하기 위하여 14억 달러의 배상금을 지급하기로 합의하고 재발방지를 위한 개혁안을 채택했다. 한 업계 전체의 배상합의라는 점뿐만 아니라 증권감독기관이 과징한 벌금의 규모면에서 유례가 없는 일이다. 시티

그룹(Citigroup), 메릴 린치(Merrill Lynch), J. P. 모간 체이스(J. P. Morgan Chase)와 크레디트 스위스 퍼스트 보스톤(Credit Suisse First Boston)이 그 주인공이다. 이 합의를 통하여 세계 최대의 투자은행은 그들의 사업방식까지 바꾸었다. 우선 항상 말썽의 소지를 안고 있던 기업재무 분석담당 애널리스트들의 리서치 부문과 투자금융업무의 연결고리를 완전히 끊어버리고 이들을 독자적으로 운영하기로 합의했다. 뿐만 아니라 독립적인 리서치 센터 운영을 위하여 향후 5년간 4억 3,250만 달러를 지불하기로 하고, 투자자 교육 프로그램의 수행을 위하여 8천만 달러의 기금을 조성하기로 합의했다. 3억 8,750만 달러의 기금은 10개 투자은행 때문에 손해를 입은 투자자들에 대한 피해보상금으로 쓰일 예정이며, 벌금으로 징수된 4억 8,750만 달러는 인구비례에 따라 주정부에 할당될 예정이다.

- 미국 증권거래위원회(SEC)는 64억 달러에 이르는 제록스의 회계부정을 방관한 혐의로 거대 회계법인 KPMG를 고발조치하고 민사상의 벌금을 부과할 예정이라고 발표했다. 이러한 회계부정은 기업역사상 최대 규모의 회계장부 재작성이라는 사례를 남길 만한 일이다. 제록스의 회계감사를 맡고 있는 KPMG에 대한 미 증권거래위원회의 조사활동은 감사자가 감사대상인 제록스와 너무 유착하여 공중의 감시견 역할을 소홀히 하지 않았는지를 판단하는 데 초점을 맞추고 있다. KPMG는 이미 약국체인인 라이트 에이드(Rite Aid)가 2년간에 걸쳐 약 10억 달러 이상의 매출을 과대계상한 것을 방관한 혐의로 주주소송에 휘말린 전력이 있다. 그리고 70%의 가공매출을 과대계상한 사실과 다수의 부정행위를 시인한 후 결국 파산하고 만 러넛 앤 하우스피 스피치 프로덕트(Lernout & Houspie Speech Products NV)에 관련해서도 소송에 휘말린 적이 있었다.

- 미국 증권거래위원회는 미국 최대의 의료서비스 업체인 헬스사우스(HealthSouth)와 회장 겸 CEO인 리차드 M. 스크루시(Ricahrd M. Scrushy)를 실질적인 회계부정 혐의로 고발했다. 위원회의 혐의내용은 1999년 이래 헬스사우스는 월스트리트에서 기대하는 매출수준을 만족시키기 위해 14억 달러 이상의 매출액을 교묘한 방법으로 과대계상해왔다는 것이다. 허위매출의 증가분은 허위자산의 증가로 메워졌다. 이런 방법을 통하여 2002년 3분기까지 헬스사우스의 자산은 최소한 8억 달러 이상 과대계상되었다. 헬스사우스의 최고재무경영자인 웨스턴 L. 스미스(Weston L. Smith)는 지난 3월 20일, 부정증권거래 혐의와 사기적 부정거래 음모 및 조종행위의 범죄혐의를 스스로 인정했다. 또한 회사의 매출과 수익을 부풀리기 위하여 수천억 달러에 달하는 매출을 장부에 허위기재했다는 범죄혐의에 대해서도 유죄임을 자인했다. 현재까지 8명의 헬스사우스 임원들이 부정회계 혐의로 유죄선고를 받은 상태이다.
- 세계 제2의 거대 광고회사 인터퍼블릭(Interpublic)은 그룹산하의 광고대행사 맥켄 에릭슨의 회계처리가 관계규정에 부적합하게 처리되었기 때문에 장부상의 매출실적을 1억 8,130만 달러를 축소 조정해야 한다고 발표했다. 그리고 연방정부의 조사를 받게 될지도 모를 이러한 중대과실에 책임을 지고 현재의 회장 겸 CEO 존 두너(John Dooner)가 사임한다고 발표했다. 이미 수주일 전에 기업평가회사는 인터퍼블릭의 기업부채 규모에 대한 신뢰도를 대폭 하향조정했고 이러한 일은 결국 인터퍼블릭을 정크상태보다 겨우 한 단계 높은 수준의 신용상태로 추락시켰다.
- 이메일 기록을 조회한 결과, 크레디트 스위스 퍼스트 보스턴의 스타 은행가 프랭크 콰트론(Frank Quattrone)은 자사의 IPO(기업공개: individual placement offering) 관행에 대하여 여러 감독기관의 심리와

형사상의 불법행위에 대하여 면밀한 조사가 진행중임을 알면서도, 예상되는 소송에서 회사를 보호하고자 동료들에게 관련 파일을 삭제할 것을 강요하였을 뿐만 아니라 노트와 기업가치분석 보고서, 그리고 내부문서 및 메모를 모두 폐기하도록 하였음이 드러났다. 이러한 말소행위는 소송이나 조사가 시작될 경우에는 엄격히 금지되는 행동이다. 쿼트론과 그외 간부 요원들은 기술벤처 붐이 일어났을 당시 넷스케이프, 아마존 및 리눅스 등을 포함한 벤처의 IPO를 주도적으로 추진하면서 실리콘 밸리 사상 최대의 이익을 얻었고 이로 인하여 가장 영향력 있는 투자은행가로서 명성을 얻었다.

- 네덜란드의 거대 식료품업체인 아홀드(Ahold)의 CEO 시스 반 데 회벤(Cees van der Hoeven)과 CFO 미첼 뫼르스(Michael Meurs)는 당사 미국 지사의 회계부정에 책임을 지고 사임했다. 아홀드는 2001, 2002회계년도에 걸쳐 5억 달러 상당의 매출액이 과대계상되었다고 발표했다. 이 발표 후 이 회사의 주가는 67% 하락했고, 지금은 2001년 중반 이 회사의 가치가 최고치일 때와 비교하면 약 10분의 1 가치밖에 되지 않는다. 아홀드는 지금 뉴욕 검찰청으로부터 조사를 받고 있는 중이며, 증권거래위원회 및 암스테르담의 유로넥스트(Euronext) 증권거래소로부터도 조사를 받고 있는 중이다. 2003년 5월 8일 이 회사는 미국 식품서비스 사업부의 매출액이 그 사업부 소속의 두 명의 임원에 의해 8억 8천만 달러가 과대계상되었다고 보고했다. 이 수치는 네덜란드 본사가 애초에 발표한 금액보다 3억 8천만 달러 정도를 상회하는 금액이었다.
- 독일의 거대 화학업체이며 동시에 제약업체인 바이엘(Bayer A. G.)은 안티 콜레스테롤 약품인 바이콜(Baycol) 때문에 회사를 상대로 제기된 약 7,200건의 소송을 해결하고자 계속 노력 중이라고 발

표했다. 바이콜은 전세계에 걸쳐 수백 명의 사람이 이 약의 부작용으로 인해 생명을 잃은 후인 2001년 8월에야 시장에서 전량 회수되었다. 이메일 메시지, 메모, 증언진술조서 등의 회사서류를 보면 회사임원 중 몇몇은 바이콜을 시장에서 회수하기 훨씬 전에 이 약의 부작용에 대한 위험성을 알고 있다는 사실이 드러났다. 만약 회사가 이를 고의적으로 무시한 사실이 밝혀지면 54억 달러를 상회하는 금액의 배상소송에 휘말릴 것이 틀림없다. 결과적으로 투자자들이 불확실성에서 비롯된 불이익을 회피하고자 모두 떠나게 됨으로써 기업의 주가는 계속 하락하게 되었다.

- 독일 검찰은 도이체 방크(Doutsche Bank)의 CEO 조셉 애커만(Josef Ackermann)을 배임혐의로 기소했다. 독일 검찰은 그가 영국의 이동통신업체인 보다폰(Vodafone Group of Britain)이 독일의 최대 철강회사인 만네스만(Mannesmann)을 인수 합병하는 거의 막바지 단계에서 만네스만의 주요 간부진들에게 총 1억 달러가 넘는 돈을 부당하게 지급했다고 확인했다. 애커만은 복합기업의 자금을 최고경영자의 해직수당이나 그에 대한 보너스를 지급하는 데 불법전용한 혐의로 기소된 만네스만의 전직 이사 6명 중 한 명이었다. 만약 피고측이 유죄로 판명난다면 그들은 최고 10년의 징역형에 처해질 수 있다.

이 사례들은 피해가 큰 순서대로 나열되어 있다. 이러한 기업범죄 혐의에 대한 보고서는 2002년 내내 봇물처럼 터져나왔다. 내용면에서 보면 거대기업의 종언을 초래한 경영권 남용과 회계부정행위에 관계된 엔론(Enron), 앤더슨(Andersen)과 아델피아(Adelphia)의 경우가 있고, 자사뿐만 아니라 타사마저도 존립이 위태롭도록 만든 월드콤(WorldCom)과 마사 스튜어트(Martha Stewart)의 옴니미디어(Omnimedia) 사건 등이 있는데, 이는 업계 전반에 걸쳐 신뢰의 상실이라는 위기를 초래했다.

그러나 모든 뉴스가 다 나쁜 소식만 전한 것은 아니었다. 2003년 2월, 미국의 대표적 소비자 샘플을 이용하여 기업의 가치를 평가하는 최신 모델이 해리스 인터랙티브와 평판연구소에 의해 개발되었다. 그 결과 매우 흥미로운 사실이 밝혀졌다. 첫번째 발견은 그동안의 끔찍한 혼란과 침체일로의 경제상황 그리고 기업회계 스캔들과 점증하는 이라크전쟁에 대한 우려에도 불구하고 미국 국민들은 여전히 미국 최대의 기업에 대한 신뢰를 저버리지 않고 있다는 사실이다. 이 조사에서 몇 년 연속 최고기업의 자리를 고수하고 있는 존슨 앤 존슨(Johnson & Johnson)뿐만 아니라 코카콜라(Coca-Cola), 메이택(Maytag), 델(Dell), 소니(Sony), P&G, 페덱스(FedEx), 디즈니(Disney), 월마트(Wal-Mart), 안호이저부쉬(An- heuser-Busch) 그리고 사우스웨스트(Southwest) 항공 등의 기업은 그들의 강력한 명성을 그대로 유지하고 있음이 밝혀졌다. 놀랄 것도 없이, 이 책에서 보여주고 있는 바와 같이, 이러한 기업은 평판의 중요성과 평판을 시의적절하게 관리하는 방법을 알고 있었던 것이다. 평판이란 어떤 기업에게는 어려운 시장환경을 이겨나가기 위한 필수불가결한 자산이라는 사실이 점차 증명되고 있다.

둘째, 모범적인 고객 서비스라는 개념의 발견이다. 만약 기업의 종류나 부문에 상관없이 다양한 소비자들을 대상으로 기업탐방이나 제품신뢰도에 대한 조사를 한다고 가정하고, 미국에서 어떤 기업이 할리-데이비슨(Harley-Davidson)보다 더 좋은 평가를 받을 수 있는지 물어보라. 오직 소비자에게 봉사한다는 한마음으로 파산의 벼랑에서 살아돌아와 오토바이 업계 최고의 자리를 다시 쟁취한 할리 데이비슨에 비교될 만한 업체는 없을 것이다. UPS의 톱 10 진입 및 홈데포(Home Depot)의 8위로의 상승을 보면 이들 기업이 신뢰할 만한 배송체계를 통해서든 적절한 가격대의 고품질의 제품공급을 통해서든 소비자들에게 호응을 얻는 데 성공하고 있다는 사실을 알 수 있다. 제너럴 밀즈

(General Mills) 역시 고객의 행복을 위해 품질 좋은 제품을 배송한다는 사실을 지속적으로 강조함으로써 순위권에 진입했다.

마지막으로 혼란스러운 경제상황에도 불구하고 어떤 기업은 2002년에도 여전히 평판을 쌓아가고 있다는 사실이다. 브리지스톤/파이어스톤(Bridgestone/Firestone), 다임러 크라이슬러(Daimler Chrysler), 홈데포, 시어즈(Sears), UPS와 제록스(Xerox) 등의 기업이다. 브리지스톤/파이어스톤은 한때 파트너였던 포드(Ford)보다는 조금 더 좋은 모양새를 갖추며 타이어 폭발사고로 인한 피해를 벗어나고 있다. 아직은 비록 미약하지만 이 타이어 제조사는 좋은 평가를 얻을 수 있는 근거를 확보했다고 보이지만 포드는 아직 그렇지 않은 듯하다. 소매업체인 홈데포와 시어즈는 가격에 민감한 소비자의 취향을 만족시킨 덕분에 평가가 약간 좋아졌다. 고급 승용차 제조업체인 다임러 크라이슬러는 독일과 미국 조직 간의 알력을 해소함으로써 활기를 띠게 되었다. UPS는 위협적인 파업을 슬기롭게 극복했고, 제록스는 회계부정으로 생긴 엄청난 문제를 정부와 함께 해결했다. 양사 모두 호의적이고 의미있는 평판의 상승을 보였다.

<그림 A-1>은 델라하예 미디어링크(Delahaye-Medialink)와 평판연구소에서 실시한 소비자 여론조사 분석과 미디어 보도 분석 결과를 종합해서 보여준다. 2002년 미국의 최고기업에 대한 미디어 보도 내용을 전자적 방식으로 분석하면, 미디어(인쇄와 방송 모두)는 최고로 평가된 기업의 평판을 어떻게 표현하고 있는지를 보여준다. 미디어 평가에서 최고 상위권에 오른 기업은 마이크로소프트와 월마트, 그 바로 밑으로는 제너럴 모터스(GM)와 코카콜라였다.

<그림 A-2>는 소비자와 미디어로부터 각각 획득한 두 집단의 순위를 비교하고 있다.

그 결과는 다음과 같다:

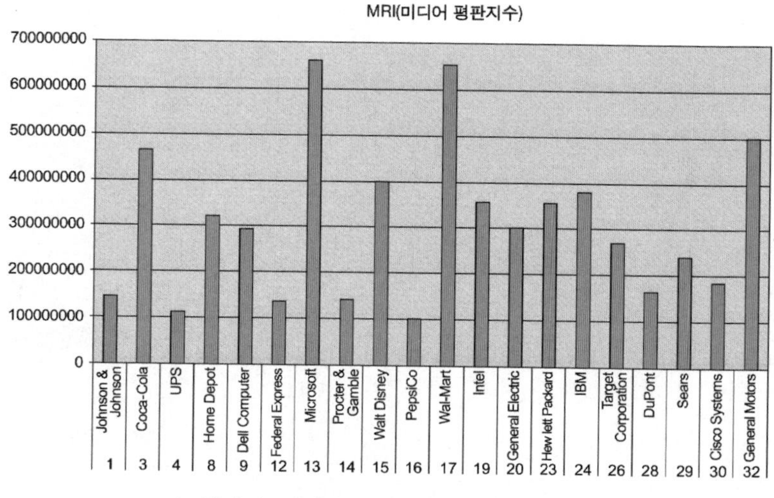

<그림 A-1> 미디어 보도와 소비자 인식의 연관

- 마이크로소프트, 월마트, 그리고 제너럴 모터스는 소비자들이 생각하는 것보다 미디어 보도가 더 좋다. 미디어가 기업의 실제상황을 더 잘 이해하고 있다면, 이 세 기업은 소비자의 커뮤니케이션을 보다 사려 깊고 효과적으로 수행함으로써 공중으로부터 자신의 입지를 향상시킬 수 있다.
- 코카콜라, 홈데포, 델 컴퓨터, P&G, 페덱스 그리고 펩시콜라(PepsiCo)는 소비자와 미디어로부터 더욱 균형 있는 평판을 얻고 있다. 이는 그들의 커뮤니케이션 전략이 채널을 통해 일관되게 실행되고 있음을 의미한다.
- 존슨 앤 존슨과 UPS는 소비자들이 생각하는 것보다 미디어 평가가 상대적으로 더 약하게 나타났다. 이러한 기업은 소비자들의 강력한 인지도를 강화시키기 위한 미디어 관계를 개선하는 데 집중하면 잠재적으로 얻을 수 있는 것이 많다. 존슨 앤 존슨과 UPS가 미디어 보도를 보다 더 활성화시키지 않는다면, 시간이

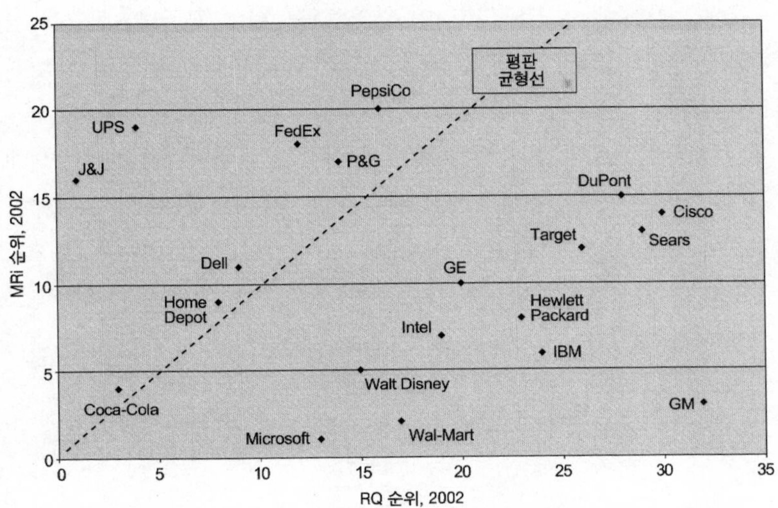

<그림 A-2> 2002년 기업 소비자 순위 및 미디어 순위 비교

경과함에 따라 공중으로부터 입지를 잃을 수 있는 평판위기에 직면할지도 모른다.

<그림 A-2>의 혼합형 분석(combined analysis)은 유용한 통찰력을 제공해준다. 이는 우리가 이 책에서 지지하고 있는 관점을 보여준다. 평판은 이해관계자들의 광범위한 스펙트럼에서 기업이 어떻게 인식되는지를 반영한다. 그리고 이는 기업이 미디어뿐만 아니라 공중과 어떻게 커뮤니케이션할 것인지에 대한 함수이다. 신뢰성, 일관성 그리고 투명성이 기업으로부터 나올 때, 공중과 미디어로부터 명성을 얻을 수 있다. 만약 존슨 앤 존슨이 공중으로부터 최상의 점수를 받았다면, 이는 고객 배려와 애정의 정서를 드러내는 강력한 메시지 때문이다(미디어와 약한 관계성이 특징이지만). 만약 코카콜라가 미디어와 공중 양쪽으로부터 높은 점수를 얻었다면, 이는 코카콜라의 편재성과 청량감을 전달하고 공중과 미디어 양쪽에 소구하는 설득력 있는 메시지 덕분이

다. 만약 페덱스가 공중과 미디어 양쪽으로부터 균형 있는 점수를 얻었다면, 이는 기업의 일관성, 책임감 그리고 서비스를 전달하는 일관되고 신뢰성 있는 메시지 때문이다.

이것이 바로 우리가 명성과 부에서 다루고자 하는 테마이다: 세계 최고의 기업은 어떻게 성공적인 평판을 구축하고 있는가. 우리는 당신이 이 책을 즐기길 바란다.

01

Why reputations matter?

왜 평판이 중요한가?

뉴스를 눈여겨보는 사람이라면 누구나 평판이 중요함을 알고 있다. 한 은행가는 자신이 재직하는 회사의 내부정보를 친구와 가족에게 흘려 주식투자로 부당이익을 취하게 했다는 혐의로 기소되었다. 어떤 정유회사는 유독성 화학물질을 매립했다가 그것이 수원(水源)으로 흘러들어가 암을 유발시켰다는 이유로 기소되었다. 저널리스트들과 평론가들은 매일 그러한 정보를 수도 없이 퍼부어댄다.

우리의 흥미를 끄는 점은 무엇인가? 종종 우리의 눈은 엄청난 충격을 유발하는 사건과 이슈－스캔들, 사고, 사망 그리고 위기－를 알리는 굵은 헤드라인의 포로가 된다. 이처럼 부정적인 사건은 기업과 개인들의 평판에 그늘을 드리운다. 이러한 관심과 주목은 균형 잡히지 않은 시선으로 우리가 알고 있는 사람들의 이름을 들먹이는데, 그들은 종종 업계나 정계의 거물들이다. 우리 사회는 명사(名士)들의 문화이며 무엇보다도 명사는 제품판매 때문에 우리와 친근해지고 싶어하는 기업과 또한 연계된다. 우리는 이러한 명사들과 기업을 그들을 둘러싼 평판의 후광을 통해 인식한다. 여기서 후광이란 그들의 이름에 부여된 평판자산을 끌어올려주거나 깎아내리는 과거의 누적된 행적을 뜻한다.

그러나 이러한 평판이 실제로 중요한 것일까? 이것은 늘 비평가들과 이 문제에 지대한 관심이 있는 사람들이 한결같이 물어보는 첫번째 질문이다. 우리는 어찌되었거나 평판에 대해 고민하느라 씨름해야 하는가, 아니면 당신에게 평판을 얻게 해주는 주요사항들, 이를테면 수익과 비용 같은 것에만 초점을 맞추면 되는가? 우리가 그렇다고 말한다면, 즉 평판이 당연히 중요하다고 답변한다면, 우리는 부득불 다음과 같은 질문에 답을 구하느라 더욱더 깊이 빠져들게 된다. "당신은 그러한 주장을 과학적으로 입증할 수 있는가?" 여기에 우리가 답변하고자 하는 바가 담겨 있다.

왜 평판이 중요한가?

문제로 돌아가서, 평판은 중요한가? 짧게 답하자면 '그렇다'이다. 이것은 좋은 뉴스이며, 그렇지 않았더라면 우리가 이 책을 집필하지 않았을 것이다. 왜 평판이 중요한가? 그 해답은 좀더 복잡하다. 이 문제 자체가 늘 관심의 대상인 학자들의 입장에서 보기에는, 이 주제에 관한 수많은 연구자료가 있다는 사실을 고려하면 진실이 충분히 밝혀져 있는 셈이다. 이러한 진실은 사람들이 어떻게 의사결정을 하는지 설명해주며, 사람들이 반드시 사실에 입각해서만 의사결정을 하지는 않으며 오히려 정확하든 그렇지 않든 간에 자신들의 편견에 바탕을 두고 의사결정을 내리기도 한다는 사실을 보여준다. 이것은 세분화되어 있는 한편 학제적인 연구가 필요한 학문이다보니 생각보다 아직 많이 알려져 있지 않다. 분명한 사실은 당신도 알고 있다시피 다른 사람 모두 이 점을 알고 있다는 사실이다. 그것은 상식이다. 단언할 수는 없지만, 의사결정에 대해 유독 이성적이고 경제적인 측면을 주장하는 보편적인 비즈니스 논리, 다시 말해서 우리가 하는 의사결정의 인지적이고 사회적인 요인의 영향을 왜곡시키는 논리를 고려하건대 그렇다는 말이다.

행동심리학자들은 우리가 구매결정을 할 때 비이성적인 요소의 영향을 심하게 받는다는 사실을 우리에게 상기시켜주고 싶어한다. 우리는 TV 수상기나 CD 플레이어를 살 때 어떤 것을 사야 할지 고르기 위해 여기저기서 들리는 풍문에 귀 기울이고 세평에 신경을 쓴다. 우리는 셀프서빙 잡지에 실린 제품관련 기사에 마음이 흔들린다. 우리는 비평가가 인정한 영화를 본다. 이러한 의사결정 중 어느 경우에도 우리는 제품 자체의 객관적인 특징에 대한 세심한 계산을 해보지 않는다. 오히려 우리는 이러한 제품에 대한 기존 인식에 맞춰 행동한다. 이러한 인식은 그 자체가 기업과 언론인들 또는 친구들이 우리에게 제품을 제시하는 방식에 대한 우리 자신의 아주 개인적이고 감정적이며 비이성적인 반응에 과도하게 영향을 받는다.

사람과 기업에 대한 평판 역시 우리의 투자결정에 영향을 준다. 우리는 종종 유망한 주식에 대한 전문적인 의견을 참고하기 위해 유명한 분석가들의 주장을 경청한다. 또한 우리는 조언을 구하기 위해 친구들에게 묻는다. 우리는 우리에게 친근한 제품을 만들어내는 기업에 투자한다. 그리고 우리는 기업 내부자, 전문가 그리고 우리보다 그 분야에 대한 지식이 풍부하며 그들의 충고가 우리가 보기에 주의깊고 이성적인 분석이라고 판단되는 사람들이 쓴 보고서를 참고해서 향후 전망을 고려한다. 분명히 그들 자신의 평판이 우리가 내리는 판단에 영향을 준다.

우리가 하는 일 또한 그러하다. 학생들이 직업을 고를 때, 가장 매력적인 직종은 언제나 당시 가장 부러움을 사는 기업에 채용되는 일이다. 일반적으로 그들은 이름이 잘 알려진 기업, 그리고 평판이 강력하고 긍정적인 기업으로부터 제안을 받는다. 다른 일자리에 비해 이처럼 평판이 아주 우수한 기업은 대개 양질의 지원자를 다른 기업보다 더 많이 확보할 수 있다. 정상급 기업이 이러한 상황을 악용하여 경쟁사보다 더 낮은 임금을 지불할 수도 있다. 그러나 이러한 기업은 종종 훨씬 더 높은 임금을 지불하기도 하며 상대적으로 후한 대우는 졸업생들로 하여금 향후 자신들의 위상을 차별화할 수 있게 해주어, 그 기업에 취직하지 못한 이들간에 긍정적인 구전효과—이른바 평판—까지 일으킨다. 컨설팅 회사와 투자은행은 특히 이러한 신비로운 요법을 잘 소화하여 능숙하게 운영하는 데 정통해 있다. 이들 기업은 캠퍼스 내 모임에 취업자료를 배부할 뿐 아니라 캠퍼스 외부에서 사무실로 직접 방문하는 이들도 훌륭하게 관리한다. 일류 경영대학원에서의 취업설명회는 세심하게 조율된 평판 올리기 이벤트나 다름없다. 왜냐하면 해당기업의 캠퍼스 방문이 그 기업의 평판에 미칠 파장을 신중하게 고려하지 않을 수 없기 때문이다.

훌륭한 평판은 자석 같은 역할을 한다. 즉 우리는 좋은 평판을 가진 사람들에게 끌린다. 이것이 바로 많은 사람들이 미셰린(Michelin)이 호평한 식당에서 식사하기 위해, 리츠 칼튼 호텔(Ritz-Carlton hotel)에서 자기 위해, BMW를 몰기 위해, 유명 디자이너 브랜드 옷을 입기 위해, 아메리칸 익스프레스 플래티넘 카드(American Express Platinum Card)를 소지하기 위해, 그리고 파리나 뉴욕에서 살기 위해 많은 돈을 기꺼이 쓰고자 줄을 서는 이유다. 우수한 평판은 훌륭한 명함과 같다. 그것은 문을 열고 추종자들을 끌어모으며, 고객과 투자자들을 유치한다. 그것은 우리가 존경하지 않을 수 없게 만든다.

그래서 훌륭한 평판이 강력한 제품이나 기업 브랜드 같은 든든한 초석 위에 자리잡는다는 사실은 때로 진실이다. 그렇다고 브랜드와 평판이 동의어는 아니다. 이 두 가지는 중요한 측면에서 차이가 있다.

어떻게 보면 브랜드란 소비자들이 해당기업의 제품에 대해 떠올리는 연상의 조합이다. 취약한 브랜드는 인지도뿐만 아니라 기능성에 대한 어필도 약한 반면, 강력한 브랜드는 인지도도 높고 기능성에 대한 어필도 강하다. 한편 평판은 몇몇 주주들이 해당기업이 그들의 기대를 충족시켜줄 역량이 있는지 따져보는 평가이다. 어떤 기업이 강력한 제품 브랜드나 심지어는 강력한 기업 브랜드—이 브랜드는 인지도가 높고 호소력이 강하다—를 보유하고 있다 해서 반드시 평판이 뛰어나다는 보장은 없다. 예를 들어 나이키(Nike) 같은 브랜드는 줄곧 이 기업의 평판을 묻는 여론조사에서 그 수치가 낮게 나왔다. 이는 많은 소비자들이 나이키가 너무나 상황이 열악해서 아동 노동을 금지시킬 여력조차 없는 저개발국에 하청공장을 운영하고 있다는 인식을 하고 있기 때문이다. 이와 대조적으로 취약한 브랜드가 여전히 강력한 평판을 지닐 수도 있다. 이 기업의 제품과 서비스는 비교적 대부분의 사람들에게 낯설지만 주주들 사이에는 강력한 신뢰를 얻을 수 있다. 한마디로 브랜드 효과는 소비자들이 선호하는 구매 의사결정의 가능성에 영향을 준다. 그러나 평판은 해당 브랜드의 주주 모두로부터 우호적인 행동을 얻어낼 가능성에 영향을 준다. 그래서 브랜드 관리는 평판관리의 하위 세트인 셈이다.

<그림 1-1>은 평판이 사람들의 의사결정에 얼마나 영향을 미치는지를 구체적으로 보여준다. 이것은 훌륭한 평판이란 고객들이 어떤 기업의 제품을 사야 할지 결정하는 데 영향을 주며, 해당기업 임직원들의 의사결정에 영향을 미치고, 해당기업의 주식투자자들의 의사결정에 영향을 준다는 사실을 시사한다.

또한 <그림 1-1>은 평판이 미디어 언론인들과 금융분석가들의 판단에 영향을 준다는 사실을 보여준다. 기자들은 평판이 높은 기업에 대한 기사를 상대적으로 더 자주 쓰며 그러한 기업을 더 우호적으로 취급하는 경향이 있다. 금융분석가들은 일류 분석가들을 추종하는 군

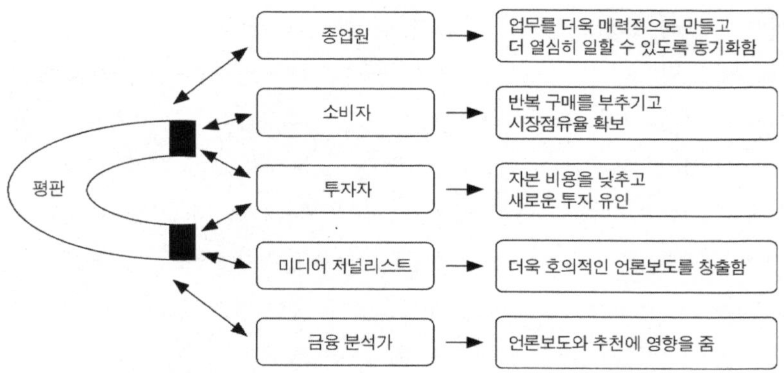

<그림 1-1> 평판은 자석이다: 평판은 기업이 자원을 끌어모으도록 돕는다

중심리를 보인다. 그러나 일류 분석가들이라고 해서 기존 기업에 관한 이미 가시화된 지표, 나쁜 평판 혹은 좋은 평판에서 자유로울 수는 없다. 2002년 비화된 엔론(Enron) 사태는 금융분석가들의 의견이 얼마나 취약한 기반 위에 있는지를 여실히 보여준다. 이 사건을 통해서 기자들과 분석가들이 기업을 판단하는 데 채택한 척도가 얼마나 부실하며 인간 고유의, 그리고 사회적인 편견과 선입견에 가득 찬 것이었음이 드러났다. 그렇지 않았다면 엔론처럼 자금상태에 심각한 문제를 안고 있던 기업이 어떻게 해서 주가가 무너지기 전까지 그렇게 널리 보편적으로 찬사를 받을 수 있었겠는가. 특히 금융감각과 숫자 다루기에 전설적일 만큼 타의 추종을 불허하는 월스트리트 내부자 모두에게서 어찌 그런 찬사를 받을 수 있었겠는가. 금융분석가들은 특정기업을 평가함에 있어서 그 기업에 대한 기존 평판에 상당한 영향을 받는다는 것은 명백한 사실이다. 그 평판이 진짜로 정확한 사실이든 아니든 간에 상관없이 말이다.

평판은 차별화와 경쟁적인 이점을 만들어낸다

궁극적으로 좋은 평판은 해당기업을 지원해주고 경쟁사로부터 차별화시켜주는 주요특징이기 때문에 중요하다. 평판에 근거를 둔 차별화는 다양한 환경적 트렌드 덕분에 기업에게 더욱 중요해지고 있다.

글로벌화

국경이 무의미해지고, 기업이 임금과 물류비용의 지역간 차이에 입각해 투자 개발하는 다국적 시장경영 탓에 기업간 경쟁은 갈수록 심해지고 있다. 기업이 신규시장에 진입할 때 기업은 해외에서의 평판의 장단점을 함께 지니고 들어가게 된다. 맥도널드, 셸(Shell) 석유, 코카콜라가 지닌 평판의 후광효과는 새로운 시장진출시 지방세수 당국과 공급업자들을 상대로 매력적인 교섭을 끌어낼 수 있는 주요한 힘이 된다. 이보다 평판이 취약한 외국기업은 해당지역의 라이벌 기업에 맞서 자신을 부각시키는 데 훨씬 밀릴 수밖에 없다.

정보의 바다

정보원의 양이 엄청나게 늘어나고 인쇄매체, 방송매체 그리고 인터넷을 통한 정보의 즉각적인 전달이 가능해지면서 사람들이 한 기업의 제품과 서비스의 질을 판별해내기 어려운 환경이 조성되었다. 이러한 상황에서는 고객들, 투자자들 그리고 잠재적인 취업희망자들은 지나치다 싶을 만큼 평판이 좋은 기업에 치우치는 경향을 보인다.

제품의 균질화

글로벌화 덕분에 세계 어느 시장이든 간에 제공되는 제품과 서비스의 종류와 품질은 점점 더 비슷해지고 있다. 세계 어느 지역을 막론하고 만약 당신이 패스트푸드를 사든, 음료를 사든, 또는 그 밖의 다른 어떤 소비재를 사고자 한다면 프랜차이즈 업체를 이용하지 않을 수 없는 상황이 되어가고 있다. 게다가 대부분의 나라에서 국내업체들은 자기보다 더 평판이 좋은 해외기업이 하는 행태를 따라간다. 이를테면 당신은 프랑스 어디에서든 맥도널드 햄버거를 지방 체인점에서 먹을 수 있고, 아시아 전역에서 하이네켄 맥주를 마실 수 있다. 설사 제공물간에 품질차이가 미미한 경우라 하더라도 평판은 차별화의 강력한 원천이다.

미디어 마니아

최근 몇 년간 미디어는 비즈니스 세계를 끌어안기 위해 그들의 영향범위를 넓혀왔다. 기업과 기업의 최고경영진은 이제 미디어의 스포트라이트를 받으며 일하면서 기업의 평판을 주요한 차별화요소 내지 관심거리로 만든다. 유가증권 사기혐의로 수갑을 찬 채 구속 수감되는 고위임원들의 모습은 2002년과 2003년 내내 방송전파를 어지럽혔다. 이러한 일련의 사건은 기업경영상의 위기감을 조성하는 데 일조했으며, 이러한 위기감은 경제적인 자산으로서 평판의 가시성과 중요성을 부각시켰다.

광고의 포화상태

배너 광고, 옥외 광고, 라디오 광고와 TV 광고에 이르기까지, 우리는 정신적으로 기업의 무차별적인 메시지 공격에 시달린다. 메시지 소화에 과부하가 걸린 공중이 이러한 메시지에 일일이 개별적인 관심을 기울이기 어려워짐에 따라, 구매된 광고 스페이스는 역사적으로 지금까지 건재해왔던 효과를 일부 잃어버렸다. PR, 이벤트 운영, 스폰서십 그리고 기업시민정신에 뿌리를 둔 보다 광범위한 평판구축 전략은 혼탁한 미디어 시장에서 소비자의 인식과 선별에 보다 효율적으로 영향력을 행사하기 위한 미디어믹스 구성에 있어서 가장 중요한 요소로 떠오르고 있다.

이해관계자의 행동주의

'예수님은 어떤 차를 몰까요?'라는 슬로건이 장식된 차에 랍비를 태운 채 수녀가 운전하는 광경을 보기란 흔치 않다. 그러나 2002년 11월 실제로 그러한 장면이 연출되었다. 당시 기독교와 유태교 종교지도자 연합은 디트로이트(Detroit)로 몰려가 자동차 제조회사에게 연료효율이 더 높은 차량을 개발하도록 압박을 가했다. 즉 그들은 제너럴 모터스에서 포드에 이르기까지 수녀들이 가스와 전력을 혼합해서 쓰는 도요타의 소형 프라이어스 차량을 몰고 다니며 시위하도록 했다. 이 슬로건은 복음환경 네트워크(Evangelical Environmental Network)라는 일반인들로 구성된 소집단의 작품이었다. 이것은 자신들의 메시지에 주목하도록 만들기 위해 점차 세련된 마케팅과 PR 기법을 동원하는 비정부집단들(그린피스, 식품개선을 위한 연대 같은 단체들)의 늘어만 가는 행동주의를 단적으로 요약해서 보여준다. 그들은 주로 세상에서 가장 눈에 잘 띄는 몇몇 기업의 평판을 이루는 토대를 공격함으로써 소기의 목적을 달성한다.

이러한 경향은 평판이 중요하며 이것을 지속적으로 보살피고 보호해야 한다는 사실을 강조해준다. 대기업 입장에서는 평판이 지속적인 경쟁력의 기반이고 이보다 규모가 작고 연륜이 짧은 기업에게는 평판이 비즈니스를 일으켜 세울 수 있는 디딤돌이다. 평판은 귀중한 것이지만 동시에 쉽게 손상될 수 있기 때문에 모든 기업에게 매우 중요한 사안이다.

평판의 중요성을 입증할 수 있는가?

평판이 투자자들의 주요 의사결정에 실제로 영향을 미치는지 또는 그 반대의 경우가 가능한지를 알아보기 위해 학자들과 컨설턴트들은 많은 연구를 해왔다. 상식으로 여겨온 기존의 통념을 뒤집어보면 임의적인 상호관계의 순환은 우리가 평판의 역학관계를 좀더 쉽게 이해할 수 있을 것 같아, 여기서 그러한 작업의 일부를 살펴보고자 한다.

고객: 평판은 구매결정에 영향을 미친다

마케팅 연구자들은 일반적으로 소비자들의 구매의사결정에 초점을 맞춘다. 그들은 세심한 브랜드 관리를 통해 한 기업이 경쟁사보다 소비자들에게 더 많은 제품을 팔 수 있음을 보여주려 한다. 브랜드 관리는 기업이 제품과 목표 소비자집단 간의 기억을 연관지음으로써 어떻게 하면 자사의 노출과 도달범위를 증가시킬 수 있을지에 관심을 기울이는 마케팅 개념이다. 고객이 반복구매를 하는 것은 해당제품 브랜드를 강렬하게 선호하는 독특한 특성과 자신을 심리적으로 결부짓기 때문이다. 브랜드 효과는 소비자가 특히 구매결정을 하기 전에 제품의 속성을 요모조모 따져볼 형편이 여의치 않을 때 강력해진다. 그래서 그들은 그 제품 이면에 자리잡은 회사에 대한 기존인식으로부터 추론하기에 이른다.

기업 브랜딩이란 제품에 적용하기 위해서 개발된 표준적인 브랜딩 과정을 기업 전반에 걸쳐 적용하는 것이다. 이것은 한 기업과 그 고객들 사이에 감정상의 강력한 연결고리를 만들어주면 고객들의 회사에 대한 동일시를 강화시켜 결과적으로 제품판매 가능성이 높아질 것임을 시사한다. 엔터테인먼트 업계의 거물 월트 디즈니(Walt Disney)와 장난감 제조회사 레고(Lego)는 자사의 제품을 팔기 위해 단일한 기업 브랜드명에 상당히 의존한다. 고객들이 기업 브랜드에 대해 긍정적인 인상을 떠올리는 한, 그들은 그 회사의 제품에 대해 긍정적이거나 부정적인 속성을 관련지을 수 있다. 이러한 '후광효과'를 증명할 만한 설득력 있는 연구 가운데 동일제품군에 속한 다양한 브랜드에 대한 비교연구가 있다. 일례로 자동차 회사는 똑같은 공장에서 생산된 동일한 차량을 단지 브랜드만 달리 해서 판매한다. 맥킨지 앤 컴퍼니(McKinsey & Company)의 연구는 이렇게 서로 다른 이름을 지니게 된 동일 차량이 판매고에서 아주 다른 차이가 날 수 있음을 보여주었다. 제너럴 모터스와 도요타(Toyota)는 캘리포니아에 있는 그들의 합작법인 NUMMI를 통해 동일한 차량을 생산했다. 도요타 코롤라(Toyata Corolla)와 시보레 프리즘(Chevrolet Prizm)은 동일한 부속으로 제작되었고 단지 세부적인 장식에 차이가 있었을 뿐이지만 각기 상당히 다른 운명을 맞이했다. 프리즘은 고작해야 코롤라 판매량의 4분의 1만 팔렸을 뿐이며 중고품 가격(trade-in value)이 하루가 다르게 바닥으로 곤두박질쳤다. 급기야 판매촉진을 위해 바이어들에게 750달러의 인센티브를 지불해야만 했다. 도요타가 코롤라라고 이름붙인 자동차는 고객의 입맛을 당긴 반면, 프리즘은 시보레 딜러들의 호주머니만 채워준 채 지리멸렬해버렸다.

달리 표현하면 브랜드 관리의 관점에서 볼 때, 기업의 평판은 잠재고객들이 제품에 매력을 느끼도록 영향을 주어 그 기업이 수익을 낳도록 한다. 평판이 높은 기업은 프로모션 캠페인에서 극단적인 주장을 하더라도 소비자들에게 신뢰를 받을 가능성이 높다. 판매에 평판이 미치는 효과는 해당기업의 평판이 사회적 책임에 대한 인식보다는 핵심 경쟁력 자체에 기반을 두고 있을 때 더욱 강력해진다(예를 들면 제품의 질이나 제품혁신). 훌륭한 평판은 기업의 신용을 개선해주고 기업에 대한 호의적인 인상을 그대로 제품에 전이하도록 해준다. 반면 형편없는 평판은 제품판매고를 깎아먹는다.

종업원: 평판은 기업의 입사 근무 및 근속 여부에 영향을 미친다

'고용주 브랜딩'이란 현재의 근속직원들 및 향후 입사희망자들에게 자사에 대한 매력을 더욱 강화하려는 기업이 늘어남에 따라 쓰이게 된 평판형성 기법에 붙여진 명칭이다. 2001년 2월 금융 서비스 업계의 거물 찰스 슈왑(Charles Schwab)이 후원한 컨퍼런스 보고서에는 138개에 달하는 선도기업 관리자의 브랜딩 경험과 실천사례에 대한 조사 응답 결과가 나와 있다. 그들은 고용주들의 당면과제는 향후 입사지원자에게 이 회사가 일하기 좋은 곳이며 엄정한 채용과정을 거쳐 양질의 지원자들을 선발한다는 인식을 주는 데에 그치지 않고, 그들로 하여금 이 회사의 목표와 책무를 제대로 이해하도록 하는 데 있다고 지적했다.

사실상 조사에 응한 기업 중 차별화된 고용주 브랜딩 노력을 기울여온 기업은 이미 이러한 시도를 5년째 해오고 있었다. 응답자들 가운데 압도적인 다수가 고용주 브랜딩 노력을 위한 자금이 지난 2년 새 증가해왔으며 향후 2년 동안 역시 지속적인 성장세가 예상된다고 말했다. 고용주 브랜딩을 위해 커뮤니케이션과 마케팅 임원들은 다음과 같은 지상목표를 추출해냈다.

- 종업원들이 기업의 가치관을 내면화시키도록 돕기

- 훌륭한 고용주라는 평판획득
- 종업원 채용과 관리
- 브랜드 가치를 핵심과정에 주입

인사담당 임원들 역시 다음과 같이 유사한 조합을 골라냈다.

- 종업원들이 기업의 가치관을 내면화시키도록 돕기
- 종업원 채용
- 종업원 관리
- 훌륭한 고용주라는 평판획득

'훌륭한 고용주'가 되는 길에 직원채용과 직원관리의 개선이 포함되어 있긴 하지만, 진정한 고용주 브랜딩은 단순히 보다 효율적인 직원채용과 직원관리의 개선에서 더 나아가 종업원들에게 동기를 부여해서 개인의 목표와 기업이 추구하는 비전 및 가치 사이의 격차를 좁히는 데 있다. 궁극적으로 고용주 브랜딩은 칭찬과 보상을 위한 인사 시스템과 개인실적 개발뿐만 아니라 조직을 우수하게 업그레이드 하는 전인적 과정과 결부되어 있다.

재능 있는 직원을 스카우트하기 위한 전쟁은 이제 웹으로 옮겨가고 있다. 영국의 졸업생 취업센터는 2000년 7월 보고서에서, 학생들의 88%가 채용정보를 조회하기 위해 인터넷을 이용했으며, 44%는 아예 온라인으로 지원서를 접수했다고 밝혔다. 이제 많은 기업이 기업평판을 유지함과 동시에 졸업생 유치시장에서 경쟁하기 위해 온라인 채용을 고려한다.

웹은 기업과 일자리에 관한 보다 명료한 아이디어가 담긴 후보들을 제공한다. 웹 검색자들은 자신들이 찾아낸 것이 마음에 들지 않으면 그냥 배제해버리면 된다. 어떤 기업의 웹사이트가 정보가 빈약하고

업데이트된 지 너무 오래된 것 같다거나 단지 기업 브로셔를 그대로 옮겨놓은 것에 불과해 보인다면, 그 결과 뛰어난 입사희망자들을 놓쳐버릴 수 있다. 더욱이 한 기업의 웹사이트는 해당기업의 가치관, 포부, 기업문화에 대한 아주 공식적인 견해표명이다. 즉 이것은 해당기업이 어떤 원리원칙에 따라 운영되는가를 보여준다. 이 보고서가 지적하고 있듯이, 이번 연구에서 밝혀진 한 가지 두드러진 점은 인터넷으로 직원을 채용하는 데 아주 성공을 거둔 기업은 기업 커뮤니케이션, 마케팅, 정보기술 그리고 이러한 제반활동을 조율하는 인사관리 분야의 매니저들로 구성된 강력한 내부팀을 보유하고 있었다. 기업평판이 성공적인 신규채용과 근속직원 관리에 미치는 효과를 다룬 연구는 별로 많지 않다. 200명의 비즈니스 스쿨 학생들을 대상으로 삼은 한 연구는, 그들이 이왕이면 '최고의 취업희망 100대 기업'에 선정된 기업에서 일하고 싶어한다는 사실을 발견했다. 평판의 효과는 마찬가지로 MBA 학생들에게도 여실히 드러난다. 유니버숨(Universum)은 스웨덴 회사로서 매년 MBA 학생들을 상대로 정상급 고용주(기업)들에 대한 그들의 인식을 평가하는 조사를 한다. <표 1-1>은 2001년 4월 기준 상위 10개사와 그들의 순위 그리고 그 전해(2000년) 순위를 보여준다.

1990년대 말 E-커머스 붐을 타고 잠시 우회한 경우를 제외하고는, MBA 졸업생들은 가장 선망하는 기업에 대한 선호도에서 일관성을 보여준다. 그들이 선호하는 우선순위에는 전형적으로 컨설팅, 투자은행, 첨단기술 분야에서 높은 평판을 지닌 기업이 단골로 들어간다.

2001년 가을 영국의 42개 대학 졸업반 학생들 6천 명을 샘플로 삼은 유사한 조사에서는, 피응답자들에게 그들이 되도록이면 꼭 가서 일하고 싶은 기업 5개를 꼽으라고 했다. BBC가 그 답변순위에서 맨 위를 차지했다. 외무연방성(Foreign and Commonwealth Office)[1], 영국 항공,

---

1) 외무연방성은 영국의 대외관계 부처로서, 1968년 외무성(Foreign Office)과 영연방성(Commonwealth Office)이 하나로 통폐합되었다– 역자주

기업	2000년 순위	2001년 순위
McKinsey & Co.	1	1
Boston Consulting Group	4	2
Cisco Systems	7	3
Goldman Sachs	3	4
Bain & Co.	5	5
Accenture	13	6
Booz-Allen & Hamilton	8	7
Intel	12	8
Hewlett-Packard	22	9
Morgan Stanley Dean Witter	9	10

<표 1-1> 최고 10대 기업과 2000/2001년 순위

액센처(Accenture) 그리고 앤더슨 컨설팅(Anderson) 등이 나머지 4개의 블루칩 조직으로 꼽혔다.

그러나 이렇게 많은 신규고용 조직들 중에서 유독 BBC가 수위를 차지한 이유는 무엇일까? 무엇보다도 BBC는 사실상 공식적인 졸업생 채용과정이 없을뿐더러 매년 고작해야 300명을 뽑는다. 이것은 아마 BBC가 자사 브랜드를 일종의 기업으로서 혁신하려는 노력을 기울여 온 덕분으로 설명할 수 있다. 2001년 BBC는 <미디어 데이즈>라는 프로그램을 공동 후원했다. 이 프로그램은 매회 전국의 대학 캠퍼스를 순회하면서 기업이 엘리트 지상주의와 연고자 우선주의에 경도되어 있다는 인식을 일소하려는 의도로 기획되었다. 이와 유사하게 BBC는 젊은 뉴스캐스터, 프로듀서 및 기술자를 뽑기 위한 채용 프로그램인 <BBC 탤런트>를 방영했다. 여기서 BBC는 엘리트 지상주의와 기득권 세력이라는 이미지보다는 오히려 위험을 기꺼이 감수하는 혁신적인 기업으로 그려졌다.

분명히 훌륭한 평판은 잠재적인 취업희망자들의 흥미를 자아낸다. 설사 해당기업이 아무나 다 받아줄 생각은 아니라 하더라도 말이다.

훌륭한 평판은 또한 사내직원들이 기업의 가치관, 신념, 과제 그리고 목적 등을 보다 책임감을 갖고 받아들이도록 도와준다. 해당기업과 동일시를 하게 됨에 따라, 훌륭한 고용주로서의 평판은 직원들에게 애사심, 동기부여, 적극적인 업무참여 그리고 책임감을 갖도록 부채질 한다.

투자자: 평판은 투자결정에 영향을 미친다

투자자는 기본적으로 두 가지 유형, 개인투자자와 기관투자자로 나뉜다. 개인투자자들은 때때로 저축해놓은 돈으로 충분한 고민 없이 기업주식을 사서 자기 계정에다 집어넣는 일반 사람들이다. 일부 개인투자자들은 투자에 대한 전문적인 식견이 있고 광범위한 조사를 하며 그들이 투자하고자 하는 기업의 이력을 면밀히 연구한다. 이들만큼 정통하지 못한 다른 개인투자자들은 통상적인 조사자료와 기업측의 과대선전, 풍문에 이끌려 주식을 매입한다. 적합한 투자대상을 찾기 위해 일부 개인투자자들은 기관투자자들의 주식보유현황을 살핀 다음, 그들을 흉내낸다. 일반적으로 기관투자자들이 특정기업의 주식을 보유한다는 사실은 그 기업의 주식이 안전하고 유동성이 좋다는 징표인 셈이다. 이는 대규모 자금의 유치가 가능해진다는 뜻으로, 만일 기관투자자들의 투자가 없었더라면 불가능한 일이었을 것이다.

기관투자자들은 투자자금이 100만 달러가 넘는 기업이나 개인들이다. 기관투자자들은 연금 펀드, 은행, 신탁자금, 조합자금, 기부금 그리고 뮤추얼 펀드의 운영관리자들이다. 기관투자자들은 기업측의 과대선전에 속아 주식을 매입하지 않으며, 많은 브로커들이 공중에게 공개하는 매수신호에 흔들리지도 않는다. 대신 기관투자자들은 그들 나름대로 내부분석을 하며 광범위한 조사를 실시하고 숫자에 근거한 전문가들의 조언에 의지한다.

기관투자자들은 실제로 모든 투자 펀드의 약 40%를 차지한다. 나머지는 수많은 개인투자자들의 손에 분산되어 있다. 기관투자자들은 증권, 채권, 뮤추얼 펀드 그리고 상품 분야에서 일어나는 미국 무역활동의 80%를 책임지고 있다. 1996년 미국 기관투자자들의 금융자산은 영국의 6배, 프랑스와 독일의 10배 그리고 일본의 거의 4배에 달했다. 결과적으로 미국 기관들의 금융자산은 이 5개국 총액의 다수(61.9%)를 차지한다. 기관투자자 보유주식의 이같은 중앙집중화 현상은 그들의 행동이 기업의 안팎에서 충분한 자금조달이 가능하도록 해주기 때문에 중요하다.

주요기업은 기관투자자들을 대상으로 한 자사의 기업평판을 훌륭하게 유지하는 것이 얼마나 중요한지를 잘 알고 있다. 기관투자자들이 어떤 회사에 대한 투자에 확신이 서지 않고 그 기업의 전망에 대해 부정적인 인식을 갖게 될수록 기관투자자들은 기업의 경영권을 교체하라는 압력을 점점 더 강하게 행사하게 된다. 최근 몇 년 동안 수많은 기관투자자들이 다양한 기업 경영권 분쟁에 영향력을 행사해왔으며, 임원의 연봉책정의 근거를 묻거나 어떤 경우에는 임원축출을 위한 수순을 밟기도 했다. 이러한 일은 어김없이 미디어의 관심을 증폭시키고 이는 그 기업이 지닌 평판에 대하여 피드백 효과가 있다. 비전과 리더십은 종종 기업을 자신감의 위기에 처하게 만드는 핵심요소가 되기도 하며, 기업의 평판은 궁극적으로 여기에 의존한다. 그렇기 때문에 기업경영자들의 투명성이 갈수록 더 요구된다.

미디어: 평판은 미디어가 다루는 보도내용에도 영향을 미친다

미디어는 우리가 주목하는 이슈에 대해 강력한 효과를 발휘한다. 1972년 실시된 널리 알려진 한 연구에서, 맥스 맥콤스(Max McCombs)와 돈 쇼(Don Shaw)는 아직 마음속으로 대통령 후보를 점찍지 않은, 북부 캘리포니아에 거주하는 부동표 유권자들 100명을 대상으로, 다음번 대통령 선거에서 가장 관심을 불러일으킬 쟁점 5가지를 물었다. 그런 다음 이 연구자들은 채플 힐(Chapel Hill) 지역에 제공되는 주요 신문 방송 매체의 내용을 검토했다. 그 결과 미디어가 다루는 내용범위와 유권자들이 표명하는 관심사 간에 뚜렷한 상관관계가 있는 것으로 나타났다. 그들의 연구는 미디어의 의제설정의 역할을 확인해주는 첫번째 시도였다. 즉 미디어는 사건 및 그 사건의 중요성에 대한 공중의 견해를 형성하는 데 강력한 효과를 발휘했다. 특정기사가 언론매체나 뉴스에서 반복적으로 올라오는 횟수는 사람들이 그 사건의 중요도를 인식하는 데 결정적인 영향을 미친다. 그 구체적인 내용이 무엇이든 간에 상관없이 말이다.

동시에 미디어는 주위환경에 민감하게 영향을 받고 있는 제작자들로 운영된다. 저널리스트들은 자신들이 다루고 싶은 화제를 선별해야 한다. 편집자들은 독자들의 흥미를 자극할 만한 기사를 찾아내야 한다. 발행인들과 프로듀서들은 광고비에 상당히 의존하기 때문에 그들은 광고를 게재해주는 기업에게 직간접적으로 영향을 받지 않을 수 없다. 설사 발행인들이 광고주 관련기사를 지나치게 배려하거나, 반대로 광고주들이 미디어가 다루는 기사내용에 영향력을 발휘하고자 굳이 애쓰지 않는다 해도 말이다. 부당한 영향력 행사를 차단하기 위해, 대부분의 명망 있는 발행인들은 뉴스와 광고 사이에 일종의 장벽을 설치한다.

그러나 미디어간 경쟁과 수익증대 욕구 탓에, 기사편집과 마케팅 간에 놓인 장벽은 때로 그 턱이 낮아진다. 무척 비판을 받았던 ≪LA 타임즈≫와 사무용품 소매유통기업 스테이플스(Staples) 사이의 관계를 생각해보라. 2000년 이 신문은 168쪽짜리 일요판 잡지에다, 이 소매유통기업이 자금지원을 한 다운타운 지역 스테이플스 센터 개장 관련기사들과 광고를 잔뜩 실은 적이 있었다. 조사 보고서들은 ≪LA 타임즈≫가

잡지 매출이익의 상당부분을 스테이플스측과 함께 나누었으며 언론을 통해 기업의 주장을 단기간에 폭넓게 인지시켰다고 지적했다.

이와 같은 일화들은 한둘이 아니며, 기업의 전술이 미디어 내용에 직접 영향을 미치기 위해 체계적으로 어떻게 이용되는지를 보여준다. 결국 미디어 관련산업 전체가 바로 그러한 일을 하기 위해 존재한다. 그러나 명약관화한 경험적 증거를 찾아내기란 훨씬 어렵다. 현실에서 평판이 미디어에 미치는 영향은 훨씬 더 은밀한 데다 추적하기 어려워서 단지 예를 드는 이상의 수준으로 파헤치기가 쉽지 않다.

상식적으로 봐도 기업과 이를 운영하는 경영진에 대한 평판은 기자들이 특정기업에 대한 기사를 쓰고자 자극하는 데 강력한 역할을 한다. 즉 평판은 기자들이 상대적으로 평판이 좋은 기업을 더 호의적으로 다루도록 선입관을 불어넣으며, 인쇄매체와 방송매체에서 어떤 기사를 더 부각시키거나 덜 부각시키도록 조장한다.

금융분석가: 평판은 어휘구사에 영향을 미친다

리차드 브랜슨(Sir Richard Branson) 경은 금융분석가들에게 귀를 기울이지 않는다. 1986년 그는 자신이 보유하고 있던 50억 달러에 상당하는 버진 그룹(Virgin Group) 주식을 일반에게 매각했다. 이 매각은 영국의 일반 매수자들 사이에 치열한 매입경쟁을 불러일으킨 최초의 대대적인 주식 공개매각 사건이었다. 2년 후 자신의 생각이 짧았음을 후회한 그는 다시 한 번 버진 그룹 주식을 은밀히 사들였다. 그는 이렇게 말했다. “공기업이 아니라서 행복한 점은 우리가 멍청한 소리만 해대는 어리석은 애널리스트들에 대해 우려하지 않아도 되기 때문이다.” 확실히 그의 주장이 선견지명이 있었는지, 엔론의 몰락 그리고 그 사건이 2002년 내내 아더 앤더슨, 월드컴(WorldCom), 제록스에 미친 도미노 효과와 월 스트리트 전반의 공개적인 자신감 상실 이후 전문 애널리스트들은 사실상 혼란의 소용돌이에 빠졌다.

한번은 기업의 평판이 어떻게 형성되는지를 다룬 프리젠테이션을 마치고 나서 얼마 뒤, 우리는 뉴욕에 있는 중견 광고회사로부터 전화를 받았다. 질문의 요지는 그 광고회사가 일부 주요 광고주들을 위해 제작한 광고가 해당광고주 기업을 다루는 금융분석가들에게 얼마나 영향을 미치는지 계량적으로 측정 가능하겠느냐는 것이었다. 당연히 광고회사는 자신이 만든 광고가 해당기업에 대한 호의적인 평가를 내리는 데 훨씬 큰 영향을 준다는 식으로 입증해주길 바랐다.

그러한 효과를 입증해줄 수만 있다면 그야말로 금상첨화겠지만, 막상 그렇게 하기란 쉽지 않다. 금융분석가들은 상호작용하는 많은 요인들의 영향을 받게 마련이며, 회사의 전망 및 리더십에 영향을 주는 전략적 변화뿐만 아니라 지속적인 재무/경영 성과에 영향을 받게 된다. 그러한 효과를 어떤 유의미한 양적 유형으로 통찰하기란 어렵다. 심지어 기업에 대한 합리적인 (오로지 숫자에 의지하는) 판단을 자부하는 금융분석가들조차 역설적이지만 막상 물증을 선뜻 받아들이는 데는 소극적이지 않은가.

대신 동료인 비올리나 린도바와 함께 우리는 금융분석가들이 무의식 수준에서 광고 캠페인의 영향을 받는지 여부를 검증해보자고 제안했다. 광고 캠페인은 일반적으로 해당광고에 노출된 사람의 인식을 양적으로 변화시키거나 일종의 감정적인 반응을 유도하려고 하므로, 우리는 금융분석가들이 분기별 연도별 보고서에 구사하는 용어가 특정광고 캠페인 이후에 변화가 있었는지를 검증해보기로 했다. 이렇게 하기 위해 우리는 이러한 분석 보고서에서 사용된 전자 텍스트를 단어별, 인식된 동의어별로 분류해서 전체 텍스트를 이러한 단어별로 나눈 다음, 해당기업에 대해 금융분석가들이 사용한 특정단어의 수를 목록으로 만들어주는 소프트웨어를 사용했다. 특히 각 광고 캠페인마다 우리는 다음과 같은 단계를 따랐다.

1단계: 광고 캠페인에서 사용된 모든 단어의 목록을 작성하라.

2단계: 광고물에서 3번 이상 반복된 단어를 핵심단어로 선정하라.

3단계: 광고 캠페인을 전후해서 금융분석가들의 보고서에서 사용된 용어의 사전을 만들라.

4단계: 광고 캠페인을 전후해서 금융분석가들이 광고에서 쓰인 핵심단어를 얼마나 자주 인용하고 있는지를 비교하라.

5단계: 광고 캠페인을 전후해서 금융분석가들의 보고서에서 용어 사용빈도에 광고가 미치는 증가효과를 계산하라.

우리는 이 광고회사가 자신의 광고주 네 곳을 위해 제작한 수많은 광고 캠페인을 이용해 조사에 들어갔다. 수집된 분석 보고서는 해당 광고 캠페인이 실시되기 전 1년간과 실시된 이후 1년간의 분량이었다. 또한 우리는 그 광고회사의 캠페인 크리에이터들과 관리자들을 동참시켰다. 이는 주요가설이 해당광고 캠페인을 위한 광고주의 전략적 목표(광고주들이 변화시키고자 하는 바)를 제대로 반영하고 있는지 확인하

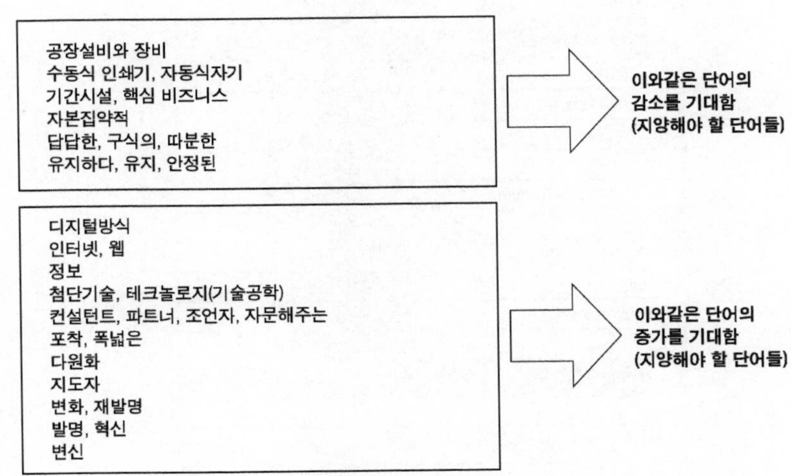

<그림 1-2> 애널리스트의 보고서에 나타난 단어수로 추정한 광고 캠페인의 가설적 효과

기 위해서였다. <그림 1-2>는 기계적 기술에 의존하는 구식 금융관련 출판사에서 복수 미디어를 넘나들며 많은 정보조작을 하는 하이테크 조언자로 기업 이미지를 변신시키고자 하는 한 기업의 예를 보여준다. 이 기업은 관련산업의 인수를 통해 급속히 사세를 키워오고 있었다. <그림 1-2>가 지적하고 있듯이, 담당 광고회사는 만일 광고 캠페인이 성공적이었다면 구식 이미지를 연상시키는 단어들의 사용빈도는 줄어드는 대신 새롭고 하이테크적인 공격적 이미지를 묘사하는 단어의 사용빈도는 늘어나리라고 가정했다.

이 광고 캠페인은 1990년대 말에 집행되었다. 우리는 2년 동안 해당 기업에 관해 전자 텍스트 형태로 된 온갖 재무분석 보고서들을 확인

	캠페인전	캠페인후	승수효과
기대 감소치			
재무	3	23	
프린터	4	45	
설비 및 공구	0	2	
인프라+핵심사업+자본집약	0	1	
촌스러움+구시대적+따분함	0	0	
현상유지적+안정적	0	4	
감소요인의 최종승수	7	75	0.97
기대 증가치			
디지털/인터넷/웹	0	17	
정보	0	22	
하이테크+기술	0	4	
컨설턴트+자문+파트너십+조언자	0	1	
흡수합병+다양화+확장	1	70	
리더	0	7	
변화+개혁+발명+혁신	0	6	
변혁	0	1	
증가치의 최종승수	1	128	11.57
분석 보고서의 단어 합계	527	5828	

캠페인의 긍정적 효과

<그림 1-3> 광고 캠페인의 효과

수정 분석했다. 이러한 분석의 핵심은 해당기업의 경영층이 표명하는 키워드와 아이디어를 포착하기 위해 신뢰할 만한 사전을 만들어내는 것이었다(<그림 1-2>에 수록). 연구결과는 <그림 1-3>에 요약되어 있으며 새로운 광고 캠페인 실시 이후에도 금융분석가들은 여전히 전과 똑같은 빈도로 이 기업의 낡은 이미지를 연상시키는 단어들, 예컨대 '굴뚝산업' '인쇄기반' 같은 단어를 쓰고 있음이 밝혀졌다. 그러나 또한 이 기업에 대해 기술할 때 금융분석가들은 새로운 광고 캠페인이 실시되고 난 후부터 그 새로운 이미지를 떠올리게 하는 단어들을 전보다 많이 언급하기 시작했다. 이는 해당기업의 변신이 금융분석가들에게 포착되었으며 그들이 기업의 경영성과를 해석하는 전체맥락에 영향을 받고 있음을 시사하는 대목이다. 한마디로 말해서 우리는 금융분석가들조차 결국은 인간이라는 것을 입증했다.

비록 사소하고 때론 무시되고 말지만 재무상태보고서에 나타난 몇 마디 어구에서조차 금융인 특유의 모임에서 나타날 수밖에 없는 그들만의 인간적 약점이 반영되어 있다. 금융분석가들의 추천을 검토해봄으로써, 이 조사자들은 금융분석가들 가운데 일부는 지도자 역할을 하고 다른 금융분석가들은 추종하는 일종의 사회집단을 이루고 있음을 밝혀냈다. 이러한 사회집단에서 지도급 애널리스트들은 종종 어떤 주식을 추천하거나 깎아내림으로써 시세를 조정한다. 이는 그들보다 한수 아래인 애널리스트들이 그것을 곧바로 추종하는 결과를 낳는다. 추종하는 집단은 레밍[2]떼와 흡사하게 행동하며 대개의 사회집단에 만연해 있는 것으로 알려져 있는 군중심리를 보여준다.

금융분석가들이 사회정치적 요인들의 영향을 받는다는 사실은 최근 몇 년 사이에 두드러지게 드러났다. 미국 증권거래소 전 의장 아서 레빗(Arthur Levitt)은 1999년 매도추천을 한 애널리스트보다 매수추천을

---

2) 레밍: 쥐과의 포유류. 번식하면 집단을 이루어 직선적으로 이동하여 바다에 빠져 죽기도 한다– 역자주

한 애널리스트가 8배 많은 이유가 틀림없이 있다고 예리한 지적을 한 바 있다. 1980년대 초 매수추천 대 매도추천 비율은 거의 일 대 일이었다. 레빗이 지적했듯이, "그러한 설명이 충분히 확증을 얻기까지는 부분적으로 앞으로 더 많은 연구가 필요하긴 하겠지만, 애널리스트의 추천내용과 그가 소속된 기업이 이슈가 된 클라이언트 기업과 벌이는 비즈니스의 총량간에 직접적인 상관관계가 있다."

스탠포드 대학의 네 명의 경제학자들이 실시한 한 연구는 2000년 인터넷 기술거품의 막바지 무렵 금융분석가들이 얼마나 오류를 범하고 있었는지를 보여준다. 이 연구의 저자들이 내린 결론에 따르면, 그 해에 애널리스트들의 비추천종목 주식들은 1년간의 시장조정 결과 49%의 수익을 올린 데 반해 그들의 적극 추천종목 주식들은 31%의 손실을 가져왔으며 양자의 차이가 무려 80%에 달했다.

또 다른 경험적 연구는 금융분석가들이 소위 IPO를 위해 신규 발행 주식을 인수하려는 투자은행을 위해 자문할 때 명백히 편향된 사고방식을 갖고 있음을 보여준다. 그러한 이해의 갈등은 그와 같은 기업에 대한 금융분석가들의 추천이 IPO의 향후 실적을 예상함에 있어 다른 기업을 추천할 경우보다 신뢰도가 무척 떨어진다는 사실을 드러냈다. 이것은 금융분석가들에게 그들이 자문해주는 은행의 IPO 주식에 대한 투자를 정당화하기 위한 내적 압박이 있음을 시사한다. 이 모든 것은 금융분석가들 또한 사람에 불과하다는 우리의 인식이 옳음을 입증해준다. 금융분석가들의 추천이란 기업이 무엇을 하는지 전략적으로 어떻게 나아가고 있는지를 해석하려는 그들의 노력의 산물일 따름이다. 또한 금융분석가들의 의견은 기업의 활동과 전망을 해석하는 데 어떤 식으로든 영향을 줄 기회를 노리는 다양한 기관의 동료들과 전략적 커뮤니케이션을 교류하며 형성된다.

2002년 내내 엔론, 월드컴, 글로벌 크로싱즈(Global Crossings), 타이코 인터내셔널(Tyco International) 그리고 아더 앤더슨 같은 기업이 줄줄이나가떨어지자, 우리는 금융시장이 지극히 인간적인 한계를 드러내는 애널리스트들과 임원들로 북적대고 있다는 스캔들에 가까운 폭로에 매일 시달려야 했다. 교활하고 이기적이며 기회주의적인 관점이 그처럼 노골적으로 까발려진 적은 없었다. 그리하여 은행 시스템의 개혁에 대한 요구가 일어 투자은행의 합법적인 활동범위에서 기업평가 업무를 배제하려는 움직임이 두드러졌다. 2003년 5월 미국의 대형 증권중개회사들은 14억 달러의 벌금을 내기로 합의했다. 이는 그들이 부적절한 주식추천을 한 데다 기업 클라이언트들에게 환심을 사고자 신주를 발행해 나눠준 탓에 소송을 당할 처지에 놓이게 되자 그 조사를 종료시키는 대가로 지불한 것이었다. 이 컨설팅 기업은 월스트리트에 대한 조사방식과 신주교부방식도 예전 스타일로 복귀하기로 합의했다. 이는 1990년대 주식붐이 일었을 때 이들이 사용했던 수법을 포기함을 의미했다. 소 취하의 일환으로, 이 기업은 또한 5년 동안 추가로 5억 달러를 지불하기로 합의했는데, 이는 독립적인 금융분석가들로부터 증권관련 조사자료를 구입해서 그것을 투자자들에게 배포하기 위함이었다.

결론: 평판은 전략적 포지셔닝에 영향을 미치기 때문에 중요하다

평판이 중요한 까닭은 평판이 전반적으로 기업의 전략적 포지셔닝과 본질적으로 연관되어 있기 때문이다. 한 기업의 평판은 그 기업의 전략적 방향이 현재와 미래 시점에서 타당하다는 사실을 온갖 유형의 주주들에게 확신시키는 데 상대적으로 성공적임을 반영하는 거울이다. 한편 이 거울은 일종의 자석이기도 하다. 주주들은 자신들이 보고 들은 바가 마음에 들면, 해당기업을 지지함으로써 그 기업에 더 많은 가용자원이 쇄도하게 만드는 상향나선식 결과를 낳는다. 반대로 주주들이 지지를 주저한다면, 그 기업이 파산으로 치달을 수밖에 없는 하향나선식 결과를 낳는다. 후자의 대표적인 사례로는, 2001년 회계부정 사건으로 기소됨으로써 평판에 치명타를 입은 대규모 회계법인 아더 앤더슨이 순식간에 붕괴해버린 사건을 들 수 있다.

인터넷 붐에 편승해 각광을 받았던 두 하이테크 기업에 초점을 맞추고 있어서 이제는 거의 고풍스런 맛이 나는 한 분석에서, 우리의 동료였던 비올리나 린도바와 서레시 코사(Suresh Kotha)는 1990년대 아주 유명한 대중적인 검색엔진이었던 야후와 익사이트(Exite) 간의 치열한 경쟁에 평판이 미치는 중요한 역할을 검증했다(당시 분석을 담당한 두 사람은 워싱턴 대학에 재직 중이었다). 그들은 다음과 같은 조사결과를 발표했다.

> 야후라는 브랜드 구축에 있어서, 야후는 자사의 기존조직의 특성을 극대화하고 있는데 특히 초창기 웹을 지배했던 과학기술 전문가들의 커뮤니티라는 취향을 놀이문화적이고 어느 정도 우상파괴적인 입장을 견지한 덕분에 쿨(cool)한 이미지를 유지할 수 있었다. …… 예를 들어 야후라는 기업명은 '여전히 계층적이지만 친절한 또 하나의 다른 오라클(Yet Hierarchical Officious Oracle)'의 약자라는 소문이 있는데, 이는 강력한 컴퓨터 데이터베이스 프로그램의 하나인 오라클에 대한 패러디인 셈이었다.

평판을 높이려는 노력을 뒷받침하기 위해 야후는 약 500만 달러의 TV 광고 캠페인을 집행했다. 이 캠페인은 해당기업의 놀이중심적 아이덴티티를 '야후 하니?(Do you yahoo?)'라는 슬로건으로 강화시키도록 기획되었으며, 이러한 노력은 이 기업을 기술회사가 아니라 소비자 브랜드로 자리잡게 만들어주었다.

이러한 노력은 즉각 경쟁사인 익사이트측의 브랜드 구축노력과 한판 승부를 벌이는 결과를 낳았는데, 궁극에 가서 익사이트는 야후보다 성공을 거두지 못했음이 밝혀졌다. 익사이트 쪽이 덜 성공적이었던 한 가지 이유는 그 기업이 야후가 만들어낸 만큼의 쿨한 소비자 이미지와 직원들의 열렬한 지지를 끌어내지 못했기 때문이다. 800만 달러나 들인 익사이트의 TV 광고 캠페인은 지미 핸드릭스(Jimi Hendrix)의 1967년판 록 클래식 <경험해봤니?(Are you experienced?)>를 배경음악으로 깔았지만 누가 보더라도 그 효과가 의문시되었다. 1998년 ≪비즈니스 위크(*Business Week*)≫가 실시한 한 여론조사에 따르면 야후라는 기업명은 인터넷 사용자들의 경우 44%, 인터넷 비사용자들의 경우 2%가 알고 있었다. 반면 익사이트라는 기업명은 인터넷 사용자들의 경우 불과 11%, 인터넷 비사용자들의 경우 0%가 알고 있는 것으로 나타났다.

야후가 쌓아올린 평판은 분명히 이 기업이 성공하는 데 견인차 역할을 했다. 그러나 역사가 우리에게 가르쳐주듯이, 경쟁적인 환경은 끊임없이 변화를 거듭하게 마련이다. 야후와 익사이트가 검색엔진으로서 강력한 평판을 쌓자마자 두 기업은 자신들에 대한 기존의 인식을 바꾸어야 할 필요를 절감하게 되었다. 즉 두 기업은 단순한 검색엔진에서 전방위 미디어 기업으로 탈바꿈해야만 했다. 그리고 이 두 기업이 막상 변신을 했건만, '고(Go)'와 '구글(Google)' 같은 검색엔진 분야의 신규 경쟁자들과 한판 붙는 과정에서 야후만 남은 채 익사이트는 아예 시장에서 퇴출되다시피 하는 새로운 양상이 전개되었다.

평판이 중요하다면 그것은 어떠한 가치가 있을까? 다음 장에서 우리는 기업의 평판이 실제 재무적 가치와 연계되는 몇 가지 증거를 살펴본 다음 그러한 일이 왜 그리고 어떻게 일어나는지 보여줄 것이다.

02

What are reputations worth?

평판가치는 무엇인가?

두뇌회전이 빠른 경영간부들이라면 평판이 중요하다는 데에까지 생각이 미치겠지만, 실제로 평판이 얼마만큼 가치있는가에 대해서는 그들 역시 몹시 궁금해하지 않을 수 없다. 모두가 이에 대한 답을 원한다. 커뮤니케이션 고위 담당자에서부터 마케팅과 재정 담당 고위직에 이르기까지, C급 중견 스텝에서부터 기업의 이사회에 이르기까지 말이다. 사실상 이것은 지금까지 걸핏하면 우리에게 던져지는 질문이며 비즈니스 조사자들이 마주치는 아주 골치 아픈 이슈다. 여기에는 공개된 기업의 평판과 그 기업의 주가 간의 정량적 관계를 입증하는 것이 포함된다. 안타깝게도 이번 장에서 보이듯이, 그러한 관계를 입증하는 것은 결코 간단한 일이 아니다. 한 기업의 평판에 대한 금전적인 가치를 양적으로 측정하는 것은 평판과 관련된 모든 조사의 성역으로 남아 있다. 우리는 그러한 성역을 들여다볼 수 있는 증거를 제공한다.

사실 평판과 금전적 가치는 세 가지 측면과 관련되어 있다. 첫째,

평판은 기업의 운영 그리고 나아가서는 이윤창출에 영향을 미친다. 둘째, 이윤창출은 해당기업의 향후 전망에 대한 시장의 인식에 영향을 미친다. 그리고 그 결과 공개된 기업의·주식수요, 말하자면 시장 자본주의에도 영향을 준다. 셋째, 해당기업의 경영활동 자체는 '평판자본'을 쌓아올리는 데 기여한다. 여기서 평판자본이란 한 기업의 제품 브랜드와 기업 브랜드 둘 다에 은밀히 배어 있는 무형의 이미지를 담은 일종의 그림자 자산이자 그 기업의 모든 주주들이 지닌 긍정적인 평가이다. 이어서 긍정적인 평가는 사람들이 이 기업을 위해 일하고 투자하도록 유인함으로써 이윤을 증가시킨다. 우리는 이러한 세 가지 재무적 영향을 차례로 언급하고자 한다.

평판은 기업의 경영성과에 영향을 준다

아주 존경을 받는 기업 하나가 있다고 해보자. 존경과 동경은 나날이 그 기업에 대한 상당한 호의를 만들어낸다. 어느 누가 보더라도 동경을 받는다는 것은 아주 우수한 직원들을 채용할 가능성이 높아진다는 뜻이다. 이렇게 뽑은 직원들은 그 기업을 위해 더욱더 일로매진할 의지를 기꺼이 불태우며, 상대적으로 덜 존중받는 경쟁사들보다 대개의 경우 더 많은 임금을 받는다. 그 덕분에 그러한 기업에서 근무하게 되면 신입 직원이건 기존 직원이건 간에 상관없이 개인이 가진 자질보다 훨씬 더 크게 생산성을 향상시킨다. 이같은 상호 연쇄작용은 경영성과를 측정할 수 없을 정도로 증가시켜버린다. 직원들은 일을 하고 문제를 풀어나가며 창조적인 해결책을 만들어내서 고객에게 서비스하고 싶은 동기를 부여받는다. 하는 일에 대한 긍지가 늘어남에 따라, 기업의 성장에 연료를 공급해주는 효율성과 혁신이 달성된다.

1980년대 말 실시된 뉴욕 항만청의 한 연구는 이러한 효과를 입증해주었다. 당시 뉴욕의 버스와 공항은 준사설 대행업체가 운영하고 있었는데 이 회사 종업원들은 도심터미널에 체류하는 노숙자 수의 증가로 고통을 겪게 되었다. 자신들이 남을 보살피고 도움을 주며 유능하다고 생각하고 있던 종업원들은 언론에서 보도된 자기 회사의 이미지에 충격을 받았다. 즉 언론은 이 대행업체가 노숙자들을 터미널에서 쫓아내는 비인간적인 회사이며 이 문제를 매우 부적절하게 처리했다고 매도했다. 그 결과 종업원들의 소외감이 커지고 동기부여가 감퇴하여 생산성 저하를 가져왔다.

일반적으로 좋은 평판은 종업원들의 일하고자 하는 의욕을 자극해서 그 기업을 보다 효율적이고 효과적으로 개선하는 데 도움이 된다. 좋은 평판은 또한 기업에 대한 성과를 계속 축적함으로써 사업 파트너, 공급업체, 딜러, 감독기관 그리고 채권자들의 지원을 이끌어낸다. 결국 이러한 자발적 지원은 자본비용을 포함한 기업의 투입비용을 절감하는 요인이 되고 기업의 이윤을 극대화하는 데 도움이 된다.

기업의 투입비용이 다른 경쟁기업보다 낮다는 것은 그 기업이 제공하고 있는 제품이나 서비스를 보다 좋은 가격에 공급할 능력을 갖고 있음을 의미하고, 이러한 능력 때문에 기업의 투입비용은 점점 더 효율적으로 절감된다. 이러한 과정은 보다 좋은 가격을 책정함으로써 기업의 이윤은 증가되고 그것은 금융분석가들로 하여금 그 기업을 점점 더 좋게 평가하게 만든다. 결과적으로 그 기업의 주식을 매수하고자 하는 의욕이 시장에서 증가하는 결과를 낳는다.

<그림 2-1>은 평판이 한 기업의 경영성과에 미치는 효과, 그리고 그 기업의 시장가치에 연쇄적으로 미치는 효과에 대한 직설적인 논리를 다이어그램으로 보여준다.

미국의 125개 제조업체에 대한 한 연구는 산업구조, 경쟁전략 그리고 기업특성의 차별화 등에 대한 상대적인 효과를 비교했다. 그 결과는 평판이 경영성과에 미치는 강력한 효과를 확인시켜주었다. 업계의

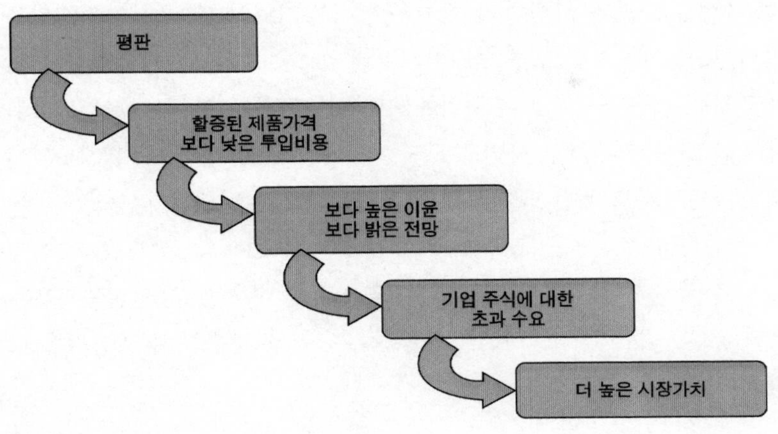

<그림 2-1> 평판은 영업실적에 영향을 줌으로써 재무가치를 구축한다

전반적 구조와 관련된 요인은 비즈니스 성과에서 관측되는 변수의 단지 일부분에 불과하다. 제품의 질과 판매영업비 같은 경쟁적인 전략적 변수는 비즈니스 성과의 변화를 설명해주는데 통계적으로 그다지 중요하지 않지만 기업의 시장점유율은 그렇지가 않다. 결국 기업의 온갖 특정변수 가운데 해당 사업단위의 평판과 브랜드 자산은 사업단위 성과에서의 변화를 예측해주는 최적의 것들임이 밝혀졌다.

평판과 경영성과 사이의 관계를 검증해온 대개의 조사 연구자들은 ≪포춘(*Fortune*)≫지가 매년 조사해서 발표하는 '가장 존경받는 기업'을 평판의 척도로 삼아서 그 척도를 위험과 보상에 대한 다양한 재무적 평가기준과 연관시켜 함께 분석한다. 이러한 조사는 재무분석가들과 기업임원들에 의해 이뤄지기 때문에, 어쩔 수 없이 기업의 평판은 이전의 경영성과와 이후의 경영성과 둘 다에 대한 척도와 상호간에 아주 밀접하게 연관되어 있다. 비록 이후의 경영성과보다는 이전의 경영성과를 더 많이 반영하긴 하지만 말이다.

이러한 관점에서 평판은 기업에게 일종의 자산 같은 역할을 한다.

즉 그것은 얻거나 모방하기 어려우며 해당기업이 뛰어난 경영성과를 달성하도록 해준다. 호주 뉴 사우스 웨일즈(University of New South Wales) 대학의 두 교수는 기업의 수익에 평판이 미치는 효과를 알아보기 위해 1984년부터 1995년 사이 ≪포춘≫지가 가장 존경받는 기업으로 선정한 435개의 기업을 조사해보았다. 그 결론은 평판이 다음 두 가지 면에서 경영에 영향을 준다는 것이다. 첫째, 보다 나은 평판을 지닌 기업은 시간이 지날수록 더 뛰어난 경영성과를 더욱 잘 유지할 수 있다. 둘째, 보다 나은 평판을 지닌 기업은 시간이 지날수록 경영성과를 더욱 잘 개선할 수 있다.

평판은 평판 자체를 형성하는 재무가치를 일궈낸다

훌륭한 평판 덕분에 얻게 된 높은 수준의 경영성과는 사실상 기업이 주주들과 미디어의 호의적인 대접을 받도록 보장해준다. 찰스 폼브런(Charles Fombrun)과 마크 셰인리(Mark Shanley)는 ≪포춘≫지가 가장 존경받는 기업의 등급을 매길 때 척도로 사용한 평판은 기업의 규모, 광고, 경영성과, 시장가치, 그리고 미디어에서의 노출 정도에 무척 많은 영향을 받고 있음을 보여주었다. 이로써 연구자들은 기업의 경영성과, 시장가치 그리고 전략적 행동이 서로 깊이 연관되어 있다는 생각을 확인해주었다.

<그림 2-2>는 평판의 가치 사이클에 대해 설명하고 있다. 이 그림은 재무가치와 주주들의 지원이 어떻게 역동적으로 상호 연관되어 있는가를 예시한다. 인정을 받는다는 사실은 가치를 쌓아올리는 일이며, 기업으로 하여금 광고, 기부 및 기업시민정신 같은 기업의 제반활동을 위한 자금지출이 가능하도록 함으로써, 언론의 후한 대접을 받고 투자자들을 끌어들이며 기업의 재무적 가치를 부풀리게 해준다. 이러

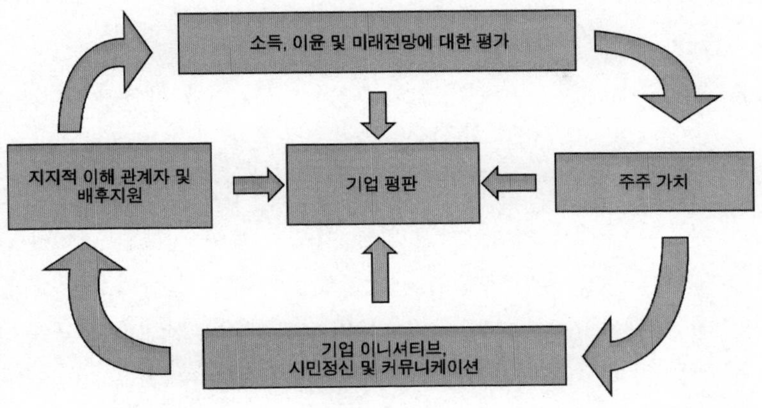

<그림 2-2> 평판가치 사이클

한 순효과(net effect)는 주주들의 인식, 인정 그리고 지지가 기업의 자산과 재무가치를 만들어내는 강화 순환이다.

물론 내리막을 향한 강화 순환도 있다. 이 경우 경영성과가 떨어지는데, 이는 일반적으로 커뮤니케이션 비용과 이니셔티브를 절감하는 바람에 주주들이 소외감을 느낀 탓이다. 나아가 이는 경영활동을 위축시키고 명성과 부 양면에서 하향 소용돌이 현상을 보이게 된다. 분명히 평판과 성과는 평판의 가치 사이클을 통해 연결되어 있고 그 사이클은 가치상실의 내리막길 위험을 최소화하는 한편 그것이 만들어낼 수 있는 오르막길 이득을 기업자본으로 끌어들이기 위해 신중하게 관리되어야 한다.

명성과 부 사이의 연관성은 부분적으로는 여러 학자들의 연구에서도 밝혀진 바 있다.

- 버지니아 대학(University of Virginia) 브래드 브라운(Brad Brown)의 조사에 따르면, 1984년부터 1996년에 이르기까지 ≪포춘≫지의 기업

평판에 대한 측정과 해당기업의 시장가치 사이에는 강력한 관계가 있음이 밝혀졌다.

- 코네티컷(Connecticut)의 짐 그레고리(Jim Gregory)가 창업한 한 컨설팅 회사는 비즈니스 의사결정자들을 대상으로 우편조사를 실시하여 700개의 상장기업에 대한 브랜드 파워를 추적했다. 이들은 미국의 주가가 비정상적일 만큼 아주 기복이 심했던 3일(1997년 10월 24~28일) 동안의 주가변동 상황을 주의깊게 살펴보면, 기업의 평판이 시장에서의 주가급락을 막아주는 상대적인 완충기 노릇을 해주리라는 가정을 명백히 뒷받침할 수 있을 것이라고 생각했다. 즉 상대적으로 강력한 평판을 지닌 기업은 그렇지 못한 기업보다 주가변동이 비교적 크지 않고 시장에서의 쇠락도 크지 않을 것이라고 본 것이다. 이 연구는 모든 주식이 10월 27일 월요일 상당한 폭으로 떨어졌지만 다음날 주식시장이 종료될 무렵, 평판이 아주 강력한 기업은 전날의 낙폭을 대체로 회복했음을 보여주었다. 이보다 취약한 기업은 월요일의 급락세로부터 회복기미를 보이지 못했다. 게다가 금요일부터 다음주 화요일 사이에 아주 강력한 브랜드는 시장자본에서 총 70억 9천만 달러의 수익을 낸 반면, 그렇지 못한 브랜드는 총 197억 9천만 달러의 손실을 냈다.
- 한 조사팀은 위험수준과 수익률의 수준은 비슷하나 ≪포춘≫지의 아주 동경할 만한 기업 조사에서는 각각의 평판이 천양지차를 보였던 10개의 기업집단을 비교했다. 그들이 밝혀낸 바에 따르면, 평판점수에서 60%의 차이는 시장가치에서 약 7%의 차이를 유발했다. 이 연구에서 어떤 평균적인 기업은 30억 달러의 가치가 있다고 평가받았기 때문에, 이것은 10점 척도에서 6점에서 7점간의 1점 차이는 시장가치에서 추가로 5천 150만 달러의 가치가 있음을 뜻했다.

- 또 다른 조사팀은 1983년에서 1997년 사이 ≪포춘≫지의 아주 동경할 만한 기업조사에서 점수를 얻은 모든 기업의 시장가치, 장부가치, 이윤 그리고 평판 간의 관계를 검증했다. 이들의 보고에 따르면, 평판척도에서 1점 차이는 시장가치에서 5억 달러의 가치가 있는 것으로 나타났다. 그들은 "우리의 연구결과는 현재 자산으로 인식되고 있지 않은 내적으로 유발된 무형의 것들이 기업가치에 기여하며 따라서 투자자들에게 자산으로 비춰질 수 있다는 기존 연구를 추가적으로 뒷받침한다"고 결론지었다.

이러한 연구를 통틀어서 볼 때, 분명히 명성과 부 사이에는 일관된 연관성이 있다는 증거가 있다. 비록 그 계수가 연구마다 차이를 보이고 있긴 하지만, 기업평판의 점수와 시장가치 사이에는 대략의 등식이 성립함을 알 수 있다. 즉 이러한 연구는 평판에서 10%가 개선되면 해당기업의 시장가치가 1~5% 올라갈 것임을 시사한다. 이러한 등식은 일종의 판단기준을 마련해준다. 이것은 기업이 자사의 평판개선을 위해 기꺼이 응해야 하는 비용의 유형에 대한 개략적인 가이드라인을 제공해준다. 다음 장에서 우리는 한 기업이—찰스 폼브런이 기업의 평판자본이라 부른—지닌 평판자산의 전반적 풀과 연계 지을 수 있는 그림자(눈에 겉으로 드러나지 않는) 가치를 알아보기로 하자.

평판은 기업자산으로서 재무가치가 있다

보수적인 회계규정에 따르면 평판을 구축하기 위한 기업활동에 소요된 자금지출을 대부분 비용 처리하도록 요구하고 있다. 그렇게 함으로써 회계사들은 우리에게 은연중에 광고와 PR, 스폰서십, 기업의 자선행위가 기업의 장기적인 가치를 올리는 데 분명한 효과를 가져오지 못한다고 시사하는 셈이다. 그래서 그것들은 자산획득을 위한 투자가 아니라 사업상의 직접비용으로 다뤄진다. 이는 매우 분별 있는 처신이다. 그러나 엔론 사태 이후, 회계사들이 평판을 쌓으려는 기업의 제반활동에 대해 아주 보수적인 입장이었음에도 불구하고, 엔론, 월드컴 그리고 제록스 같은 회사가 그렇게 오랫동안 이익을 부풀려 포장할 수 있도록 미확보소득(unearned income)을 기꺼이 현물로 계상했다는 사실은 아이러니라 할 수밖에 없다. 회계사들이 허용하는 다른 어떤 형태의 현물계상보다도 브랜드 구축과 평판구축 활동에 더 확실하고 측정 가능한 효과가 있어 보인다.

어느 누구도 브랜드 구축과 평판구축에 대해 완벽한 확실성을 주장하지는 않지만, 이러한 활동의 일정부분은 분명히 기업의 돋보임, 친근함 그리고 명성을 쌓아가는 데 도움이 된다. 따라서 이러한 활동을 평판자산을 쌓기 위한 투자로 보는 것은 결코 얼토당토않은 일이 아니다. 무엇보다도 한 기업의 광고와 커뮤니케이션 캠페인은 현재 매출에 영향을 줄 뿐만 아니라 고객의 충성도와 반복구매를 유도하기 위한 의도를 띠고 있다. 그러므로 무형자산의 역할을 기업가치를 창출하는 자산으로 보기를 정면 거부하는 극단적인 방침은 누가 보더라도 석연치가 않다. 적어도 우리는 광고와 커뮤니케이션 캠페인을 가치있는 무형의 투자 즉 체계적으로 추적할 가치가 있는 장부 외 자산항목 조합으로 쳐야 한다.

기업평판의 무형적인 재무가치를 직접 평가하자면, 상장기업의 시장가치를 다음 네 가지 구성요소로 나눠보는 것이 유용하다.

- 물적 자본: 한 기업이 지닌, 현금이 아닌 가시적인 자산의 대체가치
- 재무자본: 한 기업의 유동성 현금자산
- 지적 자본: 해당기업의 노하우 가치

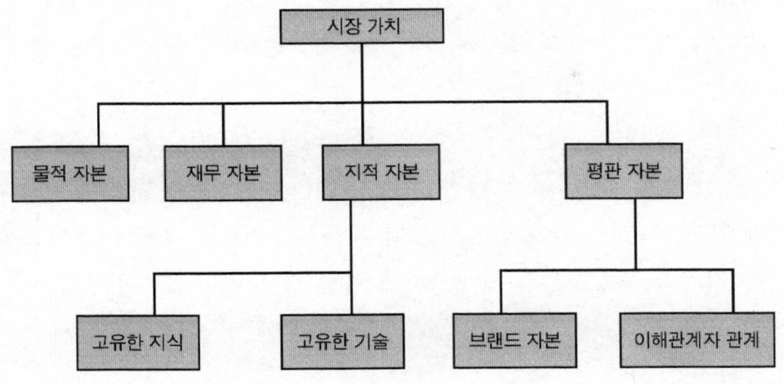

<그림 2-3> 평판자본은 시장가치의 하위체계 중 하나이다

- 평판자본: 해당기업의 브랜드 가치, 그리고 이해관계자와의 관계

<그림 2-3>은 이러한 네 가지 형태의 자본을 묘사하고 있다. 물적 자본은 순전히 공장과 설비로 구성되어 있으며, 해당기업이 공장과 설비 같은 것을 획득하는 데 들어가는 비용만을 따진 고형자산이다. 재무자본은 기업의 유동성 자산만을 대표한다. 지적 자본은 기업 속에 누적되어 있는 지혜이자 노하우로서, 해당기업의 일과와 직원들의 숙련도 속에 내재되어 있는 기업의 부(富)다. 평판자본은 해당기업의 주식에 대한 평가자산이자 사회적 자산으로서, 그 기업이 주주들과 함께 일궈낸 관계의 속성이자 그 기업과 그 기업의 브랜드가 획득한 존경받는 이미지다. 해당기업에 대한 긍정적인 존중은 주주들은 물론이요, 고객, 투자자, 직원의 우호적인 행동을 유발할 가능성을 높여준다. 그들은 다함께 해당기업의 시장자본 축적에 힘을 보탠다.

물적 자본과 재무자본 그리고 시장가치는 쉽게 평가할 수 있다. 그러나 평판자본의 평가는 해당기업이 축적한 지적 자본에 대한 깊은 이해를 요구한다. 평판자본은 평판 자체와 마찬가지로 평가하기 어려

운 요소이다. 이것을 직접적으로 평가하기 어려우면, 대신 기업의 평판자본과 지적 자본의 결합체라고 볼 수 있는 무형자산의 풀을 평가하는 것이 가능하다.

기업의 무형자산의 누적가치는 지난 50년간 극적으로 성장해왔는데, 적어도 회계규칙이 선의적 항목에 대한 지출에 초점을 맞추거나 이에 대한 지나친 감가상각을 했기 때문은 아니다. 대규모 공기업에서는 이러한 무형자산이 시장가치의 평균 약 55~60%에 이른다. 이는 지식, 브랜드 그리고 평판의 운영에 지대한 관심을 보인다는 사실을 정당화시켜준다.

평판자본을 평가하는 또 다른 방법은 질문이다. 어떤 기업의 이름을 빌리기 위해 당신이라면 얼마나 지불하겠는가? 라이센스 협상을 통해 실제로 기업이름을 빌려 쓰는 데에 대한 로열티 비율이 결정된다. 기업평판의 흡인력이 클수록, 기업의 이름을 빌리기 위해 지불해야 하는 라이센스 로열티는 더욱 커진다. 기업 라이센스에 대한 로열티의 비율은 일반적으로 예상 판매액의 8~14% 선이다. 한 기업의 평판가치를 평가하는 한 가지 방법은 임의기간 동안 이를테면 향후 20년간의 기대되는 로열티 지급액을 현재 가치로 환산하는 것이다.

소비재 대기업 질레트(Gillette)를 살펴보자. 1993년 컨설팅 회사 인터브랜드(Interbrand)는 질레트 브랜드를 빌려 쓰는 데 8%의 로열티가 적당하다고 제안했다. 이것은 질레트의 매출액이 47억 달러임을 감안하면, 첫해 예상되는 로열티 수익이 3억 7,500만 달러라는 의미다. 만약 20년간(질레트라는 이름을 빌려 쓰기로 약정한 기간) 매년 5%씩 매출이 성장하고 로열티 수익을 질레트 자체의 자본비용 비율인 10.12%를 할인율로 적용하여 현재시점 기준으로 할인하면, 질레트라는 기업명의 재무가치가 1993년 기준으로 약 45억 달러라고 평가됨을 알 수 있다. 이러한 로열티 수익은 질레트의 전체 시장가치 가운데 중요한 비중을 차지하고 있다.

이번에는 2002년도의 코카콜라에 대해 유사한 분석을 해보자. 2002년 200억 달러의 매출을 올렸고 코카콜라 브랜드 로열티 비율이 앞의 사례보다 높은 14%라고 가정한다면, 이는 한 해에 브랜드에 대한 로열티 수입으로만 24억 달러가 발생한다는 의미이다. 임의의 기간인 20년 동안 이러한 로열티가 누적된다면, 그리고 매년 8%씩 매출이 성장하는 데다 로열티를 다시 5%의 할인율을 적용하며 현시점까지 할인한다면 코카콜라 브랜드의 재무평가액은 699억 달러에 달한다. 이는 인터브랜드와 ≪비즈니스 위크≫의 기업가치평가 담당자들이 코카콜라에 매긴 696억 달러보다 오히려 많은 액수라는 사실과 비교해보라.

위기관리 비용은 평판자본을 감소시킨다

위기관리 비용은 평판자본을 평가하는 또 다른 방법을 제공해준다. 엑슨의 유조선이 달빛조차 없는 어느 칠흑 같은 밤 프루도 만(Prudhoe Bay)의 암초에 부딪친다. 테러리스트가 실어놓은 폭탄이 스코틀랜드의 라커비(Lockerbie) 상공을 날고 있던 팬암(PanAm) 제트기의 한가운데에서 터진다. 인도 보팔(Bhopal)에 있는 유니온 카바이드(Union Carbide) 공장에서 치명적인 유독가스가 누출되는 사고가 일어난다. 필립스 정유공장에서 화재사고가 일어나는 바람에 캘리포니아 파사데나(Pasadena California) 곳곳에 불길이 번진다.

기업평판의 가치는 이러한 시점에서 극단적으로 증폭되는데, 이는 물적 자본과 인명의 비극적인 손실 탓이다. 여기에는 예상되는 복구 비용과 해당위기와 관련된 법적 비용이 들어간다. 그러나 이에 필적하는 시장손실은 물적 자본이 실제로 손실을 입지는 않았지만 그 위기가 주요자원을 보유하고 있는 사람들이 그 기업에 대한 인식을 바꾼 탓일 경우에도 발생한다.

다음 기업이 전세계 언론의 헤드라인을 요란하게 장식한 불미스런 위기들에 연루된 지 일주일 후에 실제 시장가치에 어떤 일이 일어났는지 고려해보라.

- 존슨 앤 존슨은 시장가치가 10억 달러 또는 14% 떨어졌다. 이것은 1982년 이 기업이 제조한 타이레놀(Tylenol) 병 중 일부에 청산가리가 투입된 사실이 밝혀졌기 때문이었다. 1985년에 악의적인 독극물 투입 사건이 다시 한 번 터지자 존슨 앤 존슨의 시장가치가 또 10억 달러 떨어졌다.
- 1985년 인텔(Intel)의 새로운 펜티엄칩이 일부 미세한 연산회로에 에러가 있다는 사실이 알려지자 인텔의 시장가치가 30억 달러, 즉 12%가 떨어졌다.
- 1989년 엑슨의 발데즈 호에서 유출된 원유가 알래스카의 프린스 윌리엄 사운드(Prince William Sound)를 오염시킨 사건이 일어난 첫 주에 엑슨은 30억 달러의 주가손실을 보았다.
- 살로몬 브라더즈(Salomon Brothers)는 1991년 자사의 내부거래자가 채권시장을 사재기하려다가 적발되는 바람에 이후 주가가 폭락해 시장가치의 13억 달러, 즉 30%의 손실을 보았다.
- 모토롤라(Motorola)는 1995년 과학자들이 휴대폰이 뇌암을 유발시킬지도 모른다고 시사하자 60억 달러, 즉 16%의 주가손실을 보았다.

이러한 시장손실은 해당기업의 미래 이윤에 대한 주요자원을 보유하고 있는 사람들의 기대변화를 반영한다. 기업은 물적 자본의 손실을 입든 해당기업의 시장에서의 인식이 변화하든 간에 상관없이 똑같이 타격을 받는다. 이후 엑슨이 투입한 복구비용과 법적 대응비용은 약 25억 달러였다. 그러나 1995년 휴대폰의 뇌종양 유발 우려로 인해 모토롤라가 입은 60억 달러의 손실은 순전히 무형적인 것이어서 인텔의 펜티엄칩 사건과 다를 바가 없었다.

시간이 지나면서 일부 기업은 날려버린 가치를 신속히 회복하고 위기는 해소된다. 다른 기업의 경우에는 보다 더 광범위한 피해를 입는다. 조사에 따르면, 기업에 따라 피해규모의 차이가 나는 것은 당면한 위기에 어떻게 대응했는지 그리고 당시 해당기업이 그동안 축적해놓은 이미지가 어떠했는지에 따라 달라진다.

옥스퍼드 대학의 학자들은 15개 기업의 시장가치에 인재(人災)가 미치는 영향을 파악하기 위해 사건연구를 진행했다. 그들은 1982년 발생한 타이레놀 독극물 투입 사건에서부터 1990년 소스 페리에(Source Perrier)가 녹색 병의 탄산수에 벤젠이 들어간 제품을 리콜 한 사건, 1993년 맥주병에 깨진 유리조각이 들어 있다는 소문이 돌아 하이네켄이 리콜을 실시했던 사건에 이르기까지 광범위하게 수집했다. 조사자들이 밝히고 있듯이, 대파국은 재무시장이 엄청난 위기가 현실로 닥쳤을 때 금융시장이 어떻게 반응하는지를 평가할 수 있는 유일한 기회를 제공해준다. 평균적으로 그들이 연구한 15개 기업의 주식 모두가 처음에는 시장가치의 8% 정도에 이르는 영향을 입었다. 그러나 이 기업은 곧 옥스퍼드 교수들이 '회복기업'과 '비회복기업'이라 부른 두 가지 특징적인 집단으로 분류되었다.

회복기업의 주가는 첫주에 단지 5% 주저앉은 반면 비회복기업의 주가는 11%나 떨어졌다. 10주 후 회복기업의 주가는 사실상 5%가 다시 올라 연평균 수준으로 보면 긍정적인 주가변동 범위에 머물렀다. 이와 대조적으로 비회복기업의 주가는 한번 주저앉더니만 회복세를 보이지 못하고 연말에 가서 15%까지 떨어졌다. 결론: 모든 대파국은 처음에는 가격에 부정적인 영향을 미친다. 그러나 역설적으로 이는 어려운 상황을 처리하는 능력을 입증하기 위한 경영기회를 제공해준다.

이같은 사건연구는 평판이 일종의 보험형태로서 고려할 만한 숨겨진 가치를 지니고 있다는 논제를 지지한다. 평판은 선의의 저장소 같은 역할을 한다. 이러한 보험의 가치는 상대적으로 존중받는 기업이 그렇지 못한 평판을 지닌 기업만큼 큰 주가폭락을 당했을 경우 이를 완충하는 능력에 달려 있다. 그레고리(J. R. Gregory)는 1997년 시장붕괴 이후 뉴욕 증권거래소에 상장되어 있는 기업의 주가를 검증했다. 저장소 가설과 부합하는 입장에서 그는 비교적 존중받는 기업은 위기에 덜 치명상을 입는다고 주장했다. 그들의 연구결과는 평판이 높은 기업의 시장가치는 상대적으로 그렇지 못한 기업의 시장가치보다 시장붕괴의 피해를 덜 입는다고 확언했다.

브리지스톤/파이어스톤 그리고 포드가 적절한 예이다. 2000년 파이어스톤의 타이어가 전세계에서 무수한 인명사고를 유발하고 있으며 피해차량 중에는 포드의 스포츠유틸리티 차량인 익스플로러(Explorer)도 끼어 있다는 정보가 폭로되면서 언론계가 달아올랐다. 포드는 즉각 해당차량에 장착된 파이어스톤 타이어를 굿이어(Goodyear) 타이어로 교체하는 데 21억 달러를 투입하겠다고 선언했다. 그러나 이러한 위기로 인하여 양사가 받은 재무상의 피해액은 위기관리를 위해 사용된 재무상의 비용규모보다 훨씬 큰 것이었다. 양사의 시장가치는 각기 2000년 초 대비 50% 이상씩 하락했음을 깨달았다. 브리지스톤은 220억 달러에서 110억 달러로, 포드는 290억 달러에서 160억 달러로 하락했다. 포드는 그 위기를 초기에 웬만큼 잘 관리한 덕분에 그나마 상황이 나았을지 모른다. 당시 포드의 최고경영자 잭 내서(Jack Nasser)는 모든 게 파이어스톤 타이어 탓이라고 밀어붙이는 공격적인 미디어 캠페인을 집행했다. 반면 일본에 기반을 둔 브리지스톤은 시기적절하게 정보를 커뮤니케이션하는 데 실패함으로써 비밀주의에다 간계를 부린다는 인상을 주었다. 그 결과 브리지스톤은 금융시장에서 불이익을 당할 수도 있었다. 아무튼 양사는 지독한 타격을 입었고 현재 이 기업의 시장가치는 몇 년이 지나도록 바닥세를 면치 못하고 있다.

보다 최근 엔론과의 유착관계로 인해 컨설팅 회사인 앤더슨이 평판의 손실을 입은 사태를 살펴본 흥미로운 연구가 있다. 그 연구는 이 사건으로 말미암아 앤더슨이 컨설팅하던 다른 클라이언트 기업마저 시장가치에 부정적인 영향을 입었음을 시사했다. 조사자들이 보여주고 있듯이, 엔론 내부문건의 주요수치들이 조작되었다고 앤더슨이 시인한 지 사흘 만에 이 컨설팅 사의 자문을 받던 다른 클라이언트 기업이 주요하고 부정적인 시장손실을 입었다. 이는 투자자들이 앤더슨이 수행한 모든 회계감사 내용을 평가절하했기 때문이다. 이러한 입장과 발맞춰서, 특히 엔론이 있던 앤더슨의 휴스턴 지사가 회계감사를 맡았던 클라이언트 기업의 경우에 피해가 훨씬 더 심각했다.

결국 한 기업에게 닥친 위기가 많은 기업을 위기로 몰아넣는 결과를 낳을 수도 있다. 몇 년 전에 찰스 폼브런은 1989년 엑슨 소속 발데즈 호의 원유유출 사건[3]과 관련된 정유사의 주가를 조사했다. <그림 2-4>는 그 결과를 보여준다. 시장조건과 원유가격에 대한 통제에도 엑슨의 주가는 그 유출사건으로 인해 아주 큰 피해를 입었다. 그러나 셸, 모빌(Mobil) 그리고 텍사코(Texaco) 같은 정유사의 주가 또한 이와 연동되어 하락했으며, 더딘 주가회복 속도로 보건대 그 사건 이전의 주가수준으로 되돌아가는 데 오랜 시일이 걸릴 전망이다. 전반적으로 보아, 위기와 연관된 평판의 손상은 치명적이어서 평균적으로 피해기업의 시장가치를 8~15% 떨어뜨린다.

법원의 판정은 기업의 명예훼손과 중상비방을 식별해낸다

위기는 종종 기업을 법정으로 몰고 간다. 여기서 사법제도의 연구자들은 재무가치가 기업 브랜드의 우호적인 인식에 영향을 준다는 점

---

3) 1989년 3월 24일 미국 알래스카 근해의 Prince William Sound에서 엑슨 사 소속 유조선 발데즈 호가 좌초되어 1,100만 갤론(4,100만 리터)의 원유를 유출시킨 미국 역사상 최악의 유류오염 사고－역자주

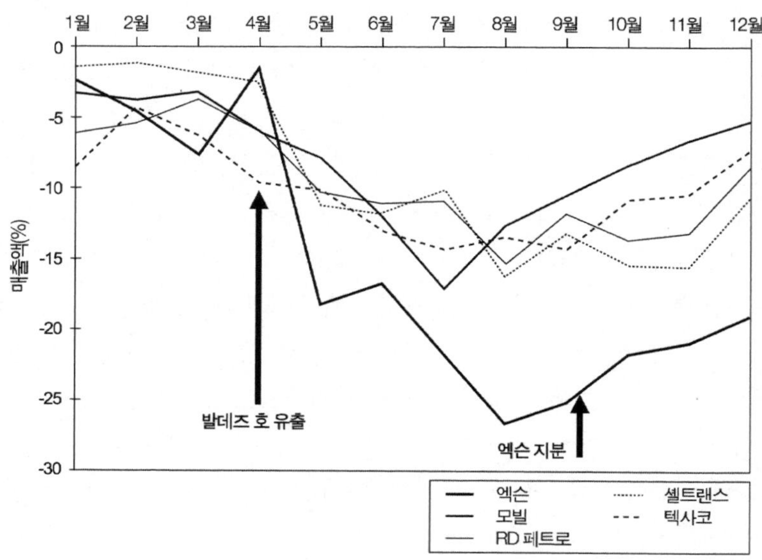

<그림 2-4> 1989년 엑슨 발데즈 호의 원유유출 사고에 대한 시장반응

을 시인한다. 원고가 증언하도록 소환된 어느 법정에서 한 의류 제조업체는 계약자 중 한 명을 고소했는데, 그 이유는 납품받은 의상의 질이 주문한 것보다 떨어지기 때문이었다. 이 제조업체는 법원측에, 자사의 프리미엄 가격 정책은 자사 의류가 아주 고품격이라는 소비자 인식에 기반을 두고 있다고 주장했다. 만일 품질이 떨어지는 제품을 팔아 소비자들로부터 부당하게 높은 이윤을 얻는다면, 이러한 일로 말미암아 향후 미래의 사업을 훼손당할 만큼 기존의 평판을 깎아먹게 될 것이라고 이 기업은 주장했다. 법원은 이 제조업체의 입장에 이유가 있다고 여겨 이 제조업체측에 심각한 재무상의 손해가 발생했음을 인정했다.

원고의 증언을 요청한 또 다른 재판에서는 한 주요 TV 네트워크가 명예훼손 혐의로 고소당했다. 이는 그 방송사가 2001년 9월 11일 뉴욕 세계무역센터[4] 폭발사건 이후 한 기업을 어떤 테러리스트 집단과 잘

못 연관지었기 때문이었다. 해당기업 이사회의 임원 한 명이 지도자급 테러리스트와 관계가 있는 것으로 오도되었다. 이는 방송사가 충분한 검증 없이 방송을 했기 때문이다. 이례적으로 해당 네트워크 방송사는 다음날 사과성명을 방송으로 내보냈다. 그럼에도 불구하고 피해가 일어났다. 누명을 쓴 임원이 소속되어 있던 해당기업은 증오에 찬 우편물로 뒤덮였고 계약을 파기당한 데다 빈정거림을 받기 일쑤였다. 따라서 법정에서 명예훼손에 대한 손해배상을 청구하기에 이르렀다. 이러한 사건은 종종 일어나지만 법정 밖에서 매듭지어지는 경우가 많다. 그래서 금전적인 합의금의 규모 자체는 잘 알려지지 않는 경우가 많다. 하지만 그러한 사건이 유발한 기회비용을 고려하건대, 보상액이 적지 않으리라는 사실만을 알 수 있다.

일반적으로 법원은 명예훼손이나 중상비방으로 인한 평판의 손상에 대한 입증에 호의적임이 밝혀졌다. 그러한 사건에서 원고들은 다음 두 가지 방식으로 평판의 손상을 입증한다.

1. 명예훼손 행동으로 인해 초래된 직접적이고 금전적인 손실의 계산. 예를 들면 그러한 행동이 일어남에 따라 수입과 지출이 갑작스런 기복을 보였음을 시간순으로 보여준다.

2. 그러한 중상모략으로 생겨난 부정적인 인식을 바로잡기 위해 필요한 광고나 커뮤니케이션 비용의 계산

몇 달이나 몇 년의 한정된 범위에서 예측해볼 때, 기업이 평판의 손상으로 입게 되는 피해규모는 아주 치명적이며 종종 위기사건과 연관

---

4) 당시 세계무역센터는 오사마 빈 라덴의 소행으로 추정되는 테러공격으로 건물이 붕괴되었다. 이 건물은 1993년 2월 26일에도 지하 2층 주차장에서 대형 폭탄이 터져 6명이 숨지고 천여 명이 다치는 테러공격을 당하였다 – 역자주

되어 입게 되는 피해규모와 비견될 정도이다. 이로 인해 피해를 입은 기업의 시장가치가 약 5~15% 가량 떨어진다.

명성과 부의 연계

이 장에서 우리가 기술한 분석은 평판의 척도와 재무가치의 척도 간의 연관성을 입증하는 것이다. 이는 명성과 부 사이의 연관성을 보여주는 증거의 모자이크다. 이 문제를 보다 체계적으로 그리고 범국가적으로 확인하기 위해, 이후 두 장은 다음 세 가지 목적을 염두에 두고 우리가 참여하여 설계한 조사 프로젝트를 기술하고 있다.

1. 기업평판의 견실한 척도개발
2. 전세계에서 두드러진 기업의 평판측정
3. 평판, 재무가치 그리고 기업활동 간의 연관성 검증

3장에서 우리는 전세계에서 가장 존중받는 기업 가운데 일부를 판별해내는 국제 프로젝트의 결과를 보고한다. 이 과정은 다양한 국가에서 일반대중을 대상으로 엄격하게 실시된 대표성 있는 조사에 기반을 두고 있다.

4장에서 우리는 재무가치의 문제로 돌아가 이러한 조사에서 상위권에 오르는 일이 재무가치의 측정과 연관성이 있는지의 여부를 확인할 것이다. 그 다음 이 책의 남은 장에서는 이러한 기업이 어떻게 해서 그처럼 존중받게 되었는지를 살펴보는 데 할애하고자 한다.

03 Who's tops and who's not?

누가 높은 평판을 얻고 누가 그렇지 못한가?

"당신은 당신이 예정하고 있는 일로는 평판을 쌓을 수 없다."
헨리 포드(Henry Ford)

아주 존경하고 신뢰하며 동경해 마지않는 기업 두세 개를 거명해보라고 누가 묻는다면, 당신은 짧은 목록에다 어떤 기업을 기입하겠는가? 제너럴 일렉트릭 같은 거대기업을 호명하겠는가? 아니면 뱅 앤 올슨(Bang & Olufsen) 같은 작은 기업을? 이도 아니면 IBM 같은 컴퓨터 기업이나 이베이(e-Bay) 같은 인터넷 경매 사업자를? 그렇게 고른 기업은 미국, 일본, 독일, 네덜란드, 프랑스, 덴마크, 이탈리아 중에서 국적이 어디인가? 당신이 갖고 있는 TV 제조업체(Sony)인가, 또는 당신에게 카페라테를 파는 커피 소매업자(Starbucks)인가, 그게 아니면 당신의 랩탑 컴퓨터를 부팅할 때 처음 떠오르는 기업 로고(아마도 Microsoft)인가?

이러한 질문은 생각해볼수록 흥미롭다. 왜냐하면 이러한 질문은 어떤 기업이 다른 기업 이상으로 성취하는 가시성과 그 기업이 수행하는 많은 일에 대해 우리가 품고 있는 신뢰와 존경에 대해 말해주고 있기 때문이다. 그 결과 이러한 질문은 소비자와 연관된 기업의 평판에 관해 말해주게 된다. 당연히 기업은 (자신들이 어떻게 인식되고 있느냐뿐만 아니라) 남들의 인식 자체에 민감하지 않을 수 없다. 이는 훌륭한 평판이 고객들과 투자자들 그리고 잠재적인 취업희망자들의 지지를 끌어내기 때문이다.

세계에서 가장 주목받는 기업

2000년 가을 다양한 시장조사기관들의 도움을 받아 우리는 12개국 소비자들이 거명한 신망 있는 기업의 후보 리스트를 작성할 수 있었다. 조사대상이 된 국가는 호주, 벨기에, 덴마크, 프랑스, 독일, 그리스, 이탈리아, 네덜란드, 스페인, 스웨덴, 미국 그리고 영국 등이었다. 이 국가들은 지구촌의 3대 세력권인 미국, 유럽 및 호주의 구성원들이다.

우리는 응답자들에게 나라별로 가장 평판이 좋은 기업과 가장 평판이 나쁜 기업을 하나씩 거명해달라고 질문했다. 그런 다음 우리는 각 나라마다 어떤 기업이 가장 눈에 띄는지 파악하기 위해서 대표성 있는 소비자들을 대상으로 수량제한 없이 추천후보를 모았다.

어떤 기업이 미국에서 가장 주목받는가?

<그림 3-1>은 추천된 후보목록의 상위 30위권에 포함된 기업을 보여준다. 또한 그림 아래에는 2001년 여름 미국의 소비자들에게 높은 평판을 받고 있는 기업 10개사와 나쁜 평판을 받고 있는 기업 10개사를 수록했다.

이러한 결과는 교훈적이다. 기업은 다양한 이유로 세간의 이목을 끌게 된다. 아주 두드러진 주목을 끈 기업 가운데 일부는 2000년과

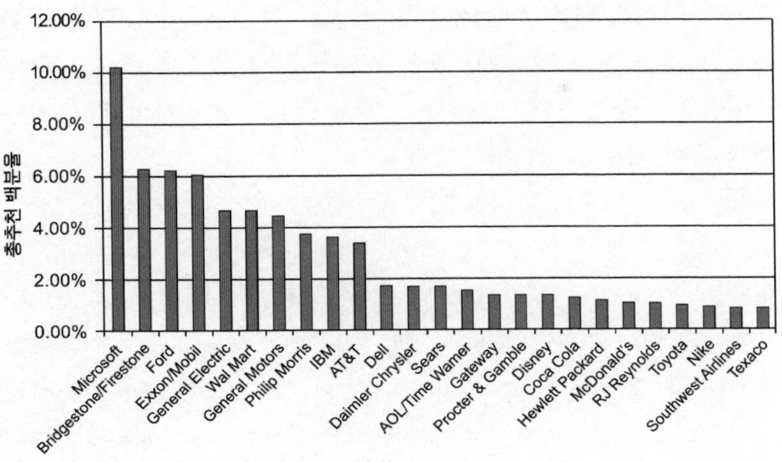

최우수 평판에 추천된 미국기업 (2001)

1. Microsoft
2. General Electric
3. Wal Mart
4. IBM
5. General Motors
6. Ford
7. AT&T
8. Dell
9. Sears
10. Gateway

최악의 평판에 추천된 미국기업 (2001)

1. Bridgestone/Firestone
2. Exxon/Mobil
3. Ford
4. Microsoft
5. Philip Morris
6. AT&T
7. General Motors
8. RJ Reynolds
9. AOL/Time Wamer
10. DaimlerChrysler

<그림 3-1> 미국에서 가장 눈에 띄는 기업군(2001, 여름)

2001년에 이루 말할 수 없이 공중의 부정적인 이목을 끈 탓에 선정되었다. 브리지스톤/파이어스톤과 포드가 바로 그러한 사례에 해당된다. 포드의 자동차 익스플로러에 장착된 파이어스톤 타이어가 폭발하는 바람에 사람이 죽는 사고가 발생한 탓이다. 필립 모리스(Phillip Morris)의 경우에는 담배가 건강에 미치는 해악을 대중 앞에 은폐하려 한 그동안의 공작을 둘러싼 지루한 법정공방으로 인해 명단에 올랐다. 엑슨모빌(Exxon Mobil)은 여전히 부정적인 인식의 여파에서 헤어나오지 못하고 있었다. 즉 소비자들은 아직도 이 기업 하면 1989년 일어난, 이제는

10년도 넘은 발데즈 호 원유유출 사건을 끈질기게 떠올리고 있었다. 분명한 것은 엑슨측이 오랫동안 대중에게 긍정적으로 받아들여져온 모빌과 합병을 했음에도 불구하고 엑슨 모빌이 그 반사이익을 조금도 얻지 못한 것으로 나타났다는 점이다.

월마트(Wal-Mart)와 제너럴 일렉트릭(GE)은 아무런 명망도 얻지 못했다. 지역사회에 월마트가 입점하게 되면 영세상점이 퇴출될 수밖에 없다는 언론과 시민운동단체의 꾸준한 비판압력에도 불구하고, 월마트가 긍정적인 평판을 보유한 기업순위 3위에 올랐다는 사실은 특기할 만하다. 분명히 공중은 월마트가 고품질의 제품을 낮은 가격에 효율적으로 공급함으로써 소비자의 편익을 도모한 것에 대해 좋은 점수를 주고 있었다. GE 또한 대체로 긍정적인 추천등급을 얻었다. 그러나 그 이유는 높은 이윤을 창출해내는 이 기업의 능력 때문이 아니라 GE의 전설적인 전직 CEO 잭 웰치(Jack Welch)의 경탄을 자아내는 경영 스타일 덕분이었다.

마지막으로 두 개의 기업이 최악과 최선 양편에서 동시에 겹치기 추천을 받았으니 바로 마이크로소프트(MS)와 제너럴 모터스(GM)가 그들이다. MS에 대한 이러한 추천결과는 MS의 활동에 대한 양극화된 공개논쟁을 반영한다. 일부 응답자들은 이 기업에 대해 매우 부정적인 인식을 갖고 있었다. 그 이유는 독점지향적인 사업활동을 둘러싼 MS와 미 법무부 간의 치열한 공개적 설전 탓이었다. 한편으로 많은 다른 응답자들은 MS와 그 회사의 제품, 기업 리더십에 대해 높이 평가했다. 이 양면가치적인 유형은 MS를 브리지스톤/파이어스톤 다음으로 미국에서 두번째로 눈에 띄는 기업으로 격상시켜주었다. 이와 대조적으로 GM은 사업분야에 대한 아주 이질적인 인식차이 때문에 최악과 최선 양편에서 추천되기에 이르렀다. GM에 대해 긍정적인 추천을 한 경우의 대부분은 GM의 새턴 사업부에 대한 열렬한 지지를 반영한다. 그러나 소비자들은 GM의 다른 사업분야에 대해서는 대체로 부정적인 견해를 피력했다.

어떤 기업이 유럽에서 가장 주목받는가?

우리는 2000년 가을 유럽 10개국의 약 만 명을 대상으로 똑같은 두 개의 질문을 했다. 처음에 우리는 똑같은 글로벌 다국적기업들 가운데 일부는 국경을 불문하고 추천을 많이 받을 것으로 기대했다. 실제 조사결과 우리의 예상은 틀린 것으로 나타났다. 국가별로 상당히 다른 기업이 추천되었다. 게다가 애국적 열기가 이러한 반응을 부채질 했다. 독일인들 입장에서는 자동차 제조회사 다임러 크라이슬러(메르세데스의 제조회사)가 정상을 차지했다. 프랑스인들은 툭하면 르노(Renault)를 떠올렸고 이탈리아인들은 피아트(Fiat), 스페인인들은 통신대기업 텔레포니아, 그리고 그리스인들은 모바일 전화회사 파나폰(Panafon)을 호명하는 식이었다. 사정이 이렇다보니 유럽 전체에서 주목받는 기업을 입증하겠다는 의도를 살리자면 이러한 데이터로는 무리일 수밖에 없음이 분명해졌다. 대신 유럽국가들 대부분의 소비자들은 타국 브랜드보다는 자국 브랜드를 더 높이 평가하려는 경향이 있다는 결과가 나왔다. 유럽기업이 아님에도 불구하고 추천된 기업 가운데 코카콜라, 맥도널드 그리고 소니가 가장 빈번하게 언급된 기업 브랜드였다.

그러나 유럽의 각 나라마다 소비자들은 또한 자국기업들이 저지른 잘못에 대해서도 잘 알고 있었다. 프랑스인들은 토탈피나엘프(Total-Fina-Elf)의 유조선 에리카(Erika) 호가 2000년 봄 침몰하면서 대서양 연안 일부를 황폐하게 만든 원유유출 사건을 용서하지 않았다. 덴마크인들은 전(前) 국영 전화 독점사업자 텔레덴마크(지금은 TDG로 개칭)가 소비자 서비스에 지속적인 난맥상을 보인 것에 대해 성토했다. 이와 같은 맥락에서 이들은 케미노바(Cheminova)가 소비자들에게 해로운 살충제와 구충제 생산에 관여했다는 이유로 1980년대와-1990년대에 피해지역으로부터 공장을 이전하도록 압력을 가한 바 있다. 마지막으로 네덜란드인들은 아직도 월드 온라인 '더치 야후(Dutch Yahoo)'의 충격적인 붕괴를 잊지 못한다. 이 기업은 투자자들에게 부풀린 약속을 남발하고 경솔한 과대포장을 일삼다가 1999년 극적으로 내부에서부터 무너져내리고 말았다.

가장 눈에 띄는 기업의 범유럽 그룹을 파악하기 위해 우리는 연구조사를 벌인 유럽 10개국 모두를 관통하는 결과를 집계했다. <그림 3-2>는 그 결과를 요약하고 있다. 10개국 모두로부터 받은 추천목록을 근거로 한 결과, 가장 눈에 띄는 기업은 프랑스의 소매유통사업자 까르푸(Carrefour)로 나타났다. 이 기업은 유럽에서 선도적인 슈퍼마켓 체인을 소유하고 있으며, 추천을 받은 근거는 대개 프랑스와 스페인에서의 두드러진 소매 아울렛 매장 덕분이었다. 필립스가 그 뒤를 바짝 따라붙어 2위를 차지했다. 이러한 추천은 네덜란드, 벨기에 그리고 프랑스 쪽 데이터 덕분이었다. 까르푸와 필립스도 포드와 다임러 크라이슬러처럼 정상을 차지할 수 있었던 이유는 그 기업이 압도적으로 긍정적인 추천을 많이 받은 덕분이다. 반면 유럽에서 가장 이름이 높은 미국 기업은 맥도널드와 코카콜라였다. 다른 한편으로 이 두 기업은 부정적인 점수도 그에 못지않게 많이 받았다. 이러한 유형은 미국에서 우리가 살펴본 바와는 사뭇 다르다. 미국과 같은 나라에서는 부정적인 퍼블리시티가 종종 기업이 매우 주목받도록 불을 지르곤 한다.

유럽 어디서나 사람들은 강력한 소비자 브랜드를 가진 기업을 아주 높게 평가하는 경향이 있다. 자동차 회사들이 압도적으로 추천을 받았고 그에 못지않게 식품제조회사, 소매사업자 그리고 전자기기 회사가 거론되었다. 이 기업들은 한결같이 소비자들이 일상생활에서 아주 손쉽게 상호 교류할 수 있는 업종에 속해 있었다. 각 나라별로 정상급 소비재 제조업자들이 평판이 높은 후보로 거론되었다. 바로 지멘스

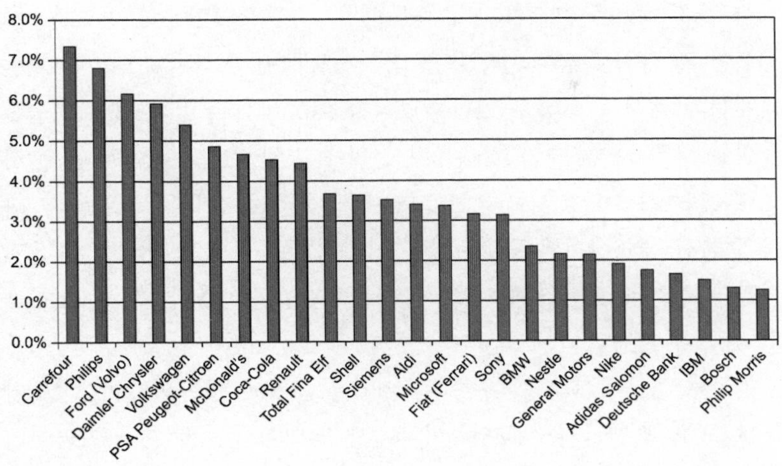

최우수 평판에 추천된 유럽기업 (2000)

1. Carrefour
2. Philips
3. DaimlerChrysler
4. Ford (Volvo)
5. Volkswagen
6. PSA Peugeot-Citroen
7. Renault
8. Coca-Cola
9. Siemens
10. Sony

최악의 평판에 추천된 유럽기업 (2000)

1. McDonald's
2. Total Fina Elf
3. Shell
4. Deutsche Bank
5. Microsoft
6. Aldi
7. Fiat
8. PSA Peugeot-Citroen
9. Nike
10. Deutsche Telekom

<그림 3-2> 유럽에서 가장 눈에 띄는 기업군(2000, 가을)

(Simens), 소니, BMW 그리고 GM 같은 기업들이었다. 평판이 최악인 기업후보군에는 맥도널드, 마이크로소프트, 나이키 그리고 (앞의 기업보다 상대적으로 낮은 순위이기는 하지만) 월마트 같은 미국의 상징이라 할 수 있는 기업이 유럽 전역에서 국경을 불문하고 포함되었다. 또한 프랑스의 토탈피나(Total Fina)와 독일의 도이치 텔레콤(Deutsche Telecom)이 부정적인 시각으로 비쳐졌다. 대서양 양편 어느 대륙을 막론하고 소비자들은 건강과 안전 그리고 환경에 위협을 가하는 활동을 벌인 기업에 대해서는 뚜렷하게 거리를 두었다.

마지막으로, 유럽에서 가장 주목받는 기업의 면면을 보면 그 출신 국적이 꽤 다양함을 알 수 있다. 그 기업 대부분은 국수주의적인 기반 위에서 굳건히 존립하고 있다. 세 나라 이상에서 추천을 받은 기업은 사실상 극히 드물다. 이것은 유럽 전역에 걸쳐 소비자들의 마음을 사로잡은(포지셔닝이 잘 되어 있는) 기업이 드물다는 현실을 시사한다. 다시 말해서 유럽에서의 평판시장은 여전히 무주공산인 상태이며, 유럽 전역에 걸쳐 합법적인 평판을 굳건하게 다진 기업은 아직 없다고 해도 과언이 아니다.

미국의 경우와 같이 일부 유럽 기업은 최선과 최악의 기업후보 양쪽에 모두 추천되기도 했다. 미국에서 담배회사는 주연급 악당이며 필립 모리스가 그 간판스타다. 이와 대조적으로 유럽에서 필립 모리스는 평판이 부정적인 기업후보에 오르지 않았을 뿐만 아니라 평판이 최고인 기업후보군 중에서 중위권 정도를 차지했다. 미국에서 월마트는 만장일치에 가깝게 호평을 받았지만, 유럽에서는 최악의 평판을 얻는 기업후보군의 상위권에 올랐다. 이런 식의 이중적인 평판은 마찬가지로 MS, 셸, PSA-푸조-시트로엥(PSA-Peugeot-Citroen) 그리고 GM 같은 기업의 경우에도 해당되는 반복적인 패턴이다. 이처럼 엇갈리는 기업 이미지는 해당기업의 경영성과에 영향을 미치리라고 추측된다. 양극화된 소비자들은 매니저들이 매출을 일으키는 데 필요한, 부침 없는 열성적인 지지를 보낼 가능성이 별로 없다. 이것은 이러한 기업의 실행부서들이 소비자들을 대상으로 한 시장성과를 개선하고자 할 경우 맞부딪치는 일종의 잠재적인 긴장인 셈이다.

어떤 기업이 호주에서 가장 주목받는가?

2000년 가을 1,019명의 호주 소비자들이 자국에서의 최고의 기업과 최악의 기업을 추천해달라는 요청을 받았다. <그림 3-3>은 그 결과를

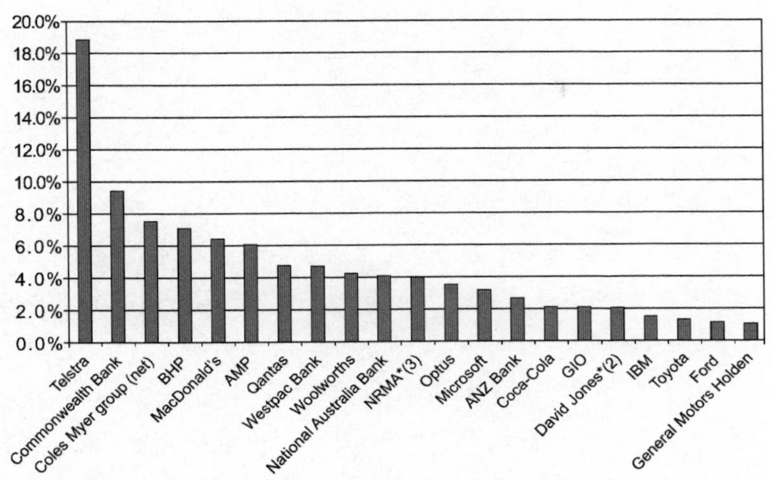

최우수 평판에 추천된 호주기업 (2000)

1. Telstra
2. Coles Myer Group
3. Qantas
4. BHP
5. Woolworths
6. AMP
7. NRMA
8. Commonwealth Bank
9. Microsoft
10. David Jones

최악의 평판에 추천된 호주기업 (2000)

1. Telstra
2. Commonwealth Bank
3. McDonald's
4. Westpac Bank
5. BHP
6. National Australia Bank
7. AMP
8. Optus
9. ANZ Bank
10. Coles Myer Group

<그림 3-3> 호주에서 가장 눈에 띄는 기업군(2000, 가을)

보여준다. 호주에서 가장 눈에 띄는 기업은 준민영기업인 텔리커뮤니케이션 독점사업자 텔스트라(Telstra)다. 호주에서 전통을 자랑하는 상업은행 커먼웰스 뱅크(Commonwealth Bank)와 유명한 콜즈마이어(Coles-Myer)가 각기 2, 3위를 차지했다. 미국에서의 필립 모리스와 마이크로소프트처럼, 텔스트라의 평판은 상당히 양면적이다. 즉 텔스트라는 긍정적인 순위와 부정적인 순위 모두에서 수위에 올랐다. 이와 대조적으로 커먼웰스 뱅크는 부정적인 평판에서 주로 부각된 반면, 콜즈마이어는

순위에 오른 기업 가운데 가장 강력한 긍정적인 후광효과를 누렸다. 가장 눈에 띄는 기업에 대한 국가간 교차비교는 다음과 같은 일반화를 시사한다.

- 소비재나 소비자 대상 서비스를 판매하는 기업일수록, 특히 이 기업의 핵심제품이 기업명과 동일할수록(코카콜라), 또는 이 기업이 아주 알아보기 쉬운 로고를 활용할수록 긍정적인 평판을 얻는 기업 후보로 천거될 가능성이 높다. 단 어느 경우이든 간에 막대한 물량의 광고비 투입이 전제되어야 함은 물론이다.
- 부정적인 평판에서 수위를 차지한 기업은 대개 해당기업의 이름이 사람들에게 해를 끼친 제품들과 떼려야 뗄 수 없는 연상고리가 되어버린 탓이다. 이러한 기업은 건강을 해치거나[필립 모리스, RJ 레이놀즈(RJ Reynolds)], 인명을 살상하며(포드와 브리지스톤/파이어스톤), 환경을 파괴하거나(토탈피나, 엑슨 모빌, 셸), 소비자를 이기적으로 이용한다고 간주된다(마이크로소프트, 텔스트라).
- 대중이 받아들이는 인상은 부분적으로는 이러한 기업이 활동하는 산업이 얼마나 주목받는가에 좌우된다. 또한 이 기업은 자기 자신이 얼마나 두드러져 보이는가에도 영향을 받는다. 대다수의 기업은 막대한 비용의 광고와 커뮤니케이션에 예산을 쏟아붓는다. 그렇게 함으로써 대중에게 높은 인지도를 얻고자 한다. 일부 기업들은 스캔들이나 위기 탓에 관심이 집중되기도 한다.

그러나 분명한 사실은 두드러진 부각이야말로 평판에 대한 사전예고 같은 성격을 띤다는 점이다. 그래서 우리 앞에 놓인 문제는 다음과 같다. 만일 우리가 어떤 단일기업에 초점을 맞춘다면, 사람들이 그 기업을 평가할 때 어떤 특정한 범주를 떠올릴까? 그리고 우리가 이 추천 과정을 특징짓는 외면적인 화려함을 넘어서서 실제로 응답자들에게 표준화된 목록이나 범주에 입각해서 기업을 평가해달라고 요구할 때, 실제로 기업은 어떻게 비교될까?

이러한 문제를 풀기 위해 다양한 수단이 제안되었다. ≪포춘≫은 기업평판에 대한 유명한 측정척도 가운데 하나를 공개한 바 있다. 이것은 기업의 제품, 리더십 그리고 경영성과에 대한 8가지 질문을 바탕으로 끌어낸 것이다. 몇 년 동안, 많은 이들이 ≪포춘≫의 검증수단과 데이터 수집방법론을 비판해왔다. 이러한 문제의 일부를 극복하기 위해, 우리는 신중하게 조사해서 전세계 온갖 부류의 이해관계자들이 활용할 수 있는 표준지침을 개발하려는 취지에서 1999년 평판연구소(the Reputation Institute)를 설립했다. 평판지수(the Reputation Quotient; RQ) 활용법은 우리의 조사 파트너 해리스 인터랙티브와의 공동작업을 통해 나온 산물이다. 다음 절에서 우리는 평판지수에 대해 기술한 다음, 우리가 그것을 1999년 이래 구체적인 평가기준으로 개발해서 세계의 아주 저명한 일부 기업을 분석하는 데 어떻게 이용했는지를 살펴볼 것이다.

평판지수

유명한 기업 하나를 고르라. 당신이 후한 점수를 매길 만한 것으로 말이다. 그것을 당신 마음속에 잘 자리잡게 하라. 그런 다음에는 당신이 왜 그 기업을 호명했는지를 설명해보라. 당신이 떠올린 명분이 6개국에서 개별적으로 그리고 포커스 그룹별로 이러한 질문을 우리에게 받은 사람들 대부분의 응답과 별반 다를 것이 없다면, 당신의 설명은 다음 여섯 가지 범주 가운데 하나에 속할 것이다.

- **감성소구**: 당신은 딱히 논리적인 이유가 있는 것은 아니지만 그

냥 그 회사를 좋아하고 동경하거나 신뢰한다.

- **제품과 서비스**: 당신은 해당기업이 품질이 우수하고 혁신적이며 믿을 수 있는, 다시 말해서 기꺼이 그에 상응하는 대가를 지불할 만한 제품과 서비스를 판매하고 있다고 생각한다.
- **재무성과**: 해당기업이 이윤을 많이 내는 데 만족한 당신은 이 기업의 향후전망이 든든해서 투자하는 데 별 위험부담이 없다고 믿는다.
- **비전과 리더십**: 당신은 해당기업이 미래에 대한 명쾌한 비전과 강력한 리더십을 지니고 있다고 느낀다.
- **근무환경**: 당신은 해당기업이 잘 운영되고 있으며 최상의 종업원들을 보유하고 있어 일하기에는 최적의 조건이라고 믿는다.
- **사회적 책임**: 당신은 해당기업이 훌륭한 사회의 일원으로서 제

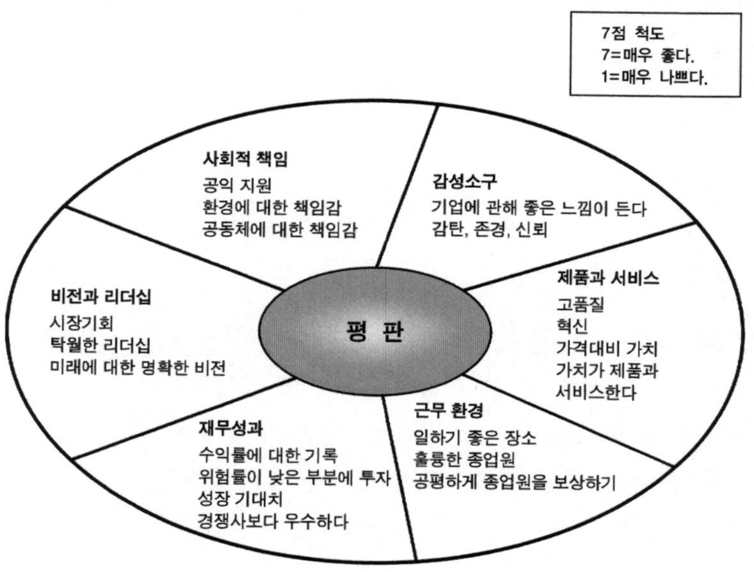

<그림 3-4> 평판지수: 6개 차원과 20개 속성

몫을 하고 있다고 생각한다. 즉 이 기업은 선한 동기들을 후원하고 환경에 피해를 입히지 않으며 지역사회에 도움을 준다.

우리는 해리스 인터랙티브와의 협력을 통해, 수천 명의 사람들을 대상으로 이러한 차원과 속성을 온라인이나 전화통화 그리고 개인 면접 인터뷰 등을 통해 체계적으로 테스트했다. 이러한 테스트를 바탕으로 우리는 총 평판점수를 계산할 수 있는 표준화된 도구인 평판지수를 개발해냈다. 단순하게 말해서 평판지수는 사람들에게 한 기업에 대해 20개 문항에 걸쳐 평가해달라고 물은 다음 돌아온 대답의 총합이다. <그림 3-4>는 평판지수의 구조를 도표화한 것이다. 이러한 아이템에 기반을 둔 설문지 조사 내용은 온갖 유형의 응답자들, 예를 들면 관리자, 투자자, 직원 또는 소비자가 답변할 수 있도록 고안되었다. 단 응답자들은 자신들이 평가하는 기업에 대해 사적 연관성이 아주 적은 사람들로 한정되었다.

미국에서 가장 눈에 띄는 기업의 평판

각 국가별로 아주 눈에 띄는 기업을 이미 알고 있었기 때문에, 우리는 그 기업의 평판을 구체적으로 측정하기로 했다. 2001년 2만 명의 미국 소비자들에게 아주 이름난 미국 기업 60곳의 구체적인 평판을 측정하기 위해 20개의 표준 평판지수 설문을 물었다.

<그림 3-5>는 2001년도 결과를 보여준다. 1999년과 2000년에도 그랬듯이, 2001년에도 존슨 앤 존슨이 다시 미국에서 1위를 차지했다. 그리고 마이크로소프트, 코카콜라, 인텔, 3M, 소니 등이 또한 상위 10개 기업에 들었다. 이들은 매우 이름난 기업군 가운데에서 가장 높은 평판점수를 받았다.

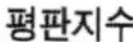

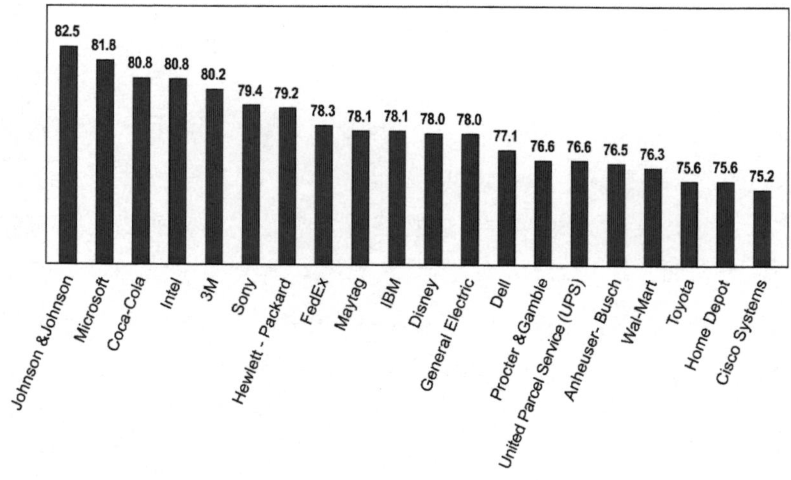

<그림 3-5> 미국에서 누가 최고인가?(2001)

유럽에서 가장 눈에 띄는 기업의 평판

2001년 가을 우리는 또한 네덜란드, 이탈리아, 덴마크의 소비자들 중에서 가려 뽑은 대표 샘플 집단을 대상으로 각국에서 가장 눈에 띄는 기업의 평판에 등급을 매겨달라고 요청했다.

네덜란드에서 평판지수가 상위권에 오른 기업

네덜란드에서 이름난 30개 기업을 대상으로 5천 명 이상의 소비자들로 구성된 대표 샘플집단이 평판점수를 매겼다. 대형 소매유통사업자인 아홀드가 수위를 차지했고 소니, 유니레버(Unilever), 하이네켄 그리고 마이크로소프트 등이 그 뒤를 바짝 뒤쫓았다. 소비자 가전부문에서는 소니가 네덜란드 출신 기업인 필립스를 앞질러 놀라움을 자아냈다. 이것은 소니가 국제시장에서 지속적으로 펼쳐온 평판전략에 대해서, 그리고 모국시장에서 필립스를 위한 개선의 여지에 대하여 보

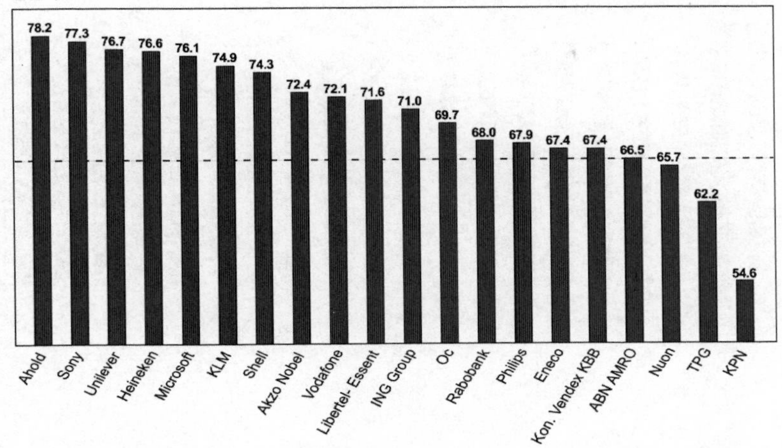

<그림 3-6> 네덜란드에서 누가 최고인가?(2001)

다 세밀한 검증이 필요하다는 사실을 뜻한다. <표 3-6>은 네덜란드의 결과를 요약한 것이다.

이탈리아에서 평판지수가 상위권에 오른 기업

앞의 조사와 거의 동시에, 우리는 약 3천 명의 이탈리아 소비자들에게 평판지수를 사용하여 이탈리아에서 활동하고 있는 20개의 이름난 기업을 대상으로 등급을 매겨달라고 요청했다. <표 3-7>은 이탈리아에서 가장 눈에 띄는 기업이 세 그룹으로 나눠짐을 보여준다. 상위 그룹은 고급 승용차 제조업체 페라리(Ferrari), 식품회사 바틸라(Batilla), 초콜릿 제조회사 페레로(Ferrero)가 선도하고 있다. 이밖에도 이 그룹에는 대형 식품회사 파르말랏(Parmalat)과 갈바니(Galbani), 소매유통업체 베네통(Benetton), 타이어 제조업체 피렐리(Pirelli) 등이 포진하고 있다. 확실히 이탈리아의 소비자들은 자국의 정상급 브랜드인 페라리 자동차의 탁월한 경영성과에 찬사를 보내고 있다. 페라리는 포뮬라 원(Formula One) 자동차 경주대회에서 잇따른 성공을 거둬 많은 주목을 받은 바 있다.

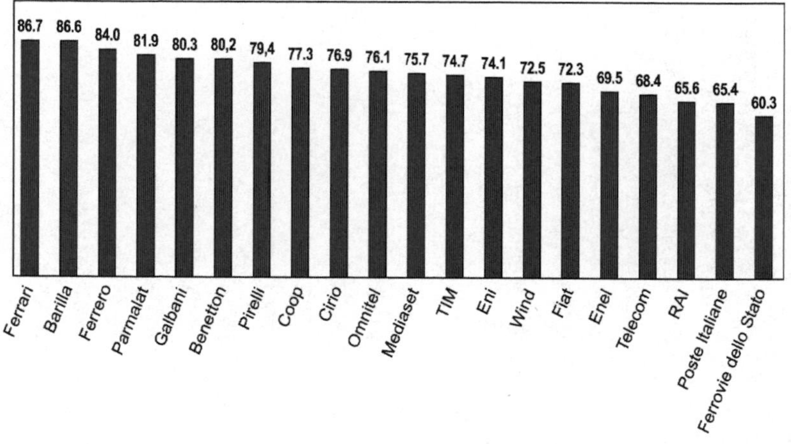

<그림 3-7> 이탈리아에서 누가 최고인가?(2001)

두 번째 그룹에는 쿱 이탈리아(Coop Italia)가 선도하며 이밖에 텔레커뮤니케이션 회사, 미디어, 출판 그룹 그리고 이탈리아의 공익사업자인 에니(Eni) 등이 포함되어 있다. 에니는 아주 높은 경영성과를 내고 있는 국영기업이다. 세번째 그룹은 이탈리아의 골칫덩이 자동차 제조업체 피아트(Fiat)를 중심으로 국영 우편 서비스 회사와 철도회사 등으로 구성되어 있다.

덴마크에서 평판지수가 상위권에 오른 기업

덴마크의 이름난 기업 15개를 대상으로 평판지수를 사용하여 평판의 등급을 매겨달라고 약 2,700명의 덴마크 소비자들에게 요청했다. <표 3-8>이 보여주는 결과는 2001년의 경우 장난감과 엔터테인먼트 제공사업자인 레고가 덴마크에서 수위를 차지하는 기업이었음을 알려준다. 고급 가정용 전자제품 제조업체 뱅 앤 올슨과 수송업 기반의 대기업 A. P. 몰러가 그 뒤를 이었다. 뱅 앤 올슨은 스테레오와 비디오 기기의 매끈한 디자인으로 세계적인 명성이 자자한 기업이고, 몰러는

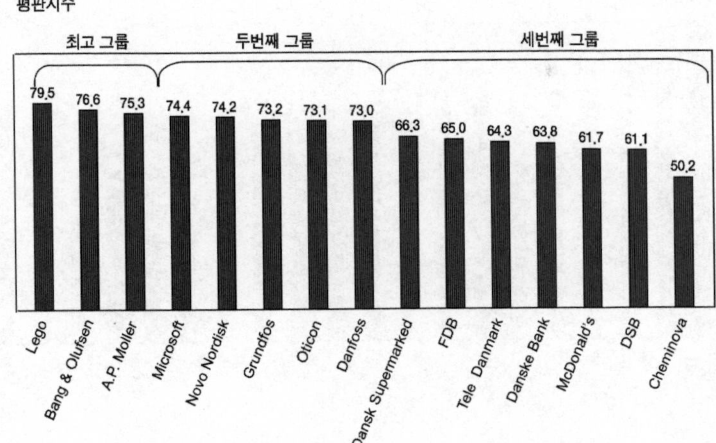

<그림 3-8> 덴마크에서 누가 최고인가?(2001)

상업적인 선박운송과 항공운송과 관련된 비즈니스를 하는 마에르스크 패밀리(Maersk Family)의 모기업이다. 두번째 그룹은 마이크로소프트와 노보 노르디스크(Novo Nordisk)가 이끌었다. 노보 노르디스크는 인슐린 제조로 이름난 제약회사이다. 세번째 그룹은 소비재 기업이 뒤섞여 있는데 그 중 가장 바닥을 기는 기업이 케미노바(Cheminova)이다. 이 기업은 살충제와 농약을 제조하는 화학회사이다.

호주에서 가장 눈에 띄는 기업의 평판

마침내 2001년 가을 ` 인터랙티브에 있는 우리 동료들이 호주에서 가장 두드러진 20대 기업에 대한 평가를 해달라고 4천 명 이상의 소비자들을 초빙했다. 자국출신 기업이 상위에 오른 유럽에 비해, <그림 3-9>는 미국 기업들이 강력한 마인드 점유율(Mindshare)을 확보하고 있음을 보여준다. 마이크로소프트가 수위를 차지했으며 이외에도 미국에 근거지를 둔 다국적기업 3개가 순위에 올랐으니 바로 맥도널드, 코

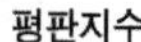

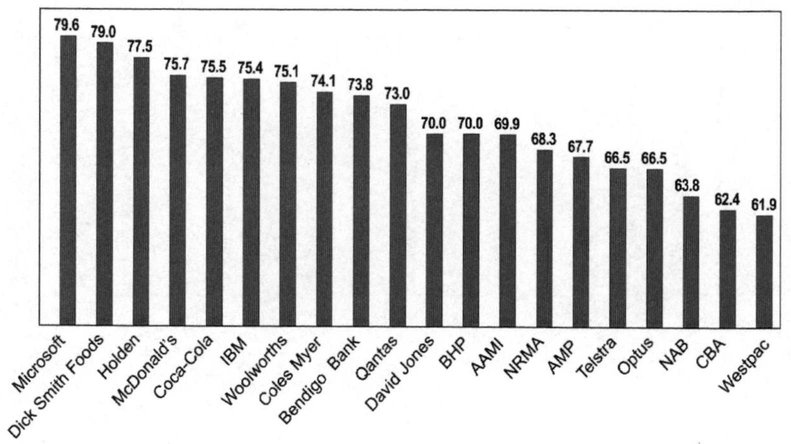

<그림 3-9> 호주에서 누가 최고인가?(2001)

카콜라 그리고 IBM 등이다. 상위 그룹에 오른 호주기업으로는 소매유통업체 딕 스미스 푸드(Dick Smith Foods), 홀든(Holden), 울워스(Woolworths) 그리고 콜즈마이어가 있다. 대비되는 것은 호주의 3대 메이저 은행들(NAB, CBA, Westpac)이 하나같이 박한 점수를 얻어 호주의 주요 광산회사인 BHP보다도 낮은 순위에 머물렀다는 점이다. 은행 가운데서는 상대적으로 규모가 작은 벤디고 뱅크(Bendigo Bank)가 그나마 돋보였는데, 이 은행은 커뮤니티 기반의 광범위한 홍보전략으로 유명하다. 마찬가지로 호주의 텔레콤 사업자 옵투스(Optus)와 텔스트라 또한 실망스러운 결과를 얻는 데 그쳤다.

세계 정상급 기업이 주는 교훈

기업순위를 매기는 일은 늘 홍을 돋워서 마치 붉은 카펫을 당당하게 걸어가는 수상자들과 그 주변에 늘어선 수상후보들로 가득한 아카

데미상 시상식을 방불케 한다. 그러나 우리로 하여금 평판지수 프로젝트를 출범하게끔 고무시킨 조사의 과제는 어떤 기업이 승리자이고 또 어떤 기업이 패배자인지를 알아내려는 것이 아니라, 그렇게 승패가 갈리도록 만든 이유를 찾아내는 데 있다. 세계의 정상급 기업이 평판을 쌓아올리도록 해준 것은 무엇인가? 우리가 보건대 그 기업은 보통 기업과는 다르게 처신하고 있다고 말해도 과언이 아닐 것 같다. 그렇다면 그게 대체 어떤 점이란 말인가?

평판지수 프로젝트는 소비자들이 기업의 핵심역량을 알아보는 데 상당한 안목이 있음을 입증한다. 미국과 호주 두 나라 모두에서 마이크로소프트는 게이츠(Gates)로부터 발머(Balmer)로 리더십이 순조롭게 이양되는 과정과 미국 정부의 반독점규제 노력을 비교적 별다른 상처 없이 유유히 헤쳐나오는 방식을 통해 소비자들의 찬사를 받았다. 이와 비슷하게, 전세계에서 코카콜라는 CEO 더글라스 대프트(Douglas Daft)의 영도 아래 열정적인 리더십을 발휘해온 덕분에, 그리고 솔직하고 효과적인 글로벌 광고 캠페인 덕분에 신망을 얻었다. 한편 일반대중들은 다임러 크라이슬러의 미심쩍은 국제합병과 루슨트(Lucent)의 결함 있는 비즈니스 모델에 속아넘어갈 정도로 바보가 아니었다. 미국 소비자들은 많은 인명살상을 불러일으킨 포드와 브리지스톤/파이어스톤의 자동차 타이어 균열 사고에 대한 비난을 거두지 않고 있다.

평판을 쌓아올린 기본요인을 확인하기 위해, 우리는 2001년 실시된 평판척도에 대해 상세한 통계학적 분석을 실시했다. 국가간 교차비교에서 상당히 비교할 만한 결과가 실제로 도출되었다. <그림 3-10>은 미국 데이터의 분석결과 나온 통계적 유형을 요약한 것이다.

<그림 3-10>에서의 모델은 다음과 같은 의미로 해석될 수 있다.

- 대개의 소비자들은 자신들이 선호하고 신뢰하며 동경하는 — 이러한 태도는 기업의 감성소구를 구성하는 요소들이다 — 기업에

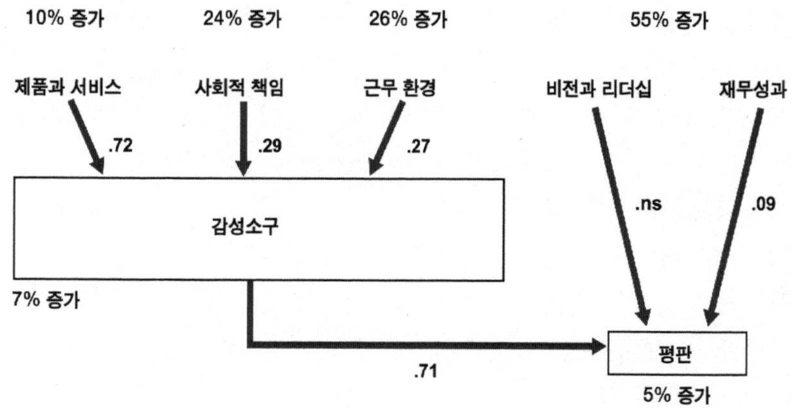

<그림 3-10> 기업평판을 좌우하는 요소는 무엇인가?

높은 평판을 부여한다.

- 해당기업의 제품과 서비스에 대한 인식은 감성소구 그리고 나아가서는 전반적인 평판을 끌어내는 주요요인이다. 따라서 평판에 대한 개선을 모색하는 기업의 커뮤니케이션 주안점은 제품의 질, 혁신 그리고 가치제고를 높은 비중으로 강조하는 데 맞춰져야 한다.
- 해당기업의 근무환경과 사회적 책임에 대한 인식은 소비자들이 그 기업을 얼마나 높게 평가할지를 알려주는 중요한 선행지표다. 실상은 어떻든 간에 소비자들은 심리적으로 자기들이 보기에 종업원들과 지역사회에 공정하고 책임감있게 대한다고 여겨지는 기업을 지지하게 마련이다.
- 흥미로운 점은 기업의 재무성과와 리더십에서의 차이는 소비자들이 기업평판에 대한 등급을 매길 때 별 효과를 발휘하지 못한다는 사실이다. 기업에 대한 인상을 형성할 때, 이처럼 비즈니스에 핵심적인 요인은 공중에 의해 노골적으로 평가절하되는 경향이 있다.

지나친 계량화의 모험을 무릅쓰고 논하면 다음과 같다. 이 모델은 한 기업이 기존평판을 5% 올리고자 한다면 소비자들에 대한 감성소구를 7% 개선해야 함을 시사한다. 나아가 이만큼의 감성소구를 개선하자면, 그 회사의 제품과 서비스에 대한 인식이 10% 먼저 개선되어야 하며, 근무환경은 26%, 사회적 책임은 24% 개선되어야 한다. 그 기업의 재무성과에 대한 호의적인 인식이 평판에 상당한 변화를 일으키자면 55%까지 개선되어야 한다. 2001년 평판지수 78점을 얻은 GE의 경우를 보자. 이 기업의 평판지수를 5~3.9%만 개선하면 81점 이상이 되어 평판이 최상위권인 기업군(존슨 앤 존슨과 마이크로소프트가 포진하고 있는)에 낄 수 있게 된다. 그러한 변화를 이루자면 소비자들이 이 기업의 감성소구에 대한 평가에서 상당한 폭의 개선이 수반되어야 한다. 소비자들의 그러한 평가를 개선하게 하려면, GE는 주도권을 쥐고 있는 값비싼 요소에 투자해서 자사 제품과 서비스에 대한 인식을 크게 개선시켜야만 한다. 그러나 이것은 또한 변화시키기에는 상당히 어려운 속성일 것이다. 대부분의 사람들은 이미 GE의 제품을 구입한 기존 경험을 통해 이 기업에 대한 확고한 견해를 지니고 있다. 반면 이 결과는 GE가 사회적으로 책임감 있는 기업으로 포지셔닝함으로써 엄청난 반대급부를 얻을 수 있음을 시사한다. 즉 소비자들이 아직 이 기업과 확고하게 연상짓지 않은 것을 찾아내 기업평판 개선을 위한 절호의 기회로 활용하는 것이다.

우리는 2장 끝부분에서 우리가 다양한 연구를 통해 평판에서의 10% 변화는 적어도 1%의 시장가치 변화와 맞먹는다고 내린 결론을 기억한다. GE의 시장자본가치가 3천억 달러라고 할 때, 이 기업을 소비자 평가의 상위권으로 5% 끌어올릴 경우 약 5억 달러의 가치창출이 일어나는 셈이다. 진정한 의미에서, 이러한 숫자의 규모는 GE 같은 기업이 자사에 대한 소비자의 인식을 5% 개선하기 위해 기꺼이 할당해야 하는 최대예산이 어느 선인지를 가늠하게 해준다. 광고와 PR을 통하든, 아니면 사회에 공헌하는 활동을 펼치든 간에 상관없이 말이다.

결론

전반적으로 우리는 소비자들이 투자자들 못지않게 세련된 판단을 내리기는 하지만 이들은 기업이 방송을 통해서 자주 내보내는 비재무적인 이니셔티브에 관한 다양한 자료에 입각해서 업계를 해석함을 보여주었다. 그래서 소비자들을 상대로 한 평판 쌓아올리기는 기업이 자사의 분기별 경영실적(애널리스트들과 투자자들의 관심범위)에 대해서가 아니라 직원들을 어떻게 대우하고 사회에 어떻게 기여하고 있는가에 대해 명확히 커뮤니케이션 하는 것이다. 평판은 기업경영의 우수성이 공중에게 어떻게 비춰지고 있는가를 보여주는 거울이다.

다음 장에서는 기업의 평판이 가시성이 뛰어나다고 판단되는 기업의 경영실적에 미치는 상대적인 기여를 검증하고자 한다. 그 우수성을 더욱 깊이 있게 탐구해서 다른 기업에게 평판과 관련한 벤치마킹 자료를 제공하기 위해, 이 책의 나머지 부분에서는 상위등급에 오른 기업에 초점을 맞출 것이다. 이어지는 장에서 실제로 상위권 기업이 강력한 평판의 토대를 쌓음으로써 자신들의 평판을 체계적으로 관리하고 있음을 보여줄 것이다. 이러한 기업은 안정된 리더십, 내외부 커뮤니케이션, 사회에 대한 기여 그리고 근무환경과 같은 요인들(평판지수의 향상요인들)의 적절한 배합을 통해 시장에서 그들이 달성하고자 하는 전략적 포지셔닝을 얻는다.

부록: 방법론에 대한 추가설명

우리는 기업의 평판을 연구하기 위해 1999년 평판연구소를 세웠다.

그 이후 우리가 매년 실시해온 소비자 조사는 시장조사 파트너인 해리스 인터랙티브를 비롯한 제휴기업과의 협동작업의 결과이다. 해리스는 미국에서 대표성 있는 소비자 샘플집단을 골라내고 인터뷰하기 위해 약 7백만 명에 달하는 자발적인 참여자 패널을 운영했다. 샘플 추출된 이들의 의견은 각 지역마다 일반대중이 품고 있는 생각을 대변하기 위해 가중치가 적용되었다. 유럽의 경우에는 조사를 수행하기 위해 전화 샘플링에 의존했다.

모든 나라에서 프로젝트는 다음 두 단계로 진행되었다. 하나는 기업을 추천하는 단계요, 다른 하나는 추천된 기업을 평가하는 단계였다. 추천단계에서 우리는 다음과 같은 두 가지 기본적인 질문으로 시작했다.

- 당신이 잘 알고 있거나 들어본 적이 있는 모든 기업 가운데 당신이 보기에 가장 훌륭한 평판을 지니고 있다고 생각되는 기업 두 개는 어디입니까?
- 당신이 잘 알고 있거나 들어본 적이 있는 모든 기업 가운데 당신이 보기에 가장 형편없는 평판을 지니고 있다고 생각되는 기업 두 개는 어디입니까?

일반대중을 대상으로 한 조사는 세계의 3대 지역권 12개국에서 2000년 가을과 2001년 봄 사이에 실시되었다. 2만 명 이상이 1단계 조사에 참여했다. 이들의 추천결과를 토대로 우리는 각국별로 사람들에게 가장 돋보이는 기업목록을 추출해냈다. 최선과 최악 양편으로 갈라서 말이다. 이러한 기업은 2단계 조사, 즉 평가단계에서 자세하게 평판에 대한 측정을 받게 된다. 평판지수를 사용하여 해리스 인터랙티브와 평판연구소가 수행한 상세한 연구결과는 1999년 이래 ≪월스트리트 저널≫에 매년 실리고 있다. 이 지면을 통해 우리는 미국, 호주, 덴마크, 이탈리아 그리고 네덜란드에서 2001년 마무리된 동시조사의 결과를 논의한다. 이 프로젝트를 수행하는 데에는 이탈리아에 있는 에라스무스 대학(Erasmus University)의 기업 커뮤니케이션 센터와 SDA 보코니(Bocconi), 덴마크에 있는 코펜하겐 비즈니스 스쿨(Copenhagen Business School)과 인터플레이(Interplay) 등과의 협력뿐만 아니라 해리스 인터랙티브, 블로우(Blauw) 리서치 그리고 AMR 인터랙티브 같은 시장조사 기관과의 긴밀한 공조가 필수적이다.

흥미롭긴 하지만 추천만으로는 기업평판을 정확하게 묘사하지 못한다. 기업의 평판을 충분히 검증하자면 보다 상세한 측정기준이 요구되며, 그래서 2000년 기업평판을 정확하게 측정하기 위한 세계적인 규모의 프로젝트가 출범했으니, 우리는 그것을 평가단계(Rating phase)라고 부른다. 이 평가단계를 수행하기 위해, 우리는 추천받은 기업의 평판을 측정하는 신뢰할 만한 도구가 필요했다. 우리가 이러한 기업을 평가하기 위해 사용한 도구는 평판지수로서, 찰스 폼브런과 해리스 인터랙티브가 고안해낸 측정기준이다. 이것은 우리가 평판측정을 위한 유용한 벤치마킹으로 제안한 기존도구들의 약점을 극복하기 위해 기획되었다.

5개국에서 3만 명 이상이 이 평가단계에 참여했다. 우리는 각국별로 가장 눈에 띄는 기업에 대한 정확한 등급을 매기기 위해 평판지수 인터뷰에 의존했다. 이 평가방법은 우리가 후보로 거론된 기업의 평판점수를 계산하고, 나아가서 그 기업이 공중에게 최악 또는 최선으로 선정된 근본적인 이유를 캐낼 수 있게 해주었다.

미국에서의 샘플 추출과정

총 1만 38명의 미국인 응답자들이 2001년 4월부터 8월까지 조사에 응했다. 이 중 5,975명은 온라인으로 그리고 4,063명은 전화로 질문을 받았다. 기업추천 단계에서는 2000년 여름에 5,661명을 대상으로 조사가 실시되었으며, 그 중 4,651명은 온라인으로 그리고 1,010명은 전화로 인터뷰했다. 온라인 응답자들은 해리스 인터랙티브가 온라인 조사를 수행하기 위해 만든 대규모 온라인 패널에서 무작위 추출되었다. 당시 해리스 온라인 패널에는 7백만의 자원자가 참여하고 있었다. 이 연구가 온라인 응답자에게만 치우치지 않도록 하기 위해, 여러 곳으로 나뉘어 전화 인터뷰가 일반공중의 대표성 있는 샘플을 대상으로 실시되었다. 최악과 최선의 기업평판에 대한 추천을 기록하고 합산한 결과, 60개에 이르는 아주 눈에 띄는 평판을 지닌 기업이 확인되었다.

다음에는 총 2만 1,630명의 소비자들이 평판지수를 이용해서 60개의 가장 눈에 띄는 기업에 대한 평판을 점수로 매겼다. 모든 인터뷰가 2001년 겨울 온라인으로 이뤄졌으며 모든 기업은 적어도 그 기업에 대해 어느 정도 알고 있는 응답자들의 손으로 등급이 매겨졌다. 응답자들에게는 그들에게 친근한 두 기업을 무작위로 선정해서 점수를 매겨달라고 요구했다. 친근한 기업이 2개 이상 되는 응답자들은 오로지 2개 기업만 평가할 수 있도록 무작위로 안배되었다. 첫번째 평가가 완료된 다음에야 그들은 두번째 기업에 점수를 매길 수 있도록 허용되었으며, 인터뷰에는 평균 22분이 소요되었다.

유럽에서의 샘플 추출과정

유럽에서의 샘플 추출은 각국 단위별로 실시되었다. 2000년 가을 각국에서 750명에서 1천 명에 이르는 대표성 있는 샘플집단으로부터 전화추천을 받기 위해 다양한 조사회사들이 이용되었다. 상업적인 브랜드와 순수 금융지주회사 그리고 자회사는 조사에서 배제되었다. 이러한 추천 결과, 각국별로 평판에서 가장 두각을 나타낸 기업 20~30개의 목록이 작성되었다. 각국에서의 평판지수 인터뷰는 2002년 2~4월에 전화로 이뤄졌으며 기업은 이들에 대해 매우 친근하거나 다소 친근하다고, 또는 이름은 들어본 적이 있다고 밝힌 응답자들에 의해 평가되었다.

호주에서의 샘플 추출과정

추천단계와 평가단계를 진행하기 위해 호주에서 샘플 추출된 일반 공중을 대상으로 유사한 과정이 이용되었다. 호주의 샘플집단은 전국 단위에 걸쳐 있으며 조사의 대표성을 보장하기 위해 주별 지역별로 균형 있게 안배되었다. 그래서 도시지역과 교외지역이 별도로 분리 조사되었다. 데이터 수집은 호주 시드니에 소재한 AMR 인터랙티브가 담당했다.

미국과 유럽 그리고 호주에서 사용된 비교 샘플 추출과 평가방법론은 우리로 하여금 지역별로 기업에게 매겨진 상대적인 평판지수 점수를 비교할 수 있게 해준다.

04

From fame to fortune

명성에서 부로

"모든 것을 숫자로 계산할 수는 없다.
그리고 숫자로 계산할 수 있는 것이 전부는 아니다."
앨버트 아인슈타인(Albert Einstein)

강력한 평판을 형성한다고 해서 해당기업에게 금전적인 이익이 뒤따르는가? 이러한 질문에 대해 2장 '평판가치는 무엇인가?'에서 살펴보았듯이, 대체로 '그렇다'는 대답이 가능하다. 각종 연구에 따르면 평판은 기업의 수익을 내는 핵심과 밀접하게 관련되어 있다. 재무적 성과는 결과적으로 평판의 가치 사이클과 같은 선상에 놓여 있으므로, 좋은 평판은 소비자, 종업원, 투자자 그리고 대중의 호의적인 행동을 유발시켜 경영성과를 개선하고 시장가치를 올려준다.

이러한 연구결과를 많은 경영관련 포럼에 제출했음에도 불구하고 이에 대한 의구심이 말끔히 해소된 것은 아니다. 고위 경영층은 평판관리를 위한 '비즈니스 사례'로 가득 찬 문서더미를 그다지 신뢰하고 싶어하지 않는다. 그러나 커뮤니케이션 담당부서의 실무자들에게는

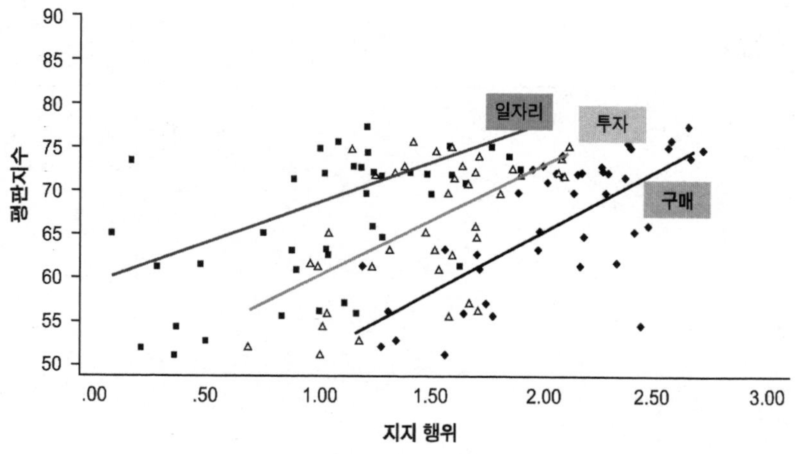

<그림 4-1> 평판과 지지의사의 상관관계

이것이 일종의 성배가 되다시피 했다. 결론적으로 말하자면 평판관리에 대해서는 아직 의심의 여지가 있다. 이 아이디어를 기업 내부에 침투시키기 위해서는 보다 확실한 증거가 많이 필요하다. 우리가 보기에, 여전히 평판과 재무적 이익 간의 관계에 대해 의문의 여지가 남아 있다면, 이는 과거의 연구가 방법론상의 문제로 평판을 잘못 다룬 경험이 있는 탓이다. 재무상태가 동일한 기업이라도 다양한 집단의 응답자들에게 다양한 방식으로 평가된다. 이러한 현실은 평판과 재무적 이익의 관계에 관한 연구에서 단일하고 확실한 상관관계를 세우는 것이 어려움을 잘 보여준다.

4장에서는 앞의 3장 '누가 높은 평판을 얻고 누가 그렇지 못한가?'에서 다룬 평판지수 프로젝트의 일환으로 해당기업을 측정하는 것과 동업계 다른 기업의 재무적 성과를 비교하는 데 초점을 맞추기로 한다. 우선 우리에게는 각 국가에서 평판을 측정할 때 일관되게 쓰이는 평판지수 도구가 있으므로, 연구에서 국가간의 각기 비교 가능한 소비자 표본을 도출할 수 있다. 따라서 평판지수 프로젝트는 평판과 기업의 경영성과, 즉 명성과 부 간의 연관성을 평가하는 데 신뢰할 만한 데이터를 제공해준다.

우리의 분석을 통해 최상의 답이 도출되었을까? 그야 물론이다. 기업을 대상으로 한 소비자 평판지수의 측정결과, 기업평판은 실제로 기업의 우량한 재무상태와 관계가 있는 것으로 나타났다. <그림 4-1>은 우리에게 그 이유를 밝혀준다. 이 그림은 기업의 평판지수와 공중들이 그 기업을 추천하는 이유–즉 기업의 상품, 근무환경, 투자에 대해 호의적인 태도–사이에 상관관계가 있음을 보여준다. 이는 사람들이 상대적으로 나은 평가를 받은 기업을 지지하는 성향이 강하다는

<표 4-1> 평판지수가 낮은 기업과 높은 기업 비교

평판 지수가 낮은 기업	평판 지수가 높은 기업
ABN AMRO	3M
Akzo Nobel	Ahold
AMP	Anheuser-Busch
Coles Myer	Bang & Olufsen
Commonwealth Bank	Cirio
Danske Bank	Coca-Cola–Australia
David Jones	Coca-Cola–USA
DSM	Dell
DuPont	FedEx
Eni	General Electric
Fiat	Heineken
General Motors	Honda
ING	IBM-Australia
KPN	IBM-US
Laurus	Johnson & Johnson
Libertl Vodafone	McDonald's-Australia
McDonal's-DK	Microsoft-Australia
Merck	Microsoft-Denmark
Novo Nordisk	Microsoft-Netherlands
Shell	Target
Southwcst Airlines	Telecom Italia
Tele Danmark	Toyota
Telecom Italia	Unilever
Telstra	UPS
Vendex KBB	Wal-Mart
Westpac Banking	Woolworth

사실을 잘 보여주고 있다.

2장에서 시사했듯이, 공중의 지지는 기업의 경영실적과 모든 재무 관계지표를 향상시키라는 강한 압박이 될 가능성이 높다. 이를 증명하기 위해 우리는 2000년에서 2001년 사이 미국, 호주, 덴마크, 이탈리아, 네덜란드 등지에서 수집한 평판지수의 평가점수와 기업의 다양한 핵심적 재무지표 간의 관계를 검증했다. 핵심적 재무지표에는 매출, 동산, 현금유동성, 성장률 그리고 시장가치 등이 포함된다. 이러한 분석은 <표 4-1>이 보여주듯, 60개 기업을 대상으로 집계한 데이터에 근거하고 있다. 이는 모두 2001년도 평판지수 프로젝트에서 측정된 것이다. 사용된 평판지수 점수는 측정을 실시한 국가의 것이며, 재무 데이터는 모든 기업에서 공개적으로 발표한 결과물이다.

명성은 부를 살찌운다

<표 4-2>는 기업을 두 집단으로 분류해 재무상태의 건전성이 얼마나 든든한지를 다양한 방법으로 측정 비교한 것이다. 이 표를 보면 두 집단의 재무안정성에서 명백한 차이가 있음을 알 수 있다. 평균적으

〈표 4-2〉 높은 평판지수와 낮은 평판지수 기업의 경영성과(2001)

	낮은 평판지수 기업	높은 평판지수 기업
평판지수	68.8	77.3
장부가치대비 시장가치	4.01	5.73
장기전환 사채	144.7	74.9
RoA (자산수익)	5.30%	9.52%
5년 동안의 주당 수익성장률	8.46%	12.07%
1년 동안의 고용 성장률	2.82%	6.96%

로 평판이 높은 기업일수록 상대적으로 무형의 부가 더 많으며, 자산 대비 수익률이 더 높고 자본-부채비율이 낮은 데다 지난 5년간 성장률이 높은 편이다. 각 사례에서 평판지수 점수가 낮게 나온 기업들보다 한두 가지 점에서 탁월했다. 이런 발견은 평판이 재무적인 결과치와 밀접한 연관성이 있음을 입증해준다. 이에 대해 더욱 자세하게 알아보자.

평판과 수익

연구대상이 된 60개 기업 중에서 거대 제약기업인 화이저가 24.29%로 가장 높은 자산 수익률을 올렸고, 코카콜라는 20.21%로 두번째였으며, 머크(Merck)는 19.01%로 그 뒤를 이었다. 이들보다 하위 그룹에는 12~16% 사이의 만만치 않은 우량 수익률을 올린 덴마크의 정상급 인슐린 제조회사 노보 노르디스크, 호주의 거대 통신기업 텔스트라, 이탈리아의 에니, 그리고 미국의 홈데포, 안호이저부쉬 등이 포진되어 있었다. 2001년도 집계에서 수익률이 가장 약세를 보인 기업으로는 소매유통 전문점 로러스(Laurus)와 골칫덩이 네덜란드 통신사업자 KPN이 꼽혔다.

<그림 4-2>의 분포도는 평판과 수익 간의 긍정적인 관계를 보여주고 있다. 기업의 EBITDA[1]와 총자산수익률 모두 평판과 관련이 있는 것으로 나타났다. 이 그림은 우리가 예상한 바를 새삼 확인해준다. 즉 재무적 수익이 평판에 기여하는 한편 평판이 재무적 수익에 또한 기여하고 있다는 사실이다.

---

1) EBITDA: 영업현금흐름. 이자세금·감가상각비·차감전영업이익을 말한다—역자주

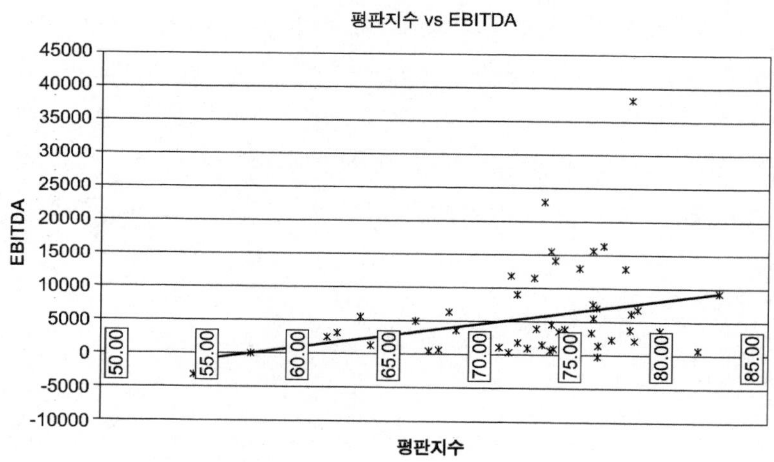

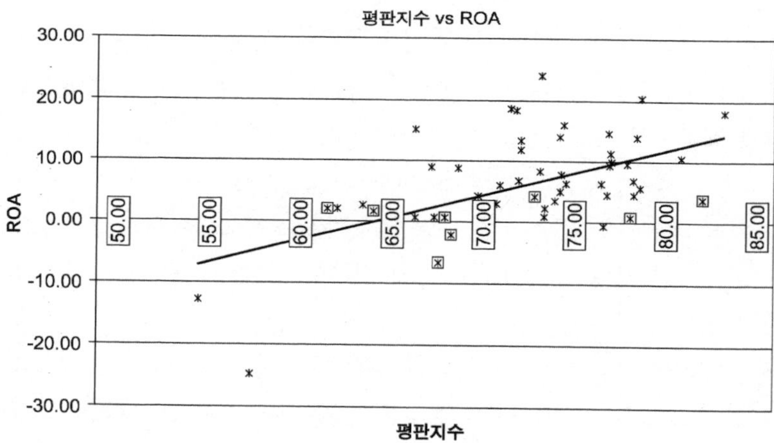

<그림 4-2> 기업평판과 수익과의 관계

평판과 현금흐름

경영성과의 주요지표는 기업이 창출하는 현금흐름이다. 평판지수 프로젝트의 대상으로 측정을 받은 기업 가운데 2000년 매출 대비 현

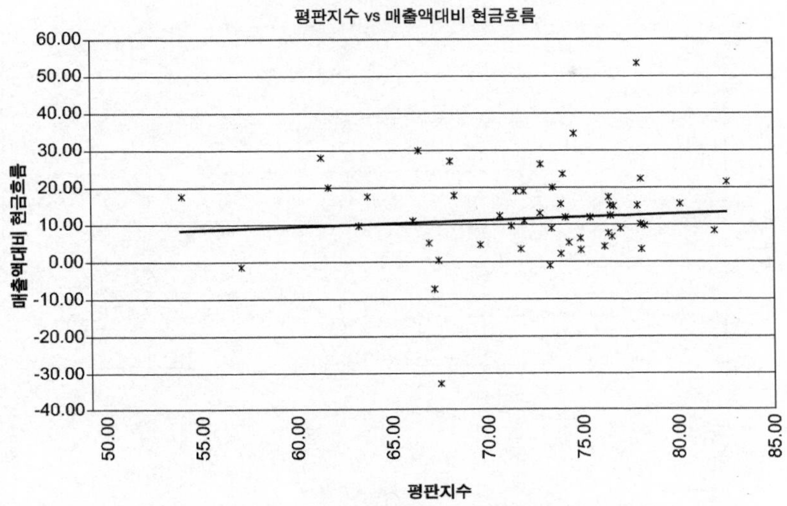

<그림 4-3> 기업평판과 매출액 대비 현금흐름과의 관계

금흐름이 가장 높은 기업은 마이크로소프트와 이탈리아의 미디어셋(Mediaset)이다. 이들 다음으로 인텔, 코카콜라, 존슨 앤 존슨, 시스코 시스템스(Cisco systems), 웨스트팩 뱅크(Westpac bank), 화이저 그리고 텔레콤 이탈리아(Telecom Italia) 등이 꼽혔다. 현금흐름이 가장 낮은 기업으로는 로보 뱅크(Robo bank), AMP, 그리고 피아트가 거론되었다. <그림 4-3>은 평판지수 점수 대비 현금흐름 간의 상관관계 분포도를 보여준다. 그 도표에서, 기업의 현금흐름과 평판이 긍정적 상관관계를 맺고 있음이 확인된다. 현금흐름이 높은 기업은 사람들에게 좋은 평가를 받는 경향이 있고, 마찬가지로 사람들에게 좋은 평가를 받는 기업은 현금흐름이 높은 경향이 있다.

평판과 성장

금융시장은 일반적으로 지속적인 성장에 대해 보상을 한다. 투자자

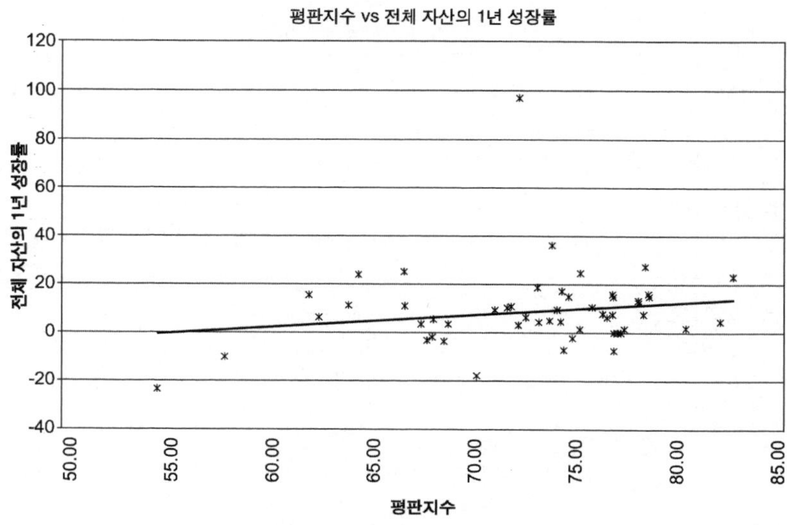

<그림 4-4> 기업평판과 성장률과의 관계

들과 애널리스트들에게, 성장은 기업의 경쟁력으로 읽히며 동시에 소비자를 계속해서 끌어당기는 능력이다. 성장은 미래에 대한 강한 전망이다. <그림 4-4>의 분포도는 기업의 성장을 평가하는 다양한 척도 가운데 한 가지와 평판지수 점수 사이에 긍정적 상관관계가 있음을 보여준다(이 경우에는 기업 총자산의 1년간 변화). 2001년도 데이터에서는 BHP 빌리튼(BHP Billiton)과 보다폰이 선두에 있고 사우스웨스트 항공, 아홀드 그리고 텔스트라가 그 뒤를 따르는 형국이다.

평판과 시장가치

기업의 장부가 대비 시장가치비율은 기업이 축적한 평판과 지적 재산의 풀(Pool), 즉 기업의 무형자산을 가늠하는 지표다. 그들의 무형자산에 대한 투자자의 평가가 이러한 지표를 좌우한다. 즉 기업의 주가를 가치있는 무형자산으로 받아들일 만한 의사가 얼마나 있느냐에 좌

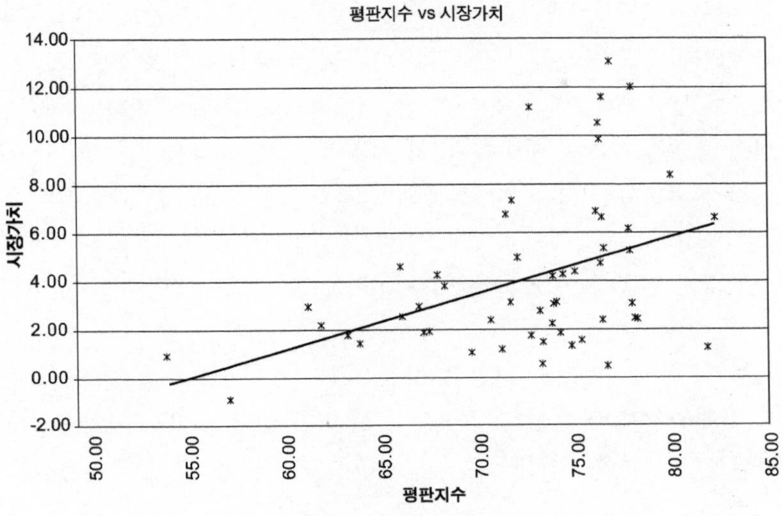

<그림 4-5> 평판과 시장가치와의 관계

우된다. 2001년에 메이택, 코카콜라, 유니레버, 델 그리고 화이저는 장부가 대비 시장가치에서 최고비율을 보였으며, 이는 그들의 포트폴리오에 중요한 무형자산이 포함되어 있음을 의미한다. 이와 대조적으로, 피아트는 자동차 제조회사 중에서 가장 낮은 비율을 차지했다. 이는 이탈리아에서 해당기업의 낮은 평판을 감안하건대 쉽게 이해가 된다. <그림 4-5>는 평판과 시장가치 사이의 긍정적 상관관계를 확인시켜 주는 분포도이다.

시장가치에 영향을 미치는 요인

시장가치에 영향을 미치는 수많은 요인이 있다. 그러므로 특정한 요인만을 떼어내서 이것이 시장가치에 미치는 효과를 알아보는 것은 일종의 중대한 도전이다. 이 절에서는 다른 주요 재무적 동인을 통제한 다음 평판이 시장가치에 미치는 한계효과를 알아보기로 한다. 우리는 기업의 규모와 연륜을 통제함으로써(왜냐하면 상대적으로 오래되고 더 큰 기업일수록 시장가치가 더 높기 때문에), 시장가치에 평판의 변화가 미치는 직접 효과를 살펴볼 것이다. 그런 연후에는 기업의 평판이 시장가치에 어떤 부가적인 영향을 미치는지에 대해서도 살펴보기로 한다.

기업의 연륜과 규모, 평판이 시장가치에 미치는 영향

통계분석에 따르면, 평판과 시장가치는 상관계수가 0.43인 유의미한 상관관계를 띤다. <그림 4-6>은 우리가 연구한 미국 기업에 대한 분석을 보여준다. 이 분석은 기업의 규모와 연륜을 통제한 다음 평판

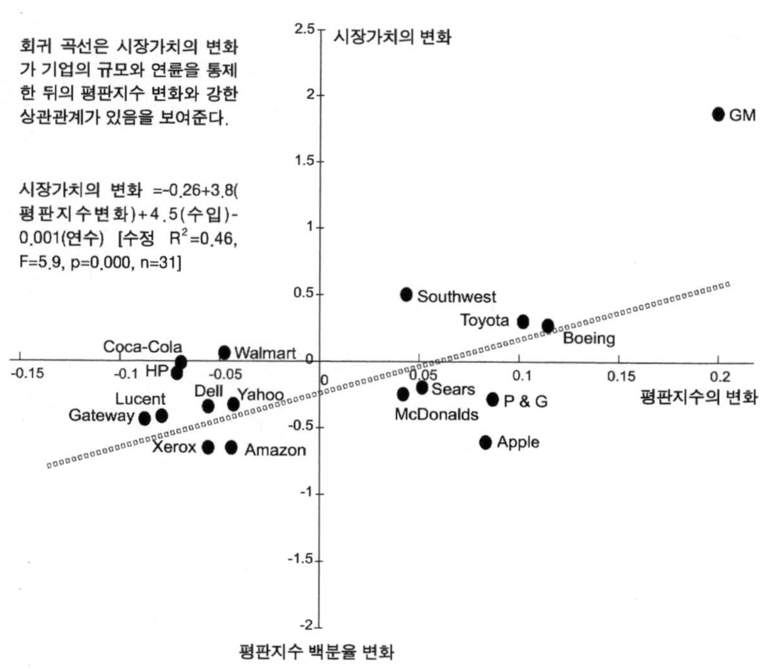

<그림 4-6> 평판과 시장가치와의 관계

의 변화(2000년과 2001년에 측정)와 시장가치(2001년)의 관계를 연구한 것이다. 그 결과 투자자들이 평판이 개선된 기업에게 보상한다는 사실이 명확하게 드러났다. 규모와 연륜을 통제한 후, 우리는 평판지수가 개선된 기업의 주가가 금융시장에서 올라가는 현상을 관찰했다. 평판지수의 긍정적인 변화는 투자자들이 관심을 가질 만한 다른－즉 기업성과의 기본적 개선이라 할－잠재요인을 대체할 만한 적절한 측정수단이다.

평판에서의 양극단 비교: 최고 평판지수 대 최저 평판지수

평판지수 분포상의 양극단에만 엄격히 초점을 맞춰보면, 우리는 평판과 경영성과에 관해 다룬 앞의 장에서 기술된 일반적인 분석결과가 입증되리라고 기대해봄직하다. <표 4-3>은 평판지수를 높게 또는 낮게 받은 특정기업이 더욱 밀도 높은 연구를 뒷받침해주고 있음을 보여준다. 두 집단으로 분류된 이 기업은 서로 확실히 다르다. 1999년, 2000년 그리고 2001년의 3년 내내 평판지수가 낮았던 기업은 하나같이 이해관계자들의 항의를 받은 기업이었다. 이를테면 소비자들의 소송을 받거나(담배업체), 종식되지 않는 환경위기 탓에(에너지업체), 파산(K-Mart)이나 특정상품 자체에 내재된 위기 때문에(포드 익스플로어 자동차의 파이어스톤 타이어의 파열) 말이다.

이와 대조적으로, 평판지수가 높았던 기업은 언제나 언론의 관심과 총애를 받았다. 이러한 기업에는 소비자들에게 강력한 위력을 발휘하는 기업 브랜드인 코카콜라, 인텔, 휴렛 패커드(Hewlett-Packard) 존슨 앤 존슨 그리고 소니 등이 포함되었다.

<표 4-3> 양극단 비교: 낮은 평판지수 기업 vs 높은 평판지수 기업(1999~2001)

연도	낮은 평판지수	높은 평판지수
1999	Amway(Malaysia) Holdings	Coca-Cola
	Apple Computers	Hewlett-Packard
	Bank Of America	Intel
	Exxon Mobil Certificate	Johnson & Johnson
	General Motors	Wal-Mart Stores
	K-Mart	
	Philip Morris	
	WorldCom MCI Group	
2000	BP	Anheuser-Busch
	Bridgestone	BMW
	Chevron Texaco	Eastman Kodak
	Exxon Mobil Certificate	Home Depot
	K-Mart	Intel
	Philip Morris	Johnson & Johnson
	Royal Dutch Petroleum ADR	Maytag
	Shell T&T ADR	Sony
	Unilever NV ADR	
2001	Bank Of America	3M
	Bridgestone	Coca-Cola
	DaimlerChrysler AG	FedEx
	Philip Morris	General Electric
	Reynolds Tobacco Holdings	Hewlett-Packard
	UAL	Intel
	WorldCom MCI Group	IBM
		Johnson & Johnson
		Maytag
		Microsoft
		Sony
		Walt Disney

<표 4-4> 경영성과와 평판지수의 관계

	낮은 평판지수	높은 평판지수
평판지수 등급(점수)	60.1	80.2
-1년 측정치		
제품 판매 비용	60.8	49.0
고용 성장률	2.82%	6.96%
장부상 시장 가치	0.81	1.1
순이익	4.3	8.0
자산수익	4.3%	8.4%
개별증권의 변동과 시장 전체의 변동과의 상관관계 지수	1.07	1.11
주가변동	26.3	25.5
-5년 평균치		
현금 유동률	12.8	18.1
원가 수입률	21.7	32.5
지분 수익	16.8	38.4
전체자산에서 지분의 퍼센트	35.3	44.9
장기전환 사채	29.9	24.8
단기 사채 비율	0.82	1.01
EPS 성장률	7.3	16.5
종업원당 매출	$2.46 million	$4.55 million

<표 4-4>는 이러한 두 집단을 경영성과를 따지는 다양한 척도에 대입하여 평판지수 분포상의 양극단을 그려낸다. 이 결과는 우리가 두 집단의 경영성과 기록에서의 분명한 차이를 따져본 이전의 분석결과를 재삼 확인해준다. 시장위험도(베타계수와 가격변동은 비교 가능하다)가 비슷한 경우라 해도, 상대적으로 평판이 좋은 기업은 대개 다음과 같은 성향을 띤다.

- 상대적으로 높은 무형자산 보유율(장부가 대비 시장가와 가격/소득 비율)
- 모든 측면에서 상당히 높은 이익률(자산이익률, 자기자본이익률, 순이익률)

- 낮은 부채비율(낮은 자본위험)
- 고용소득, 매출 등에서의 높은 성장률
- 높은 생산성

각 사례에서, 평판이 좋은 기업은 그렇지 못한 기업보다 50% 또는 그 이상의 우위를 지켰다. 이러한 분석결과는 평판이 경영성과와 관련되어 있다는 개념을 강력히 뒷받침해준다. 이제부터 이에 대해 좀 더 자세히 검토해보기로 하자.

평판지수가 높은 포트폴리오는 적절한 투자처인가?

만약 투자자가 평판지수 점수를 가이드라인으로 삼아 주식의 포트폴리오에 1천 달러를 투자한다면 어떻게 될까? 그 투자는 S&P500에 속한 기업의 시장바구니와 비교해서 얼마나 더 성공할 수 있을까?

이 문제를 시험해보기 위해 우리는 평판지수 분포상 양극단에 있는 기업을 세 가지 유형으로 나눈 포트폴리오를 작성했다. 이 기업의 주식은 미국에서 평판지수 측정이 실시된 3년 동안 뉴욕 증권거래소에서 거래되었다.

- **평판지수가 높은 포트폴리오**: 적어도 하나 이상의 표준편차에 의해 평가된 기업 중에서 해당년도의 평균치보다 더 높은 평판지수 점수를 얻은 기업군
- **평판지수가 낮은 포트폴리오**: 적어도 하나 이상의 표준편차에 의해 평가된 기업 중에서 해당년도의 평균치보다 더 낮은 평판지수 점수를 얻은 기업군
- **S&P500 포트폴리오**: 500대 상장기업으로 구성된 유명한 지표

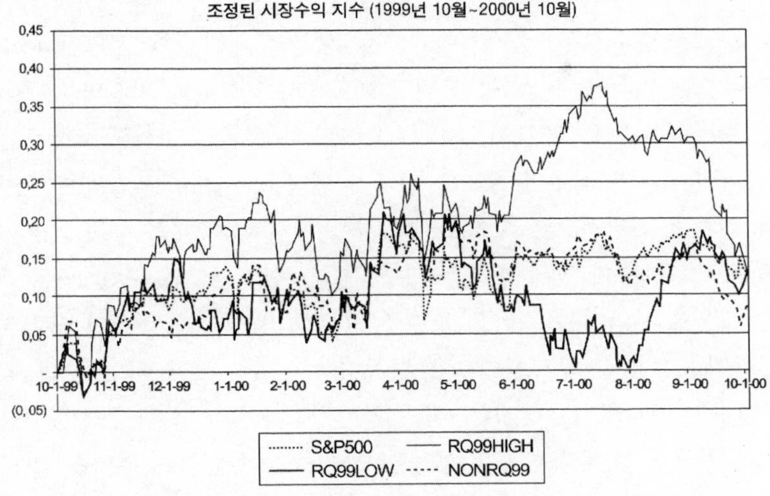

<그림 4-7> S&P500 대비 평판지수 포트폴리오의 재무성과(1999~2000)

우리는 그 다음 12개월 동안 각 포트폴리오 성과를 연구했다. <그림 4-7>은 1999~2000년 사이의 결과를 보여준다. 1999년 가을 평판지수가 높은 포트폴리오에 대한 투자는 S&P500에 투자하는 것보다도 더욱 성과가 좋았다. 실제로 평판지수가 낮은 포트폴리오에 대한 투자는 다른 두 가지 경우보다 일관되게 성과가 낮았다.

누구든 1999년 10월 1일 평판지수가 높은 포트폴리오에 1천 달러를 투자했다면, 2000년 8월 14일 그 투자의 가치는 1,334달러로 상승했을 것이다. 반면 평판지수가 낮은 포트폴리오에 투자한 결과는 같은 기간 동안 1,066달러에 그쳤다. 한편 S&P500을 기준으로 1천 달러를 투자한 경우에는 그 가치가 1,163달러가 되었다. 2000년 8월 14일은 우리가 특별한 의미를 붙여 선택한 날은 아니었지만, 그날로 S&P500의 주체선이 곤두박질치고 시장이 침체되기 시작되었다. 분명한 점은 평판지수가 낮은 기업으로 구성된 포트폴리오에 투자했던 주식을 빨리 현금으로 바꿔야 했다는 사실이다.

그렇다면 2000년과 2001년의 평판지수 점수결과를 참고해서 1천 달러로 포트폴리오 투자를 할 때에도 같은 결과가 나올까? <그림 4-8>과 <그림 4-9>는 두 해 동안 해당 포트폴리오에 속한 기업의 재무적 성과를 보여준다. 그 결과, 1999년의 도표와 극적인 대비를 보여주는데, 평판지수와 재무적 성과의 관계가 예상보다 더욱 복잡하고 시장의 변화를 전반적으로 고려해야만 함을 시사한다. 예를 들어 2000년에는, 평판지수가 높은 포트폴리오가 점차 하향추세였던 S&P500 수준을 대체로 뒤따르는 패턴을 보여주었다. 그러나 보다 극적인 사실은 평판지수가 높은 포트폴리오가 평판지수가 낮은 포트폴리오보다 일년 내내 고전했다는 점이다. 이는 평판지수가 높은 기업이 반등시장에서 평균을 능가하는 좋은 성적을 낼 가능성이 높다는 뜻이다. 그러나 평판지수가 매우 높은 기업 또한 하향시세의 시장에서는 평판지수가 낮은 기업보다 가격변동폭이 클 수밖에 없다는 이유 때문에 더욱 취약하게 된다. 평판지수가 높은 기업은 상승장에서 이익을 얻으며 그 덕분에 투자자들은 많은 투자수익을 올린다. 그러나 하락장에서는 평판지수가 높은 기업은 잃을 것이 더 많기 때문에, 투자자들은 평판지수가 낮은 기업의 주식을 사두는 것이 보다 현명하다는 사실을 안다. 이러한 분석결과는 우리의 2001년 연구결과를 정리한 <그림 4-9>에서 확인할 수 있다. 여기서 비교적 보합장세이거나 약간 상승장세였던 첫 6개월 동안(2001년 10월에서 2002년 2월까지), 평판지수가 높은 포트폴리오는 S&P500과 평판지수가 낮은 포트폴리오 모두를 훨씬 앞질렀다. 평판지수가 높은 포트폴리오를 유지한 투자자들은 다른 두 대안보다 훨씬 나은 성과를 얻었다. 하지만 2002년 3월부터 10월까지 시장 전체가 불황일 때는 평판지수가 낮은 포트폴리오가 때때로 평판지수가 높은 포트폴리오를 따라잡기도 한다.

이러한 분석결과는 공중이 갖고 있는 인식이 개별 기업의 주식시장에서의 성과와 사실상 체계적으로 연관되어 있다는 전례 없는 증거를

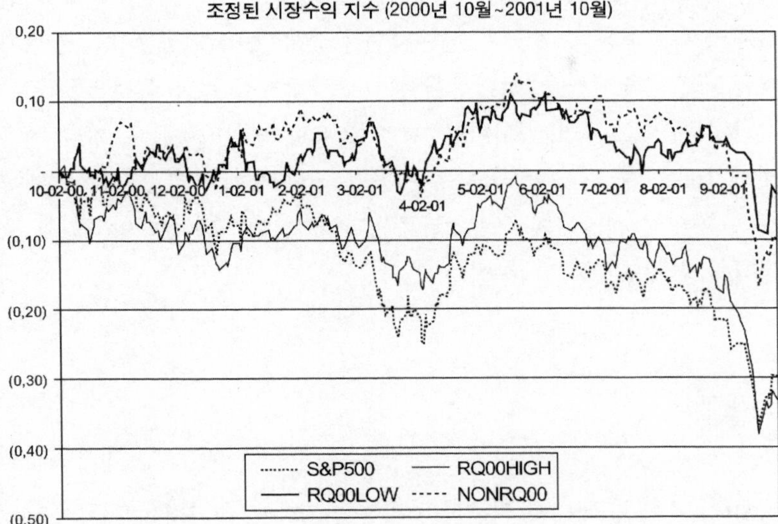

<그림 4-8> S&P500 대비 평판지수 포트폴리오의 재무성과(2000~2001)

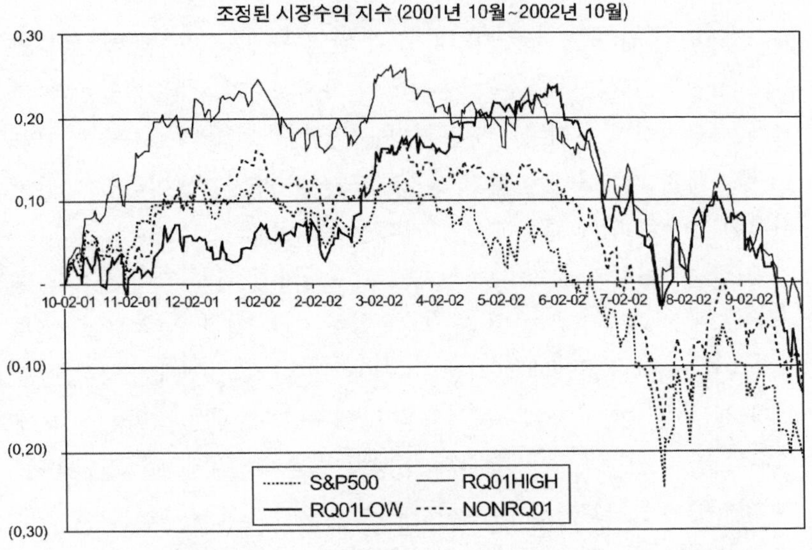

<그림 4-9> S&P500 대비 평판지수 포트폴리오의 재무성과(2001~2002)

제공하고 있다는 점에서 매력적이다. 그러나 이 결과는 또한 이러한 관계의 복잡성을 보여준다. 평판지수가 높은 기업은 상승장에서 투자자들을 끌어들이지만, 하락장에서는 무력해져서 평판이 낮은 기업보다 투자수익을 올리기 어렵다. 그래서 평판 모니터링을 근거로 세운 투자전략은 거래가 이루어지는 시장의 전반적 맥락을 십분 고려해야 한다. 평판과 시장가치를 연결해주는 관계는 단순하지도 않거니와 고정되어 있지도 않기 때문이다.

결론

이 장 전체를 통해서 입증했듯이, 호의적으로 평가받는다는 사실은 기업의 매출, 동산, 현금흐름 그리고 성장 같은 경영성과와 밀접하게 관련되어 있다. 그래서 평판에 대한 소비자의 평가는 기업이 얼마나 잘 운영되고 있는가를 나타내는 잘 알려져 있는 지표와 연계되어 있다. 그러나 우리가 평판과 기업의 주가 간의 관계를 검증할 때, 호의적으로 평가받는다는 사실은 상승장에서 가치평가가 낮은 기업보다 빠르게 해당기업의 가치평가가 올라감을 뜻한다. 하락장에서 좋은 평가는 평가가치 자체를 훼손하지 않지만, 명석한 투자자들이라면 도리어 평판이 낮은 기업에 투자해서 단기적인 이익을 얻을 수 있다. 향후 다가올 상승장에서의 주가상승 잠재력을 포착하기 위해 말이다. 그러나 어떤 경우든 분석결과는 대부분의 유명한 미국 기업(평판지수 프로젝트에서 순위가 매겨진 기업)에 투자한 투자자들이 늘 S&P500에 투자한 경우보다 상당히 높은 이익을 올렸음을 보여주었다. 이는 소비자의 눈에 얼마나 잘 뜨이는가 하는 문제와 명성이 투자자들에게 매력적인 만큼의 대가를 지불하고 있음을 시사한다. 5장 '명성의 근원'에서는 스텔라렙 모델(StellarRep model)을 기술한 다음에 이 주제에 대해 더욱 깊이 있게 다룰 것이다. 스텔라렙 모델은 전세계 평판지수 조사에서 정상을 차지한 기업 대다수를 대상으로 우리가 목격한 평판구축을 위한 핵심적 실천방안을 집대성한 것이다.

05

Roots of fame

명성의 근원

"우리가 자기 자신을 평가할 때는 스스로 해낼 수 있다는
느낌이 척도가 되지만, 제3자가 우리를 평가할 때는
우리가 그동안 이뤄놓은 성과가 그 척도가 된다."
헨리 워즈워드 롱펠로우(Henry Wadsworth Longfellow)

미국에 본사가 있는 다국적기업 존슨 앤 존슨은 건강관련 제품을 생산하는 기업으로 유명하다. '3장 누가 높은 평판을 얻고 누가 그렇지 못한가?'에서 보았듯이 존슨 앤 존슨은 1999년부터 2001년 사이 미국에서 실시한 평판지수 조사에서 계속 상위권에 올랐다. 마찬가지로 2001년에는 레고가 덴마크에서, 페라리가 이탈리아에서, 아홀드가 네덜란드에서, 마이크로소프트가 호주에서 명성을 얻었다. 소비자들이 너나 할 것 없이 높게 평가한 이들 기업의 공통점은 무엇인가? 그 기업은 경쟁사들과 달리 어떤 일을 하고 있을까? 그 기업은 해당국가에서 소비자들과 얼마나 호의적인 관계를 맺고 있는가? 만약 그렇다면 왜 그런가? 그리고 여전히 더 잘하고 있다면 그 기업을 특별하게 만들

어주는 요인은 무엇일까?

이 문제를 풀기 위해 이 책의 뒷부분에서는 평판지수 프로젝트에서 가장 높게 평가된 기업의 상대적 포지셔닝을 검토할 것이다. 특히 이를 위해 우리는 네 가지 유형의 정보를 이용했다. (1) 해당기업의 웹사이트나 광고 그리고 보도자료에 나타나는 내/외부 커뮤니케이션 정보 (2) 해당기업의 국제적인 공익활동, (3) 해당기업의 수상 경력 또는 해당기업 관련기사가 실린 미디어 목록, 그리고 해당기업의 미디어 보도기사의 노출도, (4) 해당기업의 관리직원과의 인터뷰

그 결과는 흥미롭다. 실제로 평판지수가 높은 기업은 그렇지 못한 경쟁사와는 다섯 가지 측면에서 차이를 나타낸다. 이 장에서는 <그림 5-1>에서 보듯이 (별 모양의 질적인 평판을 쌓는 데 있어서 핵심요소인) 다섯 가지 원칙을 들어 그 조사결과를 요약하고 있다. 6장부터 10장까지는

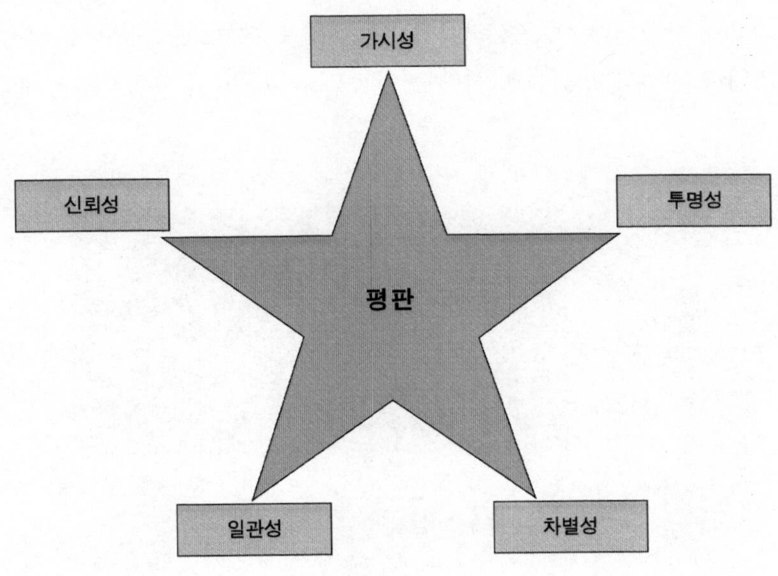

<그림 5-1> 명성의 근원

이들 다섯 가지 원칙을 더 자세히 이해할 수 있도록 구성했다. 11장은 2001년 소비자들 평판지수 순위 상위 10위권 안에 진입하기까지 페덱스(FedEx) 사가 3년에 걸쳐 경험해온 과정을 기술하고 있다.

원칙 1: 가시성을 확보하라

아무리 좋은 기업이라도 눈에 띄지 않으면 제대로 된 평판을 얻기 어렵다. 대개의 평판지수 분석에서 확인되다시피, 일반적으로 기업에 대한 친밀함은 대중의 평판에 긍정적인 영향을 미친다. 그래서 해당 기업이 온갖 미디어에 보다 많이 노출되어야 강력한 평판을 기대할 수 있다. 이것이야말로 진리다. 기업의 커뮤니케이션 활동을 점검해보면, 상위권 기업일수록 자사정보를 평판이 낮은 기업보다 선뜻 밝히려는 경향이 있다. 나아가 상위권 기업은 이해관계자와의 직접적인 대화도 자주 갖는다. 커뮤니케이션을 어떻게 구사하느냐에 따라 해당 기업이 진실되고 믿을 만하다는 인식을 높일 수 있으며, 이해관계자

	낮은 평판	높은 평판
잡지기사	28%	57%
잡지광고	20	48
신문기사	22	45
TV 광고	5	26
TV 프로그램	5	21

<그림 5-2> 평판과 미디어 노출도

(출처: Leslie Gaines-Ross, "Result of a Survey of 25,000 Fortune Readers", Presentation at the 1st Conference on Corporate Reputation, Image and Identity, Stem School of Business, January 1977)

들로부터 지지와 옹호를 이끌어낼 수 있다. <그림 5-2>는 1990년대 중반 ≪포춘≫이 실시한 평판 평가에서 상위권과 하위권에 속한 기업의 커뮤니케이션 예산을 비교하고 있다.

이 결과를 놓고 볼 때, 상대적으로 높게 평가되는 기업은 낮게 평가된 기업보다 모든 미디어에서 훨씬 더 눈에 잘 띈다는 사실을 알 수 있다. 그리고 2000년 뉴욕의 기업PR협회가 회원사를 대상으로 한 조사결과(<그림 5-3>)를 보면 높은 평가를 받는 기업일수록 미디어에 더 많은 비용을 지출하고 있음을 알 수 있다.

눈에 잘 띄어야 평판에 도움이 된다는 규칙에도 예외는 있다. 특히 담배제조사의 경우 현저하게 그러한 현상이 나타난다. 필립 모리스나 알제이알(RJR)의 경우, 친숙하다는 점이 오히려 평판에 손상을 주는 경향이 있다. 에이오엘-타임워너(AOL-Time Warner)도 마찬가지다. 2001년의 조사에 의하면 담배제조사에 대하여 보다 더 잘 아는 소비자일수

	높은 평판	낮은 평판
미디어 관계	$1,096	$ 723
이사회 활동	$ 227	$ 165
투자자 관계	$ 635	$ 367
연례 그리고 4분기 보고서	$ 920	$ 357
산업 관계	$1,247	$ 329
직원 커뮤니케이션	$1,621	$ 545
부서 관리	$ 256	$ 312
합계	$6,002	$2,797

<그림 5-3> 평판과 2000년 기업 커뮤니케이션 투입비

(출처: Council of Public Relations Films, 2000)

록 해당기업에 대해 덜 호의적인 평가를 내렸다. 미디어가 확대경과 같은 역할을 한다는 생각에 동의한다면, 기업이 소비자의 눈에 어떤 형태로 드러나는가에 따라 기업의 이익이 좌우된다. 담배회사뿐만 아니라 엔론, 아더 앤더슨, 글로벌 크로싱스, 그리고 월드컴 그리고 타임워너 모두 불명예스러운 이유로 대중의 눈에 띄게 되었다. 덕분에 이 기업의 평판은 고초를 겪을 수밖에 없었다.

6장 '가시성을 확보하라'에서 우리는 가시성이 양날의 칼임을 보여줄 것이다. 어떤 면에서는 눈에 띄어야만 강한 평판을 쌓을 수 있다. 2001년 전국 평판지수 조사에서 상위권 기업은 대부분 전국에 걸쳐 막대한 이익을 얻었다. 그러나 다른 한편으로는 가시성이 평판에 지속적으로 부정적인 영향을 미칠 수도 있다. 엑슨 모빌의 평판은 발데즈 호의 원유유출 사고와 법정에서의 선고, 벌금지급 이후 지속적으로 공익적인 성격의 기업활동에 착수했음에도 불구하고 14년 동안이나 침체상태를 벗어나지 못했다. 평판에 심각한 손상을 끼치는 사건을 겪은 기업일수록 소비자들은 그 사실을 절대 잊지 않는다.

원칙 2: 차별성을 확보하라

기업의 평판은 기업정보 소유자들의 마음에 여타의 기업과 구별되는 차별적인 위치를 차지할 때 생긴다. 인텔과 AMD를 예로 들어보자. 두 기업 모두 반도체 산업 중에서도 마이크로 프로세서 업계의 거물들이다. 두 기업의 제품을 품질이나 연산속도, 그리고 파워 면에서 비교해보면 큰 차이가 없다. 그러나 인텔은 2001년 평판지수 80.8을 획득, 상위 랭킹 5위를 차지하면서 컴퓨터를 구매하고자 하는 사람이나 그냥 시장을 지켜보는 사람들의 마음속에서도 AMD를 압도하고 있다. 왜 그럴까? 인텔은 제품의 품질에 대한 평판뿐만 아니라 1991년 런칭하여 엄청난 성공을 거둔 '인텔 인사이드'라는 마케팅 캠페인으로 획득한 평판도 가지고 있기 때문이다. 이 캠페인 덕분에 인텔이란 이름은 양질의 컴퓨터 핵심부품을 공급할 수 있는 유일무이한 공급자일 뿐 아니라, 최종 소비자가 컴퓨터에 기대하는 기능상의 탁월함을 실현해주는 보증인이라는 가상적 이미지로 통하게 되었다. 이후 1천여 PC 제조사에게 인텔 브랜드를 사용하도록 하기 위해 인텔은 'Intel Inside®' 로고를 삽입한 광고와 프로모션에 70억 달러 넘게 투자함으로써, 약 5천억 소비자들의 마음속에 깊은 인상을 심어주었다. 소비자 직판이 아니면서도 인텔은 자사가 대중에게 핵심으로 보이도록 그리고 차별화되도록 만들었다. <그림 5-4>는 인텔의 전형적인 공동광고를 보여주는 동시에 델 같은 컴퓨터 제조사와의 협력관계도 보여준다.

이와 유사한 과정이 모든 산업에 적용된다. 성공적인 평판구축은

〈그림 5-4〉 인텔인사이드: 스웨덴에서 인기가 높은 델의 공동 웹 광고

(출처: www.dell.com)

기업이 '틈새시장'을 찾아낼 때 가능하다. 상품판매시장에서 경쟁하는 기업이 대표적인 예다. 이를테면 정유기업은 환경오염 가능성에 대한 이해관계자의 부정적인 인식과 매일 싸운다. 이런 인식에 대응하기 위해 거의 모든 기업은 프로그램과 이니셔티브를 통해 환경에 대한 관심을 알리고자 한다. 이렇게 하기 위해서 기업은 서로 경쟁한다. 환경에 대한 경쟁에서 차별화하기 위해 노력하는 예를 들어보자. 2001년 브리티시 페트롤리엄(British Petroleum)은 'BP'라는 새로운 브랜드 아이덴티티를 채택하고 새로운 기업 로고를 만들었다. 녹색과 노란색으로 구성된 심볼은 이제 막 개화하는 꽃을 은유하며 기업이 새로이 채택한 슬로건인 '석유를 넘어서(Beyond Petroleum)'로 표현되는 친환경적인 기술을 상징한다. 그리고 광고 캠페인을 통하여 태양 에너지나 석탄 그리고 '아! 석유도 있었지'라는 식으로 기업전략에서 석유는 2차적인 것에 불과한 것임을(석유가 BP전체 수업의 90%를 차지하고 있으면서도) 천명했다. 이처럼 겉 다르고 속 다른 광고 캠페인은 이 기업을 모든 종류의 에너지 생산기업으로 여겨지게 만들었다. 이처럼 BP의 전략은 명백히 세계 최고의 환경친화적 기업 이미지 공간을 '확보하기 위한 것이었다.' 그 전략의 성공 여부는 이해관계자들에게 내놓는 주장의 신뢰도와 치열한 경쟁 속에서 경쟁자가 어떻게 반응하는지에도 영향을 받는다.

평판지수 프로젝트는 기업이 핵심주제에 초점을 맞추어 행동하고 커뮤니케이션할 때 강한 평판이 형성된다는 점을 시사하고 있다. 미국의 의료제품 생산업체 존슨 앤 존슨을 다시 검토해보자. 이 기업은 소비자의 신뢰 순위에서 불변의 높은 점수를 얻고 있다. 이것은 우연이 아니다. 신뢰획득은 이 기업의 모든 커뮤니케이션의 핵심이다. 존슨 앤 존슨의 광고는 신생아와 어린이를 한결같이 크게 내세우거나 언급하면서 어린이를 키우고 돌보는 기업으로 (유아상품 부문의 비중은 기업 전체 명세의 10%가 되지 않음에도 불구하고) 단순하고 집중적으로 표현된다.

평판지수를 고려할 만한 다른 기업으로 코카콜라를 보자. 모든 코크(Coke) 커뮤니케이션의 핵심은 '제품에 대한 열정'을 전달하고 그것을 사람의 일상생활에서 철저히 통합하고자 하는 것이다. 탄산음료 분야에서 코카콜라의 지배력은 평판구축 프로그램에서 특징적인 장점으로 표현된다. 다른 음료제품이 광범위한 영역을 가지고 있음에도 불구하고 코카콜라는 코크라는 상표명과 독특한 음료수 병 그리고 독특한 맛으로 시장을 지배하고 있다. 거의 모든 코카콜라 커뮤니케이션은 오직 한마음으로 자기기업의 차별적이고 대단히 성공적인 코카콜라 브랜드에 초점을 맞추고 있다. 설혹 제2위 브랜드인 환타(Fanta)나 마이뉴트 메이드(Minute Maid) 오렌지주스 그리고 다사니(Darsani)와 같은 제품의 브랜드에 손상을 준다 할지라고 마다하지 않을 정도이다.

원칙 3: 신뢰성을 확보하라

대중은 신뢰성을 높게 평가한다. 좋은 기업으로 평가받고 싶다면 현실에 충실하고 진실해야 한다. 그들을 오랫동안 속일 수는 없다. 신뢰는 감성소구를 하기 때문이다. 그리고 감성소구가 없으면 평판을 세우지 못한다. 모든 나라에서 평판지수 데이터의 통계분석을 보면, 우리가 연구한 나라들 모두 평판의 기본적인 동인은 기업이 응답자에게 어느 정도로 감성소구를 하느냐에 달려 있다. 즉 진실할수록 보상받는다.

존슨 앤 존슨이 그 좋은 예이다. 존슨 앤 존슨의 제품에 관하여 물어보면 거의 모든 소비자들은 유아용 제품을 만드는 기업이라고 대답한다. 이것은 우연이 아니다. 존슨 앤 존슨은 어린이와 아이를 키울 때 부모의 역할에 대한 감성적인 이미지를 사용하여 집중적으로 광고한다. 비록 유아용 제품 생산라인의 비중이 존슨 앤 존슨의 전체 제품 및 서비스의 5% 정도임에도 불구하고 그러하다. 어린 아기의 이미지를 파는 것- 즉 존슨 앤 존슨의 신뢰성은 이제는 삼척동자라도 다 인정하고 있다. 이러한 믿음은 (상품 리콜, 조작을 못하게 하는 봉인의 개발, 위기 이후의 기업광고에 수십억 달러의 비용을 들인 것과 같이 1982년과 1985년에 타이레놀의 독극물 투입 사건과 같은 상황에서) 위기에 직면했을 때에 '올바르게 행동한다'는 믿음 하나로 생겨난 것이다.

건강관리제품 제조업계의 경쟁사 브리스톨 마이어스 스킵(Bristol-Myers Squibb, BMS)은 소비자에게 신뢰성을 심어주는 데 상대적으로 어려움을 겪었다. 정체성이 상대적으로 뚜렷한 사업을 복합적으로 합병하다보니 과거의 유명한 제약회사가 여러 가지 이름으로 통폐합된(그러나 아이덴티티는 따로따로 노는) 기업이 나타나게 되었다. 1999년 BMS는 통일된 기업 브랜드를 만들기 위한 합의점을 찾아냈다. BMS는 투르드 프랑스(프랑스 도로일주 사이클 대회－역자주) 챔피언이자 사이클 선수인 랜스 암스트롱(Lance Armstrong)을 광고모델로 계약했다. 광고의 주제는 암을 극복한 자의 이야기이다. 투병 끝에 고환암을 극복한 랜스에게는 그 비결이 BMS 제품을 복용해 치료받은 덕분이라는 것이다. BMS의 커뮤니케이션은 랜스의 투병일화와 그의 아기 돌보기를 통해 감성소구를 모색했다. BMS가 자사 정체성을 확립하기 위하여 '암을 극복한 사람'이란 주제를 도입할 것이냐의 여부는 그에 대한 소비자의 반응이 어떠할 것이냐에 달려 있다.

아이스크림 기업 벤 앤 제리스(Ben & Jerry's)는 빼놓을 수 없는 또 다른 경우이다. 1999년 해리스 인터랙티브 조사에서 이 작은 버몬트 기업은 존슨 앤 존슨과 코카콜라에 이어서 5위를 차지했다. 이 결과는 놀랄 만한 것이었다. 왜냐하면 벤 앤 제리스는 매우 작은 기업으로, 평판이 높은 상위그룹의 기본적인 장기인 광고노출과 많은 수입이 없는 기업이기 때문이다. 어떻게 해서 그 기업은 대중에게 널리 알려질 수 있었을까? 의심할 여지없이 벤 앤 제리스의 평판은 해당기업에 대한 사회적 인지에 크게 의존할 수밖에 없다. 즉 신뢰할 만하고, 인간적이고, 사회적 보장이 있고, 지역사회에 이바지하고자 하는 마음자세가 되어 있는 사업체라는 인정이다. 또한 이 기업의 자유분방한 리더십 유형과 평등주의적 경영관리(직원들 사이에서 급여의 차이가 아주 적다든지)는 대중에게 더욱 큰 호소력을 발휘했다.

그러나 기업이 평판관리가 필요한 상황에 직면할 때 명예에 대해서 언제까지나 안심할 수 있는 기업은 없다. 신뢰성은 하루아침에 없어질 수도 있다. 2000년 버몬트 회사의 창립자가 떠나고 네덜란드의 거대기업 유니레버가 벤 앤 제리스를 인수하자 그 기업의 신뢰성은 순식간에 사라졌다. 소비자들이 보기에 이제 벤 앤 제리스 고유의 기업정신은 떠난 것으로 보였던 것이다. 2000년 평판지수 조사에서 벤 앤 제리스는 추천조차 되지 않았다. 우리가 대중에게 그 기업의 순위를 매겨달라고 요청하자 벤 앤 제리스의 평판지수는 78.4점에서 76점으로 하락했다.

이 결과는 우리가 오랫동안 추측했던 바를 확인해주었다. 결국 광고나 홍보에만 의존하여 외적 이미지를 조작하려는 노력은 기업의 정체성과 연결되지 않으면 실패한다. 강한 평판은 기업을 둘러싼 이해관계자들이 그 기업을 신뢰감의 표상으로 받아들일 때 구축된다. 이것은 광고주들이나 커뮤니케이션 전문가들이 자주 잊어버리는 핵심이다. 인위적으로 잘 조작된 커뮤니케이션을 통해 대중의 의견에 영향을 주고자 한다면, 그 프로그램의 내용이 해당기업 내부의 직원들도 신봉하고 자신있게 내세우며 이를 준수하고자 하는 핵심적 가치에 뿌리를 두고 있지 않다면 결국 실패할 것이다.

1995년 로열더치/셸은 두 가지의 심각한 위기에 봉착했다. 그러나 로열더치/셸은 이 위기를 적절하게 관리하지 못했고 미디어의 혹독한 비판에 직면하여 기업평판에 심각한 타격을 받았다. 이 기업은 손상된 평판을 재구축하기 위해 1996년 야심찬 노력에 착수했다. 그 결과 개발된 프로그램은 기업의 사업원칙과 핵심목적을 일치시킬 것을 요구하는 자기 분석과정에 근거하는 것이었다. 다름아닌 기업이 지지하고 있는 신뢰성 있는 가치와 기업이 기꺼이 보증하고자 하는 행동들을 찾아나선 시도였다. 우리는 셸의 관리직과 함께 각국의 포커스 그룹을 통해서 그들이 지지하는 가치를 발굴해내기 위해 일했다. 이를 통해서 셸 직원과 지도자는 셸의 핵심목적을 "더 나은 미래를 건설하는 것을 돕는다"라고 정의하기에 이르렀다. 이 주제는 이후 셸 내부의 리더십 이니셔티브와 커뮤니케이션의 지표가 되었다.

원칙 4: 투명성을 확보하라

기업에서 업무운영이 투명해지면 강력한 평판이 만들어진다. 소비자를 대상으로 광범위하게 커뮤니케이션하는 기업에 대해 소비자는 더욱 강력한 평판을 실어준다. 반대로 만약 기업이 공중과의 커뮤니케이션을 회피하면 공중을 잃어버릴 것이다. 이런 기업은 보통 내부 작업에 대해 최소의 정보만을 제공하거나, 자기가 무엇을 어떻게 왜 하고 있는지를 드러내고 싶어하지 않는 기업이다.

미국 홈 스타일의 여왕이자 가장 성공한 미디어 제국의 대표 마사 스튜어트(Martha Stewart)를 예로 들어보자. 2002년 중반쯤, 마사 스튜어트는 그녀가 소유하고 있던 소량의 임클론 주식을 임클론에 대한 불리한 뉴스가 터지기 직전에 선매해버린 일로 해서 주식 부당내부거래 혐의로 기소되었다. 비록 수십만 달러에 불과했지만, 마사 스튜어트의 부당내부거래에 대한 비난은 마사 스튜어트 리빙 옴니미디어(Martha Stewart Living Omnimedia)의 주가에 파국적인 영향을 주었다. 미디어의 대혼란으로 말미암아 기업의 주가는 8주간 80% 넘게 폭락했으며 지금도 여전히 기업은 수렁에 빠져 허덕이고 있다. 이렇게 사태가 악화된 까닭은 의심할 여지없이 미디어 인터뷰를 거부하는 등, 경솔한 커뮤니케이션 전략으로 인해 그녀를 대중의 눈에서 멀어지게 하고, 여론을 극단적으로 불리하게 돌아가도록 만들었기 때문이다.

투명성은 평판을 구축하고 유지하며 방어하는 데 도움을 준다. 기업이 자신에 관한 유용한 정보를 대중에게 더 많이 더 좋게 제공하면, 대중은 그 기업을 더 믿을 만하고 책임 있다고 인식한다. 만약 투자자와 애널리스트가 기업의 가치에 대한 믿을 만한 평가를 내리려면 충분한 정보공개가 필요하다. 금융시장은 기업 재무제표의 진실성과 재무상태 보고서 작성 및 보고책임이라는 전체 시스템의 진실성에 크게 의존한다.

2002년 기업 스캔들 파문이 금융시장에 들이닥쳤다. 또 엔론을 비롯한 파문은 기업의 주가에 강력하고 직접적인 영향을 미쳤고 기업에 대한 대중의 신뢰를 잃어버리는 결과를 낳았다. 2002년 9월 워싱턴의 싱크탱크인 브루킹스 재단(Brookings Institution)의 경제학자들은 기업 스캔들의 간접비용이 어림잡아 350억 달러가 넘는다는 연구결과를 내놓았다. 이 보고서는 재무 시스템의 투명성에 대한 신뢰상실은 앞으로 경제 전체적으로 1% 내지 2.5%의 추가 하락요인을 낳을 것이라고 판단했다. 확실히 투명성은 대중적 신뢰의 핵심인 셈이며 잘못 대응할 때는 기업평판의 약점으로 작용할 수 있다.

원칙 5: 일관성을 확보하라

상위권 기업은 모든 사람들에게 보여주는 행동과 커뮤니케이션이 일치하고 있다. 글로벌 기업의 고위 관리자들을 대상으로 한 조사에서, 높게 평가되는 기업은 기업의 이니셔티브를 더욱 조화롭게 통합하고 있음이 발견되었다.

평판이 약한 기업은 조직을 유지 보수하는 데 골몰하고 산만하게 흩어진 기업 구성요소들 사이의 관계를 유지하는 데 급급해 있었다. 이러한 기업은 툭하면 지역사회를 관리하기 위해서 지역사회 관련부서를 만들고(가끔씩은 별 연관도 없는 사회사업단체에게 그 일을 맡기기도 하지만), 재무분석가에게 자료를 제공하기 위해 투자 관련부서를 만든다. 또한 평판이 약한 기업은 일반인들이 깜짝 놀랄 만한 판촉행사를 기획하여 제품의 이미지를 어떻게 구축할까 등을 논의하기 위하여 광고부서 혹은 대행사를 만들고, 종업원 커뮤니케이션을 위해서 인력관리부서를 만들기도 한다. 이들 부서에 속한 스텝들은 자기 부서의 일만을 알 뿐, 다른 부서와는 완전히 고립되어 있는 경우가 많다. 이런 고립된 각 집단을 끌어당겨 한 군데 모아놓아봤자 각 부서간의 말과 행동은 일치하지 않게 된다. 예를 들어 평판순위가 낮은 GM의 경우 서로 중복되고 서로 상반되는 셀 수 없을 만큼 다양한 커뮤니케이션이 그 기업이 보유하고 있는 전통적인 브랜드 수준의 비축창고에서 나온다. 이런 전통적인 비축창고야말로 그 기업을 하나의 통일된 전체 기업으로 통합하고자 하는 충성스런 노력들을 무용지물로 만드는 주범인 것이다. 셀 수 없을 만큼 많은 캐딜락, 뷰익 그리고 새턴의 직원과 고객은 있지만 진정한 GM의 직원과 고객은 없는 셈이다.

그러한 구조적인 비축창고는 기업문화, 기업의 핵심가치 그리고 기업의 전략적 방향에 대하여 왜곡된 해석을 하는 근거로 작용하여 다양한 이해관계자들에게 잘못된 기업 이미지를 전달한다. 이 때문에 기업의 평판구축 노력은 손상을 입게 된다. 일관성이 점점 약화되면서, 그들은 실제로 기업이 모든 이해관계자들의 지지로부터 이익을 얻지 못하고 평판유지를 위한 경쟁에서 밀려나게 된다. 최근 2003년 중반에 발표된 GM의 광고는 이 이슈를 해결하려고 하는 시도가 보인다. 처음으로 GM은 잘 알려진 브랜드 뒤에 숨어 있던 자신을 드러내고 있다.

그러므로 당신 자신을 표현하라

강력한 평판은 모든 것이 표현되고 실천될 때 그리고 기업이 감성소구의 근거를 구축할 때 생긴다. 이는 기업이 자신을 이해관계자 커뮤니티에게 설득력 있고, 친근하게, 확실하고, 신뢰할 만하게 '표현할' 것을 요구한다. 표현을 통해 기업은 자신이 누구인지 무엇을 하려는지 무엇을 대표하는지를 전달한다. 우리가 이미 보았듯이, 기업은 실제적으로 자기표현 속에서 가시성, 차별성, 신뢰성, 투명성, 일관성을 얼마나 성취하는가에 따라 변모한다. 미국에서 존슨 앤 존슨과 코카콜라는 높은 표현능력을 가진 기업이다. 똑같이 덴마크의 레고나 이탈리아의 페라리, 바릴라, 페레로도 그렇다. 기업은 자신을 표현해야 한다. 그러면 대중은 이러한 기업과 일체감을 느끼기 시작한다.

<그림 5-5>는 표현의 다섯 가지 핵심적인 특징을 서술한다. 기업은 타깃 커뮤니케이션과 이니셔티브를 통해 이해관계자에게 효과적으로 자신을 표현해야 한다. 이런 표현의 정도에 따라 우리는 기업을 점수로 매길 수 있다. 기업의 표현력이 뛰어날수록 이해관계자에게 더 강한 감성소구를 할 수 있다. 표현은 두 가지 방법으로 평판을 형성한다. 첫째, 표현은 소비자들이 알아야 할 정보의 양을 줄여 중요한 결정을 하는 데 도움을 준다. 가시성은 기업정보가 널리 이용될 수 있도록 함으로써 굳이 몸소 조사할 필요성을 감소시킨다. 신뢰성은 '마음속에서 나오는 소리'이다. 신뢰할 만한 기업은 더 친근하고 더 믿을 만하다. 그래서 소비자를 제품으로 이끌 수 있고, 투자자를 주식으로, 종업원을 기업의 직장으로 이끌기에 충분하다. 투명성은 기업의 발언과 행동을 믿도록 하고, 경계심을 갖거나 증명이 필요하지 않도록 한다. 차별성은 기업이 돋보이도록 하고, 이해관계자나 소비자가 기업에 대해 종합적으로 이해할 수 있도록 수고를 줄여준다. 마지막으로 일관성은 기업의 활동범위를 분명히 하고 이해할 수 있도록 한다. 적극

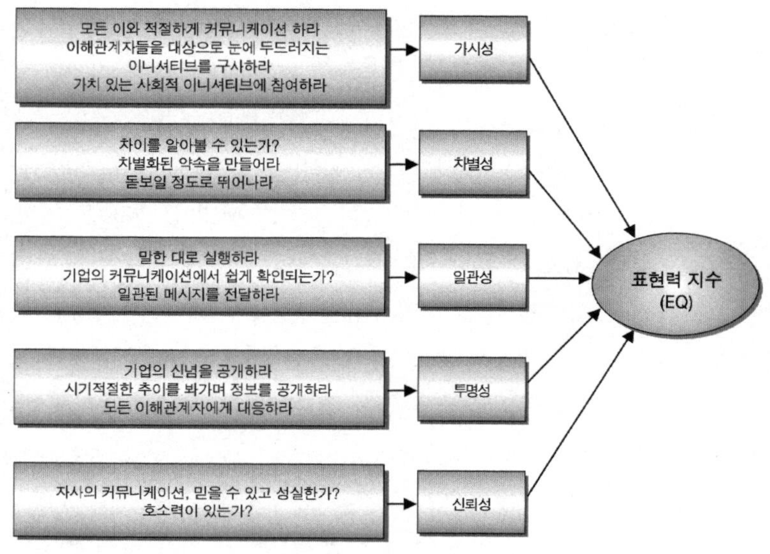

<그림 5-5> 표현력 지수

적인 표현을 통해 기업은 자사정보를 효과적으로 '던질' 수 있고, 이해관계자들에게 자사를 매력적인 패키지로 보이게 할 수 있다. 단순화된 정보와 쉽게 이해할 수 있는 표현은 기업에 대한 투자자의 이해를 촉진시키고 소비성향 조사와 같은 추가적인 노력을 줄여준다. 그렇게 함으로써 지지층을 보다 두텁게 형성할 수 있다.

둘째, 기업의 자기표현은 종업원, 소비자, 투자자들 사이에서 기업의 공유된 이해를 촉진해 기업평판 구축을 돕는다. 가시성, 차별성과 투명성은 기업의 핵심목적, 가치, 신념을 나타내는 데 함께 작용한다. 동시에 메시지와 이니셔티브의 일관성은 내부 종업원과 외부 이해관계자들이 기업의 공유가치를 형성하는 데 도움을 주고 기업과 연대의식을 만들어낸다. 내부적으로 표현은 기업의 핵심약속에 관한 예측가능성과 종업원의 신뢰성을 강화시켜준다. 외부적으로 표현은 진실성을 표시하고 투자자, 애널리스트, 소비자 그리고 대중 사이에서 이해관계의 공유를 촉진한다.

기업의 자기표현의 동인은 무엇인가? 왜 몇몇 기업은 높은 수준의 표현을 성공적으로 수행하는 반면에 다른 기업은 그렇게 하지 못하는가? 표현은 그 자체로써 종업원과 고객들로 하여금 회사와 일체감을 느끼게 할 정도의 기능을 한다는 증거가 있다. 기업과 일체감을 가지는 종업원들과 고객들이 많으면 많을수록 그들은 보다 더 쉽게 기업을 지지하는 행동에 참가할 가능성이 높다. 종업원뿐만 아니라 고객들도 기업의 홍보대사로 행동한다.

따라서 평판구축은 일체감(소속의식) 유발과 관련되어 있다. 최근 한 심층분석에 따르면, 이해관계자 집단의 해당기업에 대한 일체감은 다음과 같은 네 가지 기능을 하는 것으로 밝혀졌다.

평판은 일체감을 형성한다 – 그 반대 또한 같다

종업원들은 일반적으로 믿고 존경하는 기업에 소속된 사실을 자랑스러워한다. 그들은 기업에 서려 있는 영광을 함께하는 것에 행복해한다. 종업원들은 기업에 대한 평판이 좋을수록, 기업과 더욱 일체화되고 싶어하고, 동료들과 다른 사람을 대할 때 좋은 홍보대사가 되고 싶어한다. 그들은 개인적인 네트워크(칵테일파티, 디너파티 혹은 비공식적인 자리)에서 이러한 긍정적인 이미지를 전달한다.

커뮤니케이션의 질이 일체감 정도를 향상시킨다 –그 반대도 같다

특수한 이해관계자 집단과 갖는 기업의 커뮤니케이션의 질은 기업과의 일체감 정도에 영향을 미친다. 전략적인 이슈(예를 들면 목적과 목표, 신개발계획, 기업활동 및 성과 등)에 대하여 충분한 양의 커뮤니케이션을 하는 기업은 종업원이나 다른 이해관계자로 하여금 그 기업의 특징이나 차별성을 보다 쉽게 이해할 수 있게 한다. 그렇게 함으로써 그들이 기업에의 귀속의식을 쉽게 느끼도록 한다. 기업정보에 대한 반복 노출은 매력과 호소력을 증가시키고 그들이 가치있는 대의명분에 참여하고 있다는 확신을 증가시킨다.

긍정적인 분위기를 가진 기업은 내부적으로 종업원들의 소속의식이 더욱 강해지는 경향이 있다. 긍정적인 분위기는 종업원들에게 기업에 관한 토론에 적극적으로 참여하도록 이끌어내고 의사결정 과정에도 활발히 참여하도록 유도한다. 그리고 관리자와 동료와의 커뮤니케이션은 자신이 중요한 가치가 있는 종업원이라는 느낌을 추가한다. 로열더치/셸은 1990년대 중반 여러 번의 위기를 맞았는데, 이후 이 기업은 복합적인 조직변경 작업을 출범시켰다. 이 조직변경 작업은 향후 기업의 사업방향에 관하여 토론과 논쟁을 하게 할 것이다. 여러 층의 관리자가 함께 토론에 참가했고, 개방된 토론은 치유를 촉진했고, 모리배의 반복되는 고발로 인해서 외부의 평판이 계속 상처받고 있었던 시점에 기업에 대한 종업원들의 소속감을 강화시켰다.

개인화된 커뮤니케이션은 일체감을 강화시킨다

최근에 덴마크의 거대 의약품기업인 노보 노르디스크와 독일의 유명한 자동차기업 다임러 크라이슬러는 기업의 전략적 추구에 대하여 종업원들에게 정보를 보다 충분히 제공하기 위하여 세련된 컴퓨터 인트라넷에 투자했다. 이는 정보의 쌍방향의 흐름을 촉진하도록 설계한 시스템에 정교한 피드백 요소를 포함시키고 기업의 성공에 기여한 개개인의 공헌을 가장 돋보이도록 설계했다. 다임러 크라이슬러의 내부 커뮤니케이션 이사인 울리케 베커(Ulrike Becker)는 이에 대해 다음과 같이 논했다. 이 방법은 "모든 종업원들과 기업과 관련된 외부 타깃 그룹이 언제 어디서나 기업과 관련된 정보를 준비하는 것이다. 이것이 웹을 기반으로 하는 미디어 출판이며 바로 내부 커뮤니케이션의 임무이다." 그들은 이와 같이 종업원의 소속의식을 촉진시킨다.

기업의 메시지가 일체감에 영향을 준다

많은 주도적인 기업은 소속의식을 촉진시키는 핵심전략 프로세스에 의존하고 있다. 로열더치/셸은 위기대처 능력을 강화하기 위해 시나리오 기획 시스템을 만들었다. 그 프로세스는 미래에 관한 가정을 검토하고 기업의 다양한 사업에 걸쳐서 선택된 시나리오의 관계를 토론한다. 모든 관리자 스텝이 동원되어 핵심전략적 이슈의 공통된 견해를 도출해냄으로써 기업은 소속의식을 확장한다. 이와 비교가 되는 프로세스로는 네덜란드 거대 그룹 필립스가 토론을 조직하여 5개에서 6개로 핵심전략적 이슈를 일체화한 것이다. 기업이 이해관계자 그룹에게 내부의 작업을 이해하도록 하는 데에 포괄적인 참여를 권하면 권할수록, 이해관계자들은 기업에 더욱더 소속의식을 갖는다. 2001년 9월 11일 뉴욕 세계무역센터 폭발사건 이후로 많은 항공사는 고객에게 기업에 관련된 정보를 제공하기 위해 다이렉트 이메일에 가입시켰다. 테러리스트의 공격으로 평판에 심각하게 타격을 입은 항공사 가운데 아메리칸(American) 항공과 유나이티드(United) 항공이 시도한 이 개별화된 커뮤니케이션은 감동과 이해와 믿음을 주기에 충분했다.

이와 같은 네 가지 요인은 직원들이 자기 회사에 대하여 얼마나 긍정적으로 느끼고 있는가, 그리고 그들의 행동과 태도에서 나타난 자기 회사에 대한 지지도가 얼마만큼 친밀하게 드러나고 있는가를 조사할 수 있도록 고안된 종업원의 일체감 척도이다.

6장에서 10장까지 우리는 이해관계자를 대상으로 평판관리를 위한 강력한 조치를 취하고 있는, 평판이 높은 기업이 직면하는 성과와 난관을 구체적으로 살펴보고자 한다. 6장에서는 눈에 띄는 것이 어떻게 평판에 영향을 미치는지 구체적으로 알아볼 것이다. 우리가 알다시피, 기업은 눈에 띄지 않으면 경쟁사와의 경쟁에서 비교우위를 유지할 수 없고, 발전할 수도 없다. 평판의 장점은(7장에서 우리가 보듯이) 고객의

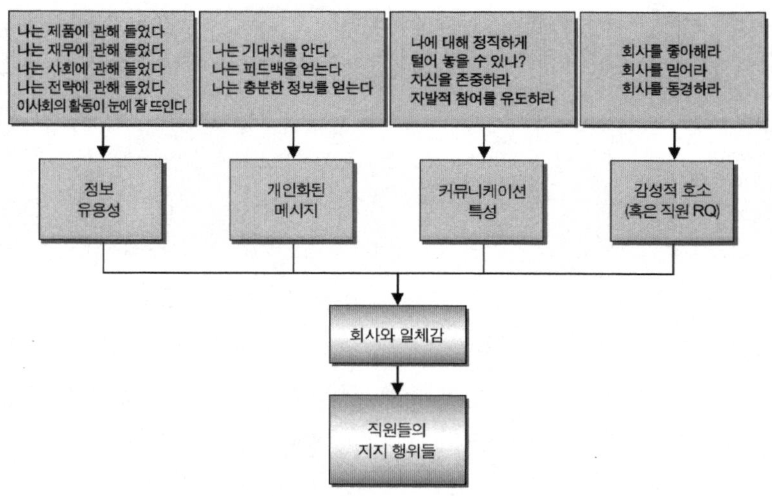

<그림 5-6> 회사와의 일체감 측정하기

마음속에 독특하게 자리잡을 수 있다. 차별화를 동원해서 기업은 자사가 보기에 솔직하지 않을 수 있는 주장으로 소비자들의 눈을 슬쩍 가릴지도 모른다는 의심을 산다. 이와 관련하여 8장에서는 제품의 품질, 종업원을 위한 배려, 기업 시민정신 혹은 환경에 대한 지속적인 관심은 신뢰성을 높이고자 하는 기업의 지상과제임이 설명된다. 9장에서는 차별성과 신뢰성만으로는 충분치 않다는 점을 보여준다. 점차 기업은 이해관계자들에게 투명성을 높이기 위하여 보다 세밀한 정밀 조사를 요구받는 추세이다. 10장에서는 정상급 기업이 시공을 초월하여 어떻게 일관성을 달성하는지, 즉 각기 이질적인 타깃 집단에 걸맞은 특화된 커뮤니케이션을 체계적으로 전개함으로써 그러한 목표를 어떻게 달성하는지를 보여주면서 결론을 맺는다. 소소한 성과는 필요 없다. 또한 용기를 잃을 이유도 없다.

06

Be visible

가시성을 확보하라

프랑스 속담에 "잘살려면 숨어 살라"는 말이 있다. 기업은 대개 이러한 속담과 다를 바 없는 행동 패턴을 보인다. 즉 기업은 노출되는 것을 꺼리고 언론과의 인터뷰를 사양하며 자사에 불리한 상황을 숨기고자 한다. 특히 언론과의 커뮤니케이션은 최소화하려고 한다. 이를 두고 '내향적인 자세'라 한다. 역사적으로 보건대 신중한 투자금융인과 보수적인 정치인 및 변호사들이 이러한 태도를 선호해왔다.

이것은 사실상 전혀 도움이 되지 않는 조언이다. 오늘날처럼 세계화되고 정보가 사방팔방으로 넘쳐나는 상황에서 기업이 자신을 은폐하는 일은 가당치 않다. 이해관계자들은 기업이 굳이 들추고 싶어하지 않는 바를 알아내려고 기를 쓰고 기자들 또한 그러한 내용을 어떻게 해서든 대중에게 폭로하고 싶어 안달이다. "묻지도 말고 답하지도 말라." 이 말은 1990년대 초 클린턴 당시 미국 대통령이 미군 소속의 게이와 레즈비언들에게 던진 조언이다. 즉 알고 싶지 않은 일에 대해 구태여 이야기를 꺼낼 필요가 없다는 의미다.

한마디로 이것은 진실이 아니다. 어떤 타블로이드판 신문에 의해 유명해진 퍼블리시티 문구의 표현을 빌리면 “사람은 일단 물어보기 시작하면 모든 것을 다 알고자 한다.” 사람들은 일상생활의 영역에서 정보를 캐내고 싶어한다. 그 중에서도 대기업과 그 기업의 고위 임원들보다 더 흥미를 끄는 대상은 없다 해도 과언이 아니다. 비즈니스 중심의 세계에서 이는 잡담, 풍자 그리고 스캔들을 살찌우는 아주 흥미로운 주제가 된다. 그리고 그 주체가 투자자, 기관, 이해관계자 집단, 언론 가운데 누구든 상관없이 이보다 더 관찰의 대상이 되거나 질문의 주제가 되는 것은 없다. 인수/합병에 관해 설명하는 기업 보고서와 뉴스레터의 증가 그리고 CNBC, ≪포춘≫ ≪파이낸셜 타임즈≫와 같은 비즈니스 관련 뉴스지와 전문시장의 대중화, 치솟는 고위 임원들의 연봉, 전 GE 회장 잭 웰치의 퇴임 후 과도한 특전에 대한 구설수 또는 엔론, 월드컴, 아델피아(Adelphia) 그리고 타이코 인터내셔널(Tyco International) 등의 스캔들을 유발했던 고위 경영진 대상 소송 등에 대한 언론의 높은 관심 모두가 이 사실을 뒷받침하고 있다.

치열한 정보경쟁 시장에서 눈에 띄는 편이 기업에게 도움이 될까 아니면 해가 될까? 퍼블리시티는 도움이 될까? 눈에 띄어서 익숙해지면 호감도가 늘어날까? 아니면 모욕을 받게 될까? 최고로 인정받는 기업은 사람들에게 더 많이 노출되고 싶어할까? 아니면 그 반대일까?

마케터는 기업이 눈에 띄는 정도를 ‘최초상기율’이란 표현으로 쓰길 좋아한다. 최초상기율은 소비자들이 특정주제를 접했을 때 그와 관련하여 해당기업이 소비자 마음의 사다리 맨 위칸을 차지하고 있는 경우를 말한다. 지금까지 우리는 평판지수 조사를 통해 얻은 증거가 많다. 평판은 최초상기율을 기반으로 해서 구축된다. 간단히 말해 기업이 사람들에게 더 친근하면 친근할수록 사람들의 평판은 더욱더 향상된다.

다시 말해 친근감과 평판은 원래부터 늘 서로 강한 연관성을 갖고 있긴 하지만 평판 그 자체는 단순히 눈에 잘 띄는 정도, 즉 사람들에 대한 지명도 이상으로 중요하다. 예를 들어, 미국 기업을 대상으로 한 우리의 연구에서 상위 10개 기업 가운데 코카콜라와 마이크로소프트는 60% 이상의 소비자들에게 실제로 매우 친근하게 인식되었다. 최고로 인정받는 기업은 소비자들에게 단지 친근함을 넘어서 그 이상의 가치를 지니고 있다. 그러기 위해서 해당기업은 사람들에게 확실하게 노출되어야 한다.

이 장은 평판을 전략적 무기로 설명한다. 왜 코카콜라는 전 대중을 대상으로 한 평가에서 2%의 평판을 얻은 반면 펩시는 불과 0.3%만을 얻었을까? 버몬트에 기반을 둔 소규모 아이스크림 제조업체 벤 앤 제리스는 식품을 판매하는 상대적으로 더 큰 경쟁사에 비해 어떻게 해서 소비자에게 더 알려졌을까? 어떤 점이 그러한 기업의 최초상기율을 높게 자리매김했을까? 반대로 거의 모든 네덜란드 가정에 자사제품이 비치되어 있는 스웨덴의 가정용품 기업 이케아(IKEA)가 네덜란드 소비자들로부터 전혀 추천을 받지 못한 까닭은 무엇일까? 이밖에 구치(GUCCI)나 루이뷔통모엣헤네시(LVMH)[1] 같은 정상급 패션기업이 프랑스와 이탈리아 소비자들로부터 아무런 노출효과와 호의를 얻어내지 못한 것은 무엇 때문일까?

일부 기업이 다른 기업보다 소비자들에게 더 친숙한 이유를 탐구함으로써 우리는 기업의 눈에 띄는 정도와 친근한 정도를 예견하는 다섯 가지 주요한 요인을 추출해냈다. 이 과정에서 우리는 기업이 두드러지게 눈에 띈 결과 혜택을 얻었는지 얻었다면 어떻게 얻었는지를

---

1) LVMH(루이뷔통모엣헤네시)는 1987년 가죽제품 브랜드 루이뷔통과 코냑 브랜드 모엣헤네시가 합병해 탄생한 기업. LVMH는 합병 후 스페인 가죽 브랜드 로에베, 크리스찬 디올, 지방시, 펜디 등 패션 브랜드와 태그호이어, 제니스, 쇼메 등 시계 및 보석 브랜드 등을 잇달아 인수했다. 현재 주류, 패션 및 피혁, 향수 및 화장품, 시계 및 보석, 유통사업 등 5개 사업부문에 60여 개 브랜드를 거느리고 있다－역자주

조사했다. 또한 기업이 평판을 형성하기 위해 친근성을 지렛대로 이용할 수 있는 조건을 밝혀냈다.

궁극적으로 광고는 기업을 노출시키는 도구로서 이전만큼 강력하지 않다는 점이 이 장의 결론이다. 기업 브랜드에 대한 인식은 프로모션보다는 언론보도를 통해 더욱 신뢰를 얻을 수 있다. 바디숍, 아마존 그리고 스타벅스가 쌓은 노출수준을 생각해보자. 그러한 노출수준은 대개 광고 덕분이 아니라 전세계 주요 언론에서 자주 언급된 결과이다. 평판지수 프로젝트 결과, 긍정적인 노출과 평판은 광고보다는 언론보도를 통해 신뢰를 얻을 수 있으며 그 비용도 후자의 방식이 상대적으로 저렴하다고 시사한다.

또 다른 중요한 결과는 소비자가 기업의 사회적 이니셔티브에 대한 충분한 정보를 갖고 있지 않지만, 일단 그 정보를 얻게 되면 그것을 기꺼이 받아들인다는 사실이다. 소비자들이 해당기업의 사회적 책임 수행에 공감하게 되면 그 기업의 평판은 높아진다. 이는 해당기업의 가시성을 확보할 수 있는 긍정적인 원천이 될 수 있다. 평판지수 프로젝트에서 집계한 소비자 데이터에 따르면, 기업이 사회적 이니셔티브를 추구할 경우 좋은 평판을 얻게 된다. 그러나 이것을 널리 홍보하고자 할 경우 세심한 주의가 필요하다고 시사한다. 소비자들은 기업이 사회적 이니셔티브를 요란하게 프로모션해댈 경우 애초의 긍정적인 태도에서 한발 물러설 가능성이 있기 때문이다. 즉 이런 부분의 기여에 대해서는 스스로 앞에 나서서 너무 자랑하지 않는 편이 도움이 되며 그보다는 언론이 그러한 공적 기여에 대해 떠들어주어야 최상의 효과를 얻을 수 있다.

기업의 가시성에 관한 이해

기업은 소비자들에게 얼마나 눈에 잘 띄는가? 지금까지의 평판지수 프로젝트는 소비자의 관심을 끄는 기업이 거의 없음을 보여준다. 단일기업이 얻은 최고의 가시성 정도는 19%이다. 다시 말해 다섯 명 중 한 사람만 자발적으로 그 기업을 선정한 것이다. <표 6-1>은 다섯 나라의 결과를 비교하고 있다. 오스트리아, 덴마크, 이탈리아, 네덜란드와 미국에서 가장 눈에 띄는 기업을 꼽자면 텔스트라, A. P. 몰러, 피아트, KPN 그리고 마이크로소프트 등이다.

더욱이 가장 두드러지게 눈에 띈 기업의 경우 각국 소비자들이 선정한 후보군 가운데 무려 80~90%나 겹쳤다. 이는 사실상 소비자들의 인식권역에 들어오자면 상당히 많은 커뮤니케이션 비용을 대가로 치러야 함을 시사한다. 가시성 수준이 아주 높은 기업은 거의 없었으며 이들은 다음과 같은 유사한 특징을 공유한다.

글로벌 기준에서의 가시성

가장 눈에 띄는 기업은 ≪비즈니스 위크≫가 꼽은 '가장 가치있는 10대 글로벌 브랜드'에 들어 있기 때문에 소비자들에게 빈번하게 인식된다. 10대 글로벌 브랜드에는 정기적으로 코카콜라, 마이크로소프트,

<표 6-1> 호주, 이탈리아, 네덜란드 그리고 미국에서의 최고 상위그룹의 가시성

국가	순위	가장 눈에 띄는 기업
Australia	19	Telstra
Denmark	14	A.P. Moller
Italy	16	Fiat
Netherlands	16	KPN
United States	12	Microsoft

IBM, GE, 인텔, 노키아, 디즈니, 맥도널드, 필립 모리스(말보로와 함께) 그리고 다임러 크라이슬러(메르세데스 벤츠와 함께)가 정상에 올랐다. 이 중 우리가 연구했던 열두 나라에서 선정된 기업은 글로벌 차원에서 가시성이 높은 6개 브랜드인 코카콜라, 마이크로소프트, IBM, 노키아, 디즈니 그리고 메르세데스였다.

국가 기준에서의 가시성

소비자는 자국 브랜드를 선호하는 강한 국수주의적 성향을 띠고 있다. 덴마크 사람들은 A. P. 몰러와 노보 노르디스크를 더 많이 선정하고 싶어한다. 이탈리아 사람들은 피아트와 바릴라(Barilla), 네덜란드 사람들은 필립스나 아홀드, 그리고 미국 소비자들은 마이크로소프트나 월마트를 꼽고자 한다. 결과적으로 이러한 기업은 출신국가에서 가시성이 특히 높게 나타난다.

부정적인 기준에서의 가시성

세번째 주제는 일반대중이 언론의 보도내용, 특히 부정적인 보도내용에 현저하게 주목한다는 점이다. 2001년 네덜란드에서는 KPN, 미국에서는 파이어스톤, 덴마크에서는 케미노바(Cheminova), 이탈리아에서는 피아트 같은 기업에 대한 주목도가 높았다. 이는 이 기업이 경험한 재무적·기술적인 또는 제품과 관련된 위기들 때문이었다. 이 기업은 부정적으로 주목받는 수준이 매우 높았다.

인터넷으로 어디든지 접속 가능하고 미디어가 폭증하고 있는 세계에서 특정기업에 대한 부정적인 가시성은 불과 하룻밤 사이에도 발생할 수 있다. 엔론-월드컴 경영진의 스캔들과 포드-파이어스톤 타이어 파열 사건이 좋은 예다. 2001년 네덜란드 철도청은 경영진과 조합 그리고 직원들 간의 내부갈등이 언론에 대대적으로 보도되면서 부정적인 가시성이 극에 달했다. 덴마크에서는 TDC의 평판이 좋지 않았다. 이는 TDC가 예전에 텔레덴마크(Tele Denmark)라는 이름으로 신규 서비스를 제공한 적이 있었는데 해당 서비스 내용이 혼란스러워서 소비자들을 실망시킨 탓이었다.

부정적인 가시성은 기업을 '이러지도 저러지도 못하는' 지경으로 몰아넣을 수 있다. 나쁜 기업으로 유명해진 기업은 소비자에게 부정적인 연상을 계속 상기시킨다. 1989년 엑슨이 발데즈 호 원유유출 사건에 대하여 부적절한 대응을 했다가 최악의 평판을 지닌 기업으로 연이어 꼽힌 사실을 돌이켜보면 납득이 될 것이다.

<그림 6-1>은 평판지수와 가시성과의 연관성을 보여준다. 단독으로 최상 또는 최악으로 인식되어 추천된 기업은 별로 없었지만, 기업의 평판은 대중의 눈에 노출됨으로써 형성된다는 사실을 알 수 있다.

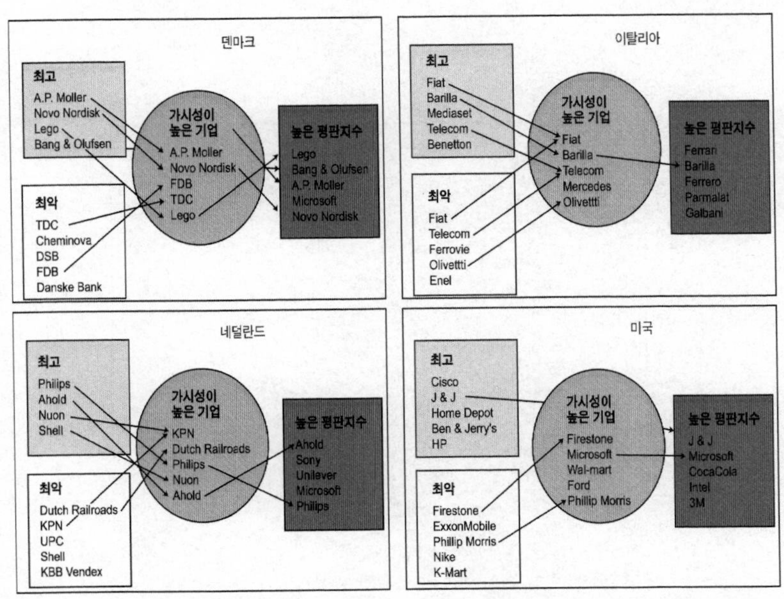

<그림 6-1> 가시성과 평판의 연관관계

덴마크의 노보 노르디스크와 A. P. 몰러는 거의 긍정적인 가시성의 측면에서만 추천되었다. 미국의 시스코와 존슨 앤 존슨은 긍정적인 가시성 점수가 100%에 가까웠다. 반면 파이어스톤, 엑슨 모빌, 그릭 필립 모리스는 오로지 부정적인 가시성의 측면에서만 추천되었다. 이는 강력한 평판은 긍정적인 가시성 효과의 덕분이며 부정적인 가시성 효과로부터는 평판혜택을 기대하기 어렵다는 사실을 보여준다.

<그림 6-2>는 덴마크, 이탈리아 그리고 네덜란드의 평판지수를 근거로 긍정적인 가시성과 부정적인 가시성의 통계적 회귀분석 결과를 보여준다. 여기서 긍정적 가시성은 기업평판을 높여주며 부정적 가시성은 기업평판을 강하게 훼손하는 효과를 발휘한다. 이것은 긍정적인 면과 부정적인 면이 뒤섞여 노출된 기업이 그 분열적인 이미지 탓에 소비자를 대상으로 강한 평판을 일구어내기가 얼마나 어려운지를 설명하고 있다.

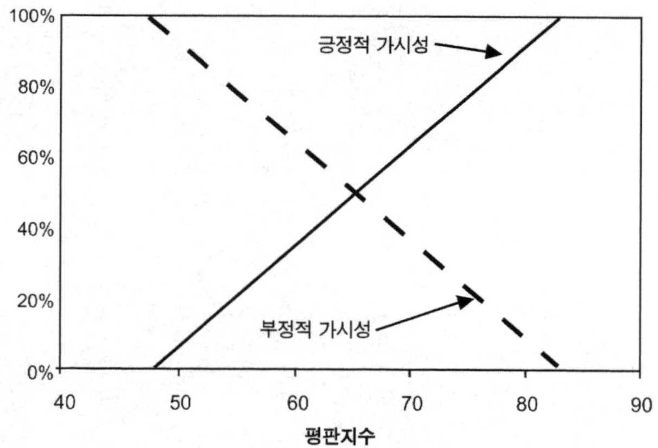

* 이 그림에 나타난 추세는 2001년 8월에 뉴질랜드, 이탈리아, 덴마크로부터 얻은 추천 데이터를 기반으로 한다.

〈그림 6-2〉 평판과 가시성과의 관계

기업이 부정적 가시성을 우려해야 할 때는 언제인가?

최악의 기업으로 알려지는 것은 결코 좋은 일이 아니다. 그러나 보다 현실적으로 곱씹어볼 만한 질문이 하나 있다. 즉 해당기업이 자사의 문제점을 언제 공개적으로 시인하는 것이 좋을까?

<그림 6-3>은 부정적 가시성과 평판의 관계에 초점을 맞춘 통계분석 결과를 보여준다. 이에 따르면 부정적으로 노출된 기업의 50% 이상이 실제보다 평판지수가 낮게 나타난다. 이는 긍정적 가시성과 부정적 가시성의 비율을 파악하는 것이 기업의 고질적인 문제해결에 도움이 된다는 사실을 시사한다. 부정적인 가시성은 평판을 위험에 빠뜨린다. 기업에 대한 부정적인 가시성이 늘어날 때 평판은 감소하고 관련된 위험도 증가한다. 그리고 부정적인 경영성과도 더욱 커진다.

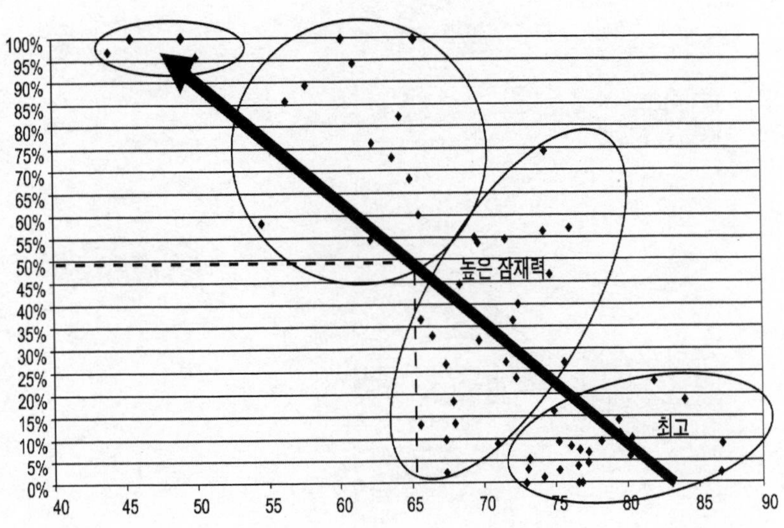

<그림 6-3> 부정적인 가시성은 평판을 위태롭게 한다

가시성 확보를 위한 동인들

평판이 가장 높게 추천되는 기업은 어떻게 해서 공중의 눈에 잘 띄는 것일까? 다섯 나라에 걸쳐 실시한 평판지수 조사에서 선정된 85개 기업은 총매출, 시장자본, 직원 수, 광고예산 등에서 볼 때 거대기업이며 또한 유형적인 총자산, 무형자산 그리고 순수익 등에서 큰 성과를 거두고 있는 경향이 있다.

그러나 경영성과가 좋은 기업이라고 해서 죄다 선정된 것은 아니다. 기업규모와 경영실적 면에서 어느 기업 못지않은, GE나 노키아 같은 기업은 미국에서 보다 더 높은 추천순위를 받아야 마땅했으나 그러지 못했다. 심지어는 해당업계에서 가장 큰 기업이나 경영실적이 최상인 기업이 추천된 것도 아니다.

<그림 6-4>는 기업이 가시성을 획득하게끔 하는 동인을 요약하고

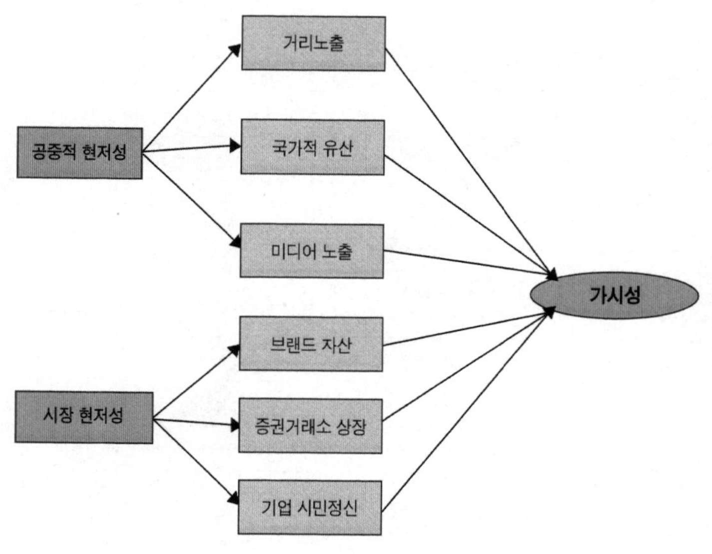

〈그림 6-4〉 가시성 확보를 위한 동인

있다. 이것은 기업의 가시성이 소비자들의 마음속에 얼마나 강하게 박혀 있느냐에 좌우된다는 사실을 시사한다.

- 일반대중에게 두드러지게 노출되려면 해당기업이 (1) 거리에서 자주 접할 수 있어야 하고, (2) 자사가 국가적 유산임을 천명하고, (3) 언론에 강력한 비중으로 다뤄져야 한다.
- 시장에서 두드러지게 노출되려면 해당기업이 (1) 강력한 기업 브랜드나 브랜드 포트폴리오를 갖거나, (2) 공공 주식거래소에 상장되거나, (3) 기업시민으로서의 책무를 수준 높게 추구해야 한다.

거리노출의 효과

영국에서 선정된 기업의 60% 이상은 소매업자들과 은행들이다. 이러한 기업은 소비자들의 기억에 잘 떠오른다. 헨리 경영대학(Henley Management College)의 키이스 맥밀란(Keith McMillan)은 그 이유가 이러한 기업이 이른바 거리에서 볼 수 있기 때문이라고 본다. '거리의 존재'는 매일 그리고 직접적으로 접촉하는 일반대중에게 폭넓게 노출되어 있다.

예를 들어 기업이 쇼핑센터나 상권에서 아주 좋은 위치를 차지하면 인지도를 높이는 데 도움이 된다. 스페인에서 까르푸와 엘 코르테 잉글레스(El Corte Ingles), 오스트리아에서 스파(Spar), 그리고 영국에서 마크 앤 스펜서(Mark & Spencer), 세인버리(Sainbury) 그리고 테스코(Tesco)가 선정된 것은 우연의 일치가 아니다. 네덜란드에서는 아홀드, KBB 벤덱스(Vendex), 그리고 로러스(Laurus) 같은 소매업체 3개가 가장 눈에 띄는 30대 기업 안에 포함되었다. 그리고 ING, AMN-AMRO, RABO 그리고 포티스(Fortis) 같은 금융중개기업도 다수 선정되었다. 이탈리아에서는 주요 음식소매업체 가운데는 쿠프 이탈리아(Coop Italia) 한 곳만이 정상급 기업순위에 포함되었다. 그러나 미국에서는 소비자들이 월마트, 케이마트 그리고 홈데포를 지목했다. 코펜하겐 비즈니스 스쿨의 마켄 슐츠(Majken Schultz)가 지적했듯이, 덴마크에서 가장 눈에 띄는 기업 25개 중 18개는 소매업체(FDB, Dansk Supermarked, Arla Foods)와 금융 서비스(Danske Bank, insurer PFA) 그리고 정보통신(TDC, Sonofos) 영역에서의 B2C 기업이다.

출신국가별 유산의 영향

우리가 연구한 15개 국가 가운데 14개 국가에서 가장 눈에 띄는 기업은 대개 본사가 해당기업이 탄생한 출신국가에 근거지를 두고 있는 경우였다. 이탈리아만이 예외였다. 예컨대 미국에서 상위 30개 기업 가운데 미국 태생의 기업이 아닌 것은 불과 4개에 지나지 않았다. 프랑스에서는 자국의 자동차 회사 르노와 푸조-시트로앵이 상위권에 올랐고, 식품유통업체 까르푸, 르끌레르(Leclerc), 그리고 오샹(Auchan)이 바짝 뒤쫓고 있는 형세이다. 덴마크에서는 A. P. 몰러(이 그룹의 자회사 Maersk로 더 잘 알려져 있는), 제약회사 노보 노르디스크, 그리고 정밀기기 제조회사 단포스(Danfoss)[2)]가 모국출신 기업이라 할 수 있다. 심지어 이탈리아에서는 상위에 천거된 기업 자체가 이탈리아 자본주의의 기둥이라 할 만하다. 그 이름을 들자면 피아트, 페라리, 피렐리가 바로 그러한 기업이다. 해당국가 안에서는 유명하다 해도 이 기업 가운데 일부는 자국 밖에서는 아예 거론조차 되지 않음으로써 국가별 소비자들

2) 단포스는 덴마크에 본사를 가진 생산그룹으로서 연간 약 20억 유로의 매출실적을 올리고 있으며, 전세계에 걸쳐 1만 7천여 명에 이르는 직원과 100여 개 이상의 지사를 보유한 다국적기업이다. 단포스는 냉동/공조, 난방/위생 분야, 모션 컨트롤(Motion-control) 분야와 관련된 첨단정밀기계부품(Control Monitoring Device and Valves, Inverter for HVAC)의 세계 최고의 공급자로서 높은 시장점유율을 확보해 세계적 리더의 위치에 있다 — 역자주

의 편향성을 새삼 확인시켜주었다.

언론노출 효과

언론은 기업을 눈에 띄게 하는 데 막대한 영향을 끼친다. 기업은 정기적으로 제품과 기업활동을 광고한다. 광고를 통해 매력적인 자사 이미지를 소비자에게 보여준다. 반면 언론은 소비자의 기업에 대한 견해에 영향을 주는 논평을 통해 뉴스기사를 해석·확장·구성한다.

언론의 부정적인 보도는 부정적인 가시성을 극대화한다. 2001년 평판지수에서 파이어스톤, 마이크로소프트 그리고 포드는 주로 부정적인 관점에서의 광범위한 언론보도 탓에 두드러지게 눈에 띄었다. 네덜란드의 KPN, 독일 철도(NS) 그리고 이탈리아의 피아트도 같은 경우에 속한다. 어느 나라에서나 부정적인 측면에서 눈에 띄는 기업은 언론의 부정적인 보도를 동반하기 마련이다. 똑같지는 않지만 이런 기업은 소비자들에게 낮은 평판지수 점수를 얻는다. 예를 들어 미국에서 소비자가 생각하는 상위권 기업 가운데 4개 기업(브리지스톤, 포드, AMR, VAL)은 평판지수 순위에서는 하위 10위권에 들어간다.

동시에 기업은 공중의 호감도를 높이려고 정기적으로 광고를 집행한다. 우리의 분석결과에 따르면, 광고가 늘 효과적이지는 않다. 2000년 포드는 영국의 마크 앤 스펜서의 광고비보다 무려 4배를 썼다. 그러나 노출수준이 1위인 마크 앤 스펜서에 비해 신통치 않은 10위에 그쳤다. 맥도널드는 마크 앤 스펜서에 비해 2배의 광고비를, 딕슨즈는 마크 앤 스펜서에 비해 3배의 광고비를 지출했지만 노출수준은 정작 16, 17위에 그치고 말았다. 포드의 광고예산은 주로 파이어스톤-포드 사건의 위기수습 커뮤니케이션을 위해 투여되었다. 이와 비슷하게 KPN은 네덜란드에서 선정된 정상급 기업 가운데 광고비를 가장 많이 썼다. 하지만 KPN의 광고가 전반적인 가시성 수준을 올려놓는 데는

<표 6-2> 평판에 대한 광고비와 가시성과의 관계(네덜란드, 2000)

기업	광고비 (10억 달러)	가시성 순위	평판지수 순위
KPN	19.7	1	29
KBB Vendex	8.2	9	19
Laurus	9.1	18	25
Ahold	5.4	5	1
Sony	3.6	20	2

성공했지만 안타깝게도 그 광고가 언론의 부정적인 보도를 확대하는 결과를 빚었다. 2001년 KPN이 평판지수 조사에서 얻은 낮은 점수는 이 결과를 명확히 반영한다.

<표 6-2>는 네덜란드에서 선정된 정상급 기업의 광고예산과 가시성 수준 및 평판지수 순위를 비교한 것이다. 이에 따르면, KPN이 집행한 막대한 광고예산은 뜻하지 않게도 기업의 부정적 이미지만 확대생산한 결과를 낳았다. 때마침 2000년의 시장침체로 인한 KPN의 부실한 재무상태에 대하여 언론이 부정적 보도를 계속하고 있던 터에 광고가 집중됨으로써 소비자의 눈이 KPN의 부정적인 면을 더욱 주목하는 결과를 낳았던 것이다. 반면 아홀드는 2001년 광고투입은 물론이고 언론의 긍정적인 보도가 빚은 꾸준한 상호작용 덕에 많은 이익을 얻었다.

기업이 씨알이 먹히지 않을 내용을 광고로 우겨봤자 오히려 기업의 평판을 깎아먹는 부메랑 효과가 일어날 뿐이다. 이와 관련하여 이탈리아의 좋은 예를 들어보자. 밀라노 소재 보코니 대학 교수 다비드 라바시(Davide Ravasi)에 따르면, 텔레콤 이탈리아, 에넬, 팀(Tim) 그리고 윈드(Wind)는 이탈리아에서 가장 큰 광고주다. 에넬의 최근 주식매각은 대규모 커뮤니케이션의 지원을 받아 옹호되었다. 에넬처럼 텔레콤 이탈리아도 대규모 커뮤니케이션 캠페인으로 독점적인 사기업에서

소비자 중심의 서비스 제공사업자로 변신하려 노력하고 있다. 그러나 이 두 기업의 커뮤니케이션 캠페인 모두가 서비스의 질적 향상에 정비례하듯 뒷받침되고 있는 것은 아니라는 관측을 낳았다. 이는 이탈리아 시장에 대한 우리의 연구에서 이같은 정보통신기업이 부정적인 가시성을 갖게 된 까닭을 설명해준다.

다른 곳에서도 똑같은 결과가 나왔다. 금융 서비스 기업이나 철도, 정보통신 기업은 모든 나라에서 많은 광고비를 써서 거리에서의 노출이 많았음에도 불구하고 소비자들로부터 추천받지 못하는 경향이 있다. 이는 대개 기대치를 밑도는 성과에 대한 언론의 부정적인 보도 탓에 부정적인 측면에서만 해당기업이 두드러지게 노출되었기 때문이다.

브랜드 자산은 사업자금을 끌어모은다

가장 눈에 잘 띄는 기업은 종종 강력한 기업 브랜드나 브랜드 포트폴리오를 지니고 있다. <표 6-3>은 인터브랜드 소속 컨설턴트의 평가에 기반을 둔 세계 정상급 브랜드의 목록이다. 여러분이 기대하듯이, 호주, 유럽, 미국 등지에 있는 수많은 아주 눈에 잘 띄는 기업이 여기에 포함되었다. 아마도 '언제 어디서나'라는 슬로건을 내세우고 있는 코카콜라보다 더 돋보이는 기업은 없을 것이다. 코카콜라는 스포츠 이벤트, 식당의 정문, 여객기 메뉴, 음료 자판기, 패스트푸드 매장, 우산, 포스터 그리고 TV 시트콤 등 어디에서나 찾아볼 수 있다는 점에서 가히 놀라울 지경이다. 마이크로소프트의 로고는 사무실, 집 또는 인터넷 카페에서 컴퓨터를 켤 때마다 보인다. 또한 소비자는 컴퓨터에 부착된 '인텔 인사이드'라는 라벨을 통해 인텔의 우수성을 인식한다. 소비자와 접점이 없는 B2B 기업은 인텔과 같은 방식으로 가시성을 확보한다. 마찬가지로 GE의 전구와 전기기구, 노키아의 휴대폰, 디즈니 놀이공원, 맥도널드의 로고, 필립 모리스의 말보로 맨 그리고 다임

<표 6-3> 가장 가치있는 글로벌 브랜드(2002)의 소비자 가시성

기업(국가)	브랜드 가치 (십억 달러, 2002)	(2001년 중반) 가시성 순위 미국	유럽	호주
1. Coca-Cola (U.S.)	69.6	18	8	15
2. Microsoft (U.S.)	64.1	1	14	13
3. IBM (U.S.)	51.2	9	23	18
4. General Electric (U.S.)	41.3	5	-	-
5. Intel (U.S.)	30.9	30	-	-
6. Nokia (Finland)	30.0	119	26	-
7. Diseny (U.S.)	29.3	17	-	-
8. McDonald's (U.S.)	26.4	20	7	5
9. Marlboro (Philip Morris, U.S.)	24.2	8	25	-
10. Mercedes (Daimler-Chrysler, U.S.)	21.0	12	4	-

(출처: Business week survey with Interbrand, 5 August 2002)

러 크라이슬러의 메르세데츠 등도 모두 눈에 띄는 노출을 만들어낸다.

그러나 강한 브랜드를 지녔다고 해서 가시성이 현저하게 확보되는 것은 아니다. <표 6-3>은 몇몇 주요 브랜드가 글로벌 차원에서는 가시성이 비교적 낮은 반면, 어떤 기업은 다른 기업보다 브랜드 자산에 비용을 들일수록 글로벌화되고 있음을 보여준다. 마이크로소프트, 코카콜라, IBM, 그리고 맥도널드는 세계적인 수준의 가시성을 성취한 브랜드들이다. 이 기업은 저마다 다른 이유 때문에 상위 10대 기업에 지속적으로 오르지는 못한다. 필립 모리스와 다임러 크라이슬러는 세 지역 가운데 두 지역에서 소비자들에게 매우 두드러지게 노출되어 있다. 미국에서는 디즈니, GE, 인텔이 그리고 유럽에서는 노키아가 그러하다. 분명히 강한 브랜드는 눈에 띄는 데 필요조건이기는 하지만 충분조건이 되지는 못한다.

증권거래소에 상장하려면 검증이 선결되어야 한다

기업은 자본시장에 다가가기 위해 증권거래소에 상장하고자 한다. 이를 위해 기업은 애널리스트, 기자 그리고 투자자의 글로벌 네트워크뿐 아니라 감독기관이 다루는 관리감독의 수위를 높인다. 그래서 주식거래소의 상장은 언론 보도량을 늘려주고 기업활동과 관련된 대중의 참여를 유발한다.

대개의 유럽기업은 주식상장이 초래하는 공공의 관리감독 수준에 익숙하지 못하다. 때로 이러한 기업은 가족 소유이고 그 때문에 노출과 기업 투명성에 저항하기 일쑤다. 미국에서 선정된 기업 가운데 97%는 2001년에 공개 상장되었다. 여기서 빠진 일부 기업으로는 버몬트의 아이스크림 제조업체 벤 앤 제리스, 미국 동북부 메인 주 소재의 전설적인 의류소매상인 L .L. 빈(Bean), 그리고 생활용품 생산업체이자 거대 개인기업인 암웨이를 들 수 있다. 유럽에서는 비록 주식이 가족의 신뢰를 바탕으로 사적으로 소유되고 있다 하더라도 대개 유럽의 전지역에 걸쳐서 공개적으로 거래된다.

증권거래소 상장은 소비자가 나쁜 소식을 빨리 알 수 있다는 뜻이다. 네덜란드의 정보통신 선도기업 KPN이 재무적인 어려움을 겪을 당시 언론의 부정적인 보도는 주가의 하락을 더욱 부추겼다. 이는 2001년 해당기업의 부정적인 가시성을 3배나 올려놓았다. 평판 사이클의 부정적인 부분이 분명 여기에서 역할을 한다. 부정적인 노출이 심하면 저널리스트들과 애널리스트들의 지원을 위축시켜 투자자들의 해당기업의 주가에 대한 관심을 반감시킨 끝에 주가와 평판에 하향식 소용돌이 효과를 빚어내 급기야 주가가 폭락하게 된다.

기업의 사회적 책임감은 대중의 호의를 얻어낸다

기업의 긍정적 또는 부정적 가시성에 대하여 소비자가 지적한 상대적인 강조 포인트는 국가별로 다양하다.

2001년 미국의 경우, 부정적인 가시성이 긍정적인 가시성을 넘어섰다. 전반적으로 7개 기업이 60% 이상의 부정적인 가시성을 얻었다. 이러한 기업 가운데 브리지스톤/파이어스톤, 포드, 엑슨 모빌 그리고 필립 모리스는 소비자와 관련된 위기에 봉착하여 부정적인 가시성이 두드러졌다. 브리지스톤/파이어스톤과 포드는 2000년 여름의 타이어 파열사건으로, 엑슨 모빌은 1989년 발데즈 호 원유유출을 비판하는 일반대중들의 지속적인 연대 탓에, 그리고 필립 모리스는 담배가 발암물질이라는 이유로 소송을 당하는 바람에 위기를 겪었다. 게다가 미국의 대중은 포드보다는 브리지스톤/파이어스톤을 상대적으로 더 많이 비난했다. 파이어스톤의 부정적 노출수준이 99%였던 데 반해 포드는 62%였다. 분명히 포드의 공개사과, 최고경영자가 직접 나서 진상을 설명하는 광고, 공공의 이익을 중시하는 자세는 브리지스톤/파이어스톤의 느린 대응과 헛된 거부 그리고 비난의 감수를 부담스러워하는 방식보다 훨씬 효과적이었다.

반대로 유럽에서는 긍정적인 가시성이 부정적인 가시성을 능가했다. 긍정적으로 두드러지게 눈에 띈 기업군에는 까르푸, 필립스, 볼보(포드) 그리고 메르세데스(다임러 크라이슬러)가 포함되었다. 한편 셸과 토탈피나엘프는 가장 부정적으로 돋보인 기업으로 꼽혔으며, 사회적 책임감이 부족하다는 세간의 평을 받았다. 셸은 1995년 북해에서 원유시추 플랫폼 브렌트 스파(Brent Spar)를 수장 폐기하려다 애를 먹었고, 토탈피나엘프는 2000년경 자사 소속 에리카 호가 브리타니 해안에서 원유를 유출하는 탓에 타격을 입었다.

호주에서는 선정된 기업 대부분이 양면이 혼재된 가시성을 보였다.

즉 거대 텔레콤 사업자 텔스트라를 비롯해서 대개는 긍정적인 동시에 부정적인 평가를 받았다. 텔스트라 다음으로는 맥도널드가 가장 부정적인 기업으로 뽑혔다. 그 뒤를 호주 광산기업 BHP, 주요 은행과 보험사가 따랐다.

기업시민정신은 '선량한 시민'이란 공적 포지셔닝을 확보하기 위하여 기업이 늘 부착하고 다녀야 할 일종의 꼬리표다. 이러한 기업은 책임 있는 행동을 하고 공동체와 환경을 보호하며 소비자의 최고 관심사를 만족시킨다고 주장한다. 수많은 아주 눈에 잘 띄는 기업은 기업시민정신에 대한 신뢰할 만한 임무수행 때문에 가시성이 높게 조사되었다. 미국의 벤 앤 제리스는 자사가 추구해온 기업시민정신 이니셔티브 덕분에 정상급 기업군에 끼었다. 덴마크의 인슐린 제조업체인 노보 노르디스크는 소비자를 환자를 살펴주는 수준으로 보살피자는 계획을 수행함으로써 사회적 이니셔티브를 쥔 기업이 되었다. 덴마크에서 긍정적 가시성이 높은 것으로 선정된 A. P. 몰러와 레고의 경우도 마찬가지이다. A. P. 몰러의 창업자는 사회복지활동을 많이 해왔고 덴마크 대중의 편익에도 많은 관심을 갖고 있다. 네덜란드의 최고 소매상인 아홀드는 유럽에서 최고 기업 중 하나로 선정되었다. 이 기업은 지속적 식품생산을 강조하고 기업의 많은 소매 브랜드를 운영하는 지역사회와 강한 연관성을 유지하고 있다.

가시성의 확보를 통한 자본축적

일류로 평가되는 기업은 다양한 방법을 동원해 가시성의 동인에 영향을 미침으로써 눈에 띄기를 활용하고자 한다. 어떤 기업은 국가적 유산을 레버리지 효과로 이용하는가 하면 다른 기업은 그러한 유산을 감추려 든다. 일부 기업은 기업의 브랜드를 강화해서 더욱 효과적으로 미디어를 통한 어필을 기대할 수 있다. 또 다른 기업은 지역별 정체성을 확보하는데 투자하느라 권역별로 분산된 브랜드 포트폴리오를 만들기도 한다. 이 중 최고의 기업은 해당지역 소비자들에게 '외제'라는 인식을 약화시킴으로써 지역화 정책과 글로벌 시민정신을 결합시킬 줄 안다. 분명히 최고의 기업이라면 명쾌한 전략을 추구하기 마련이며 어느 기업이나 눈에 띄기를 통해 자본을 축적하고자 한다.

민족주의를 강조해야 하는가 아니면 글로벌화를 강조해야 하는가?

대개의 기업은 국가적 기반을 강조해서 자사가 눈에 띄도록 한다. 코카콜라, 맥도널드, IBM, 그리고 마이크로소프트 같은 기업은 미국 시장자본주의의 상징 그 자체이다. 이러한 기업은 미국의 국가정신을 내세운다. 같은 맥락에서 르노는 철저하게 프랑스적이며, 피아트는 이탈리아적이고 폭스바겐은 독일적이다.

반면 제너럴 모터스(GM) 하면 미국과 동일시될지 모른다. 그러나 GM은 독자적인 지역 브랜드를 만들어냄으로써 애초의 뿌리가 미국이라는 점을 굳이 강조하지는 않는다(예를 들어 GM의 오펠 브랜드는 프랑스제인 줄 오해하는 사람들이 많다).[3] 유니레버나 프록터 앤 갬블 같은 소비재 제조업체들은 국가적 정체성을 기반으로 자본을 축적하기 위해 해당지역에서 명성이 높은 지역 브랜드 포트폴리오에 의존함으로써 유

---

3) 미국 GM 계열에 속한 독일의 자동차 회사. 정식명칭은 아담 오펠 AG(Adam Opel AG)이다. GM이 유럽에서 최초로 인수한 자동차업체로, 승용차·미니버스와 소형 밴 등을 생산한다. GM의 자회사이나 독립적인 경영을 하며 차종도 독자 개발하고 있다. 원래 오펠 부자가 창업주이나 1920년대의 극심한 인플레이션과 경제적 불안정으로 인하여 1929년 3월 GM에 넘어갔다. 1929년 프랑스의 대중형 승용차인 시트로앵 5CV를 복사한 소형차종 오펠 4를 개발하여 독일 시장의 37.5%를 장악하였으며, 현재도 독일 자동차 총생산량의 4분의 1을 생산하여 유럽 각국과 남아프리카공화국에 수출하고 있다. 본사는 뤼셀스하임에 있다— 역자주

사한 전략을 사용한다.

한편 어떤 기업은 무국적성을 표방함으로써 국경선을 희석시키려 든다. 대개의 소비자들은 가전분야 대기업인 소니의 본사가 어디에 있는지 모르며, 노키아가 핀란드에 본거지를 두고 있다거나, 아디다스 살로몬이 프랑스, 필립스가 네덜란드 기업이라는 사실에 놀란다. 이런 기업은 실제로 외국적인 성향을 최소화하고 해당지역에서 호의적인 인지도를 확보하기 위해 국가적 출신기반을 그다지 강조하지 않는다.

어떤 측면에서는 강력한 글로벌화를 지향하는 기업은 국가적 기반을 강조하지 않으려 든다. 이는 기업이 신규시장에 진입할 때 소비자가 해당기업을 외국계로 인지할 경우 기업이 역동적으로 움직이기 어렵기 때문이다. 1960년대 미국계 기업은 유럽 시장에 진출한 이래 다국적기업이라는 의심스런 눈초리와 함께 종종 제국주의의 연장선으로 비춰지기도 했다. 이는 일본과 아시아의 자동차기업 및 가전기업이 1980년대 미국에서 생산거점을 추진할 때도 똑같이 경험했던 일이다. 결국 이 기업은 현지인 관리자를 채용하고 지역사회 활동에 참여한다든지 하는 식으로 외국색을 탈피하고 오히려 무국적성을 표방하는 길을 모색했다.

더욱이 최근에 강력해진 독일 기반기업 다임러 크라이슬러를 생각해보자. 이 기업이 1998년 크라이슬러와 합병한 이래, 다임러의 고위관리자들은 다임러를 독일이나 미국과 연결짓는 편협한 인식을 극복하기 위해 무진 애를 썼다. 이제 다임러 크라이슬러는 단순히 차를 생산하고 판매하는 기업으로서 어느 나라에서나 그 나라 국민의 완전한 참여와 역할 그리고 소비자에 대한 깊은 관심의 표명을 통하여 글로벌한 성격을 강조한다. <그림 6-5>의 광고는 글로벌화 요구를 매력적으로 표현하고 있다.

국가적 출신기반과 글로벌화라는 두 가지 이점을 활용하기 위해 어떤 기업은 글로벌-로컬, 혹은 글로컬(Glocal) 전략을 공공연히 주장한다.

이들 중 코카콜라가 대표주자이다. 코카콜라의 전략은 글로벌 차원에서 경영활동을 수행하되 동시에 각 나라별로 특색을 살리는 데 주안점을 두고 있다. 실제로 미국인을 빼고 나면 어느 누구나 코카콜라만이 전부라고 생각하는 것은 의심스러운 일이다. 마찬가지 맥락에서 소니를 비롯한 다른 다국적기업도 글로컬 전략을 추구한다. 이 기업은 확실히 출신국가에 얽매여 있다. 그들은 최선책으로 지역사회에서 받는 이질감을 줄이기 위해 강력한 지방색을 개발해낸다. 주로 경영활동을 위해 현지 직원을 뽑아 그들에게 혜택을 줌으로써(종종 합작투자나 프랜차이즈 형태를 통해), 지역조건에 맞는 커뮤니케이션을 채택함으로써(예를 들어, 지방색에 맞는 광고와 PR), 그리고 지역사회에 대한 책임을 다함으로써 말이다. 글로벌 경제는 합리적인 구매와 생산 그리고 해당기업 네트워크의 조화를 통해 유지된다.

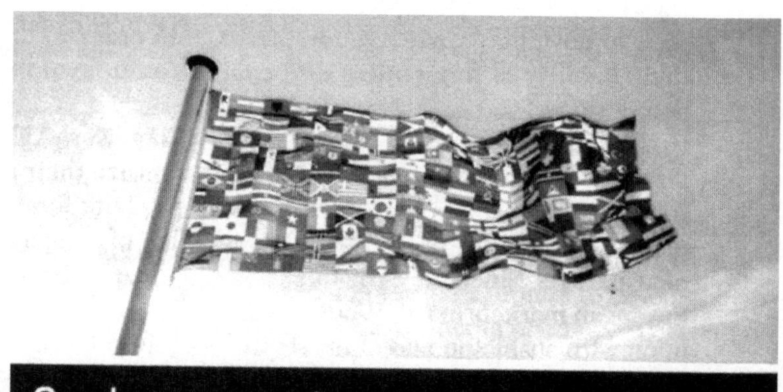

〈그림 6-5〉 글로벌화를 대변하는 다임러크라이슬러의 광고

(출처: DaimlerChrysler)

미디어 노출증대

미디어는 기업이 소비자의 눈에 띄도록 하는 데 가장 확실한 영향을 미친다. 시장조사회사 델라하예 미디어링크와 평판연구소는 공동으로 미디어 평판척도인 MRI(Media Reputation Index: 미디어 평판지수)를 만들었다. 이 지수는 미디어 보도내용을 전자적으로 이용 가능하도록

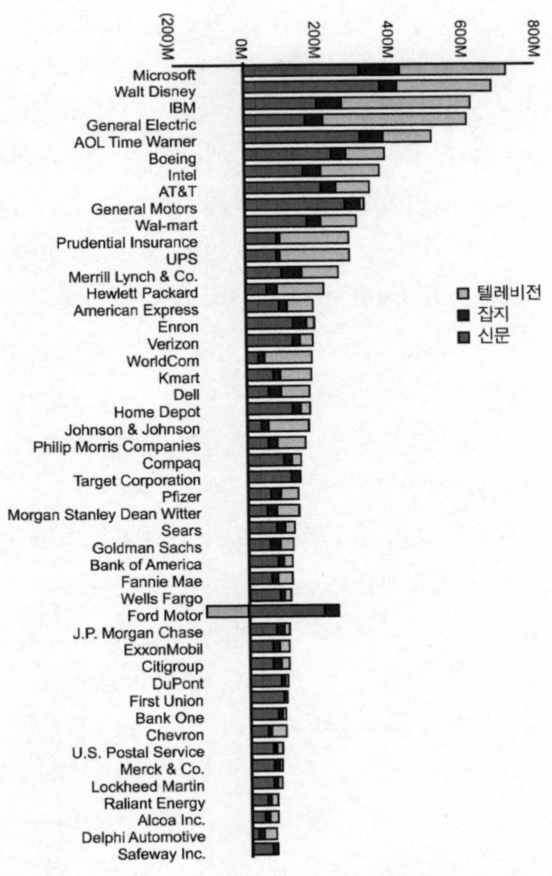

<그림 6-6> 미국내 대기업에 대한 미디어의 평판(2001.1.1-7.1)

(출처: Delahaye-Medialink/Reputation Institute, 2001)

코딩한 다음 미국의 대기업이 얻은 긍정적인 미디어 평판수준을 나타내도록 만들었다. MRI는 다양한 요소를 미디어 보도속성에 부가하여 미디어가 내놓는 평판을 측정한다. 이 요소에는 미디어에서의 구체적인 노출, 각 기사에서 이슈별 헤드라인, 그래픽, 위치 등에서 얼마나 눈에 띄는지가 포함된다. <그림 6-6>은 2001년 전반 가장 높은 MRI 순위를 얻은 기업을 보여준다. 주목할 만한 결과로, 마이크로소프트, 디즈니, IBM, GE처럼 평판지수가 상위권인 기업 중에서 가장 눈에 띄는 기업이 미디어에서도 높은 점수를 얻었다. 즉 공중은 미디어가 논제로 설정한 기업을 더 잘 인지하는 경향이 있으며 미디어의 보도가 호의적일 수록 해당기업에게 높은 등급을 부여하는 경향이 있다.

<그림 6-6>에서 가시성의 획득이 가지는 순긍정적 효과는 기업이 평판을 쌓기 위해서 가진 미디어와의 거래내용을 토대로 실제 자본화할 수 있다는 사실을 알 수 있다. 아주 강력한 브랜드일수록 소비자들의 긍정적인 태도와 지지를 끌어내며 이는 미디어에 영향을 미쳐 보도시각이 더욱더 호의적이게 되는 나선형적 상승과정을 거치게 마련이다. 모든 상황을 고려해보면 2000년 마이크로소프트가 반독점규제건으로 미 법무부와 충돌했을 때 미디어의 지지로부터 거의 모든 것을 얻어낸 것으로 보인다.

광고가 가시성을 증가시켜줌에도 불구하고 미디어는 광고가 지불하지 못하는 것을 제공해준다. <표 6-4>는 순위에 오른 기업의 광고비와 평판지수 점수 간의 관계를 보여준다. 최고 광고주인 필립 모리스는 소비자의 신용을 얻지 못한 반면, 소니의 높은 평판지수는 광고비가 낭비되지 않았음을 여실히 증명해준다. KPN의 경우도 마찬가지로, 아홀드보다 엄청나게 많은 광고예산이 들었지만 평판을 얻어내지 못했다. 이는 높은 광고비가 반드시 높은 평판지수와 직결된다는 보장이 없으며, 광고가 소비자들을 대상으로 차별화를 이뤄내지 못했음을 시사한다. 바디숍과 버몬트 소재 아이스크림 제조회사 벤 앤 제리

<표 6-4> 광고비와 평판: 미국과 네덜란드

기업	광고비(2000) 백만 달러	평판지수 (2001)
미국		
General Motors Corp.	$3,935	76.03
Philip Morris Cos.	2,603	58.96
Procter & Gamble Co.	2,364	78.24
Ford Motor Co.	2,345	68.27
DaimlerChrysler	1,802	77.74
AOL Time Waner	1,770	67.56
Walt Diseny Co.	1,757	78.52
Johnson & Johnson & Co.	1.601	81.59
Sears, Roebuck & Co.	1,455	71.08
Unilever	1,454	63.95
AT&T Corp.	1,416	69.49
General Electric Co.	1,310	77.22
Toyota Motor Co.	1,274	75.56
McDonald's Corp.	1,274	74.17
IBM Corp.	1,189	78.58
Honda Motor Co.	1,035	75.58
Sony Corp.	1,030	80.49
Merck & Co.	984	72.25
네덜란드	**백만 길더(화폐단위)**	
KPN	19.7	54.6
Laurus	9.1	57.8
KBB Vendex	8.2	67.4
Ahold	5.4	78.2
Sony	3.6	77.3
NS	3.3	44
Rabobank	3.0	68
ABN Amro	2.9	66.5
Philips	2.7	67.9
ING	1.9	71
KLM	1.2	74.9

스(유니레버에게 인수되기 전인 1999년 높은 평판지수 획득했던) 같은 개인 기호상품류 생산업체는 광고가 아니라 미디어를 통해 자사의 평판을 쌓았다.

기업시민정신을 적극적으로 소개하라

기업에 압력을 가하는 이해관계자들이 늘고 있으며 그들의 요구에 대응하고 관리하기 위해 기업은 시민활동에 대한 참여를 늘려왔다. <그림 6-7>은 지난 10년간 사회참여 관련보고서를 펴낸 기업 수의 성장세를 보여준다. 이는 경영자들이 기업시민정신 프로그램에 참여해서 이해관계자들과 긍정적인 상호관계를 유지하는 데 큰 관심이 있음을 시사한다.

해리스 인터랙티브의 조사는 대개의 소비자들은 기업의 자선활동과 다양한 기업시민정신 이니셔티브에의 적극적 참여를 반기고 있지만, 기업활동에 대한 정보에 대해서는 상대적으로 빈약하다는 사실을 밝히고 있다. 2001년 미국 공중의 54% 이상은 기업이 좁은 의미의 이

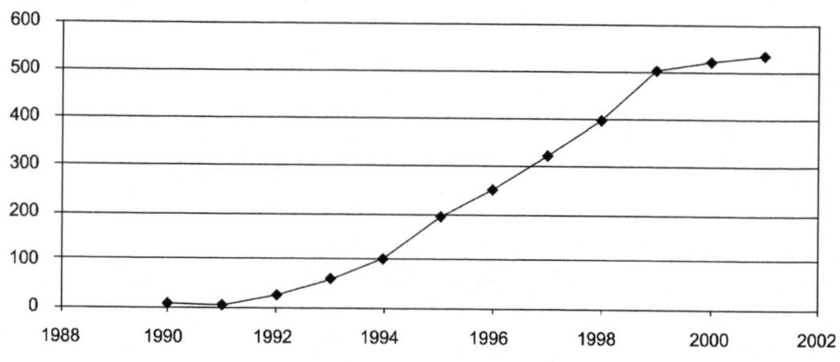

<그림 6-7> ≪포춘≫지가 선정한 500대 기업의 사회참여 보고서 제출 성장률

(출처: Corporate Register)

윤창출, 그 이상의 역할을 수행해야 한다고 생각했고, 44%는 직원의 대우, 개인의 건강, 그리고 안전을 포함한 사회적 책임을 넓혀나가야 한다고 여겼다. 이것은 <그림 6-8>에 더 잘 나타나 있다. 그러나 어느 나라에서나 응답자의 3분의 1 이상(36%)이 어떤 기업이 어떤 좋은 일을 하고 있는지에 관해서는 제대로 평가하기 위한 정보가 부족하다는 점을 지적했다.

더욱 큰 문제는 기업이 광고를 하거나, 사회개선을 위한 참여기회를 늘리든 늘리지 않든 간에 상대적으로 소비자가 양면적이라는 사실이다. 미국의 응답자들은 대개 기업은 몇 가지 방법으로 좋은 행위를 알린다고 믿는다. 그러나 이에 동의하지 않는 의견도 많다. 미국 공중의 51%는 기업이 기업광고와 미디어 보도를 통해 기업의 선행을 알리길 바란다. 반면 미국 공중의 40%는 기업의 선행을 알리는 수단은 연례보고서나 기업 웹사이트 등에서 최소한으로 국한되어야 한다고 믿는다.

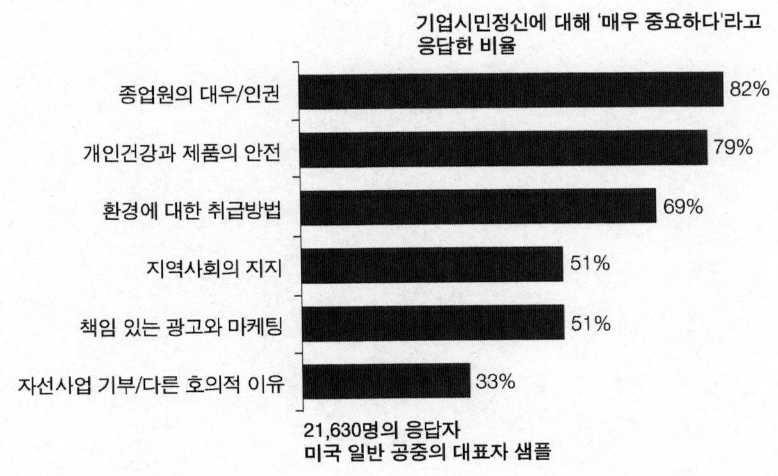

<그림 6-8> 기업시민정신에 대한 중요성의 증가

(출처: Harris Interactive/Reputation Institute, 2001)

놀랍게도 미국 공중의 9%는 기업이 마땅히 선행을 해야 하지만 그렇다고 그것을 PR해서는 절대 안 된다고 생각한다. PR문제와 관련하여 <그림 6-9>는 미국과 덴마크 공중의 태도를 비교하고 있다. 다른 유럽인들을 대상으로 한 조사결과와 마찬가지로 덴마크 사람들은 기업이 사회활동 이니셔티브에 대한 PR을 최소화해야 한다고 생각한다. 사실 덴마크인들의 18%(미국의 2배)는 기업이 선행을 이용한 PR을 해서는 절대 안 된다고 생각한다. 심지어 이탈리아에서는 소비자들의

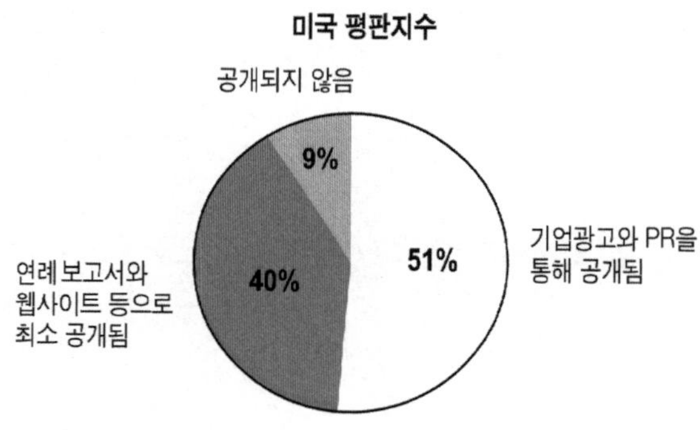

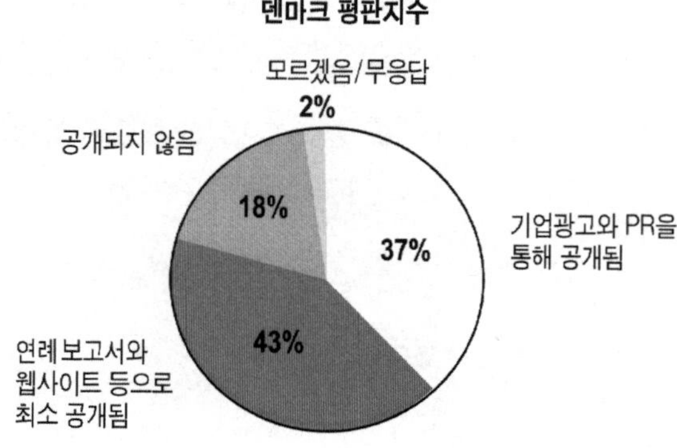

<그림 6-9> 기업시민정신: 덴마크 대 미국(2001)

(출처: Harris Interactive/Reputation Institute, 2001)

24%나 기업이 PR을 통해 그런 자랑을 늘어놓아서는 절대 안 된다고 여겼다.

앞의 여러 사회적 이니셔티브의 수행과 그것의 PR에 대한 조사에서는 여러 상반된 결과가 나왔다. 그 때문에 기업이 사회적 이니셔티브를 얼마나 수행해야 하는지 그리고 이니셔티브를 노출시키는 정도가 어느 정도면 좋은지에 대해 확신을 가지지 못한다. 일부 기업은 좋은 일을 많이 하지만 상대적으로 그에 대해 호들갑을 떨지 않는다. 반면 다른 기업은 그들이 하는 일에 대해 많이 늘어놓지만 막상 선행은 적게 하는 편이다(이러한 기업은 정말 많다).

예를 들면 BP의 '석유를 넘어서'라는 캠페인에 대하여 비난의 화살이 집중된 적이 있었다. 왜냐하면 여전히 화석연료에 광범위하고 지속적으로 의존하고 있는 기업이 "오, 그래요, 석유가 고갈되어가고 있어요."라면서 괜한 친환경적 포즈만 취하는 것이 아니냐는 것이다.

<그림 6-10>은 덴마크의 노보 노르디스크가 채택한 포지셔닝과 이미지를 대표하는 사진들을 보여준다. 세계의 최고의 인슐린 제조업체인 이 회사는 사업내용과 관련하여 사회적 책임의식에 투철한 모습으로, 그리고 인슐린에 의지하여 건강을 유지할 수밖에 없는 고객 환자를 끝까지 돌보는 모습으로 회사의 이미지를 소개하고자 하는 열망이 분명히 드러나 있다. 이러한 노력은 마이크로소프트, GE, 그리고 월마트 같은 가장 눈에 잘 띄는 기업도 있으며, 그러한 노력의 결과 이러한 기업의 위상도 점점 그 특질을 나타내고 있다. 마이크로소프트는 1990년대 후반 창업자 빌 게이츠가 조성한 190억의 막대한 기금을 바탕으로 박애주의로 포장된 기부활동에 참여했고 이것은 미디어의 열광적인 지지를 유도해냈다. 이러한 활동은 결과적으로 마이크로소프트의 이윤창출에 큰 도움이 되었다. GE의 좌우명 '우리는 삶에 유익한 것을 공급한다'는 미국에서 가장 기억에 남는 슬로건 중 하나이다. 월마트는 커뮤니케이션에서 소비자와 직원 중심의 광고를 강조한다.

다른 기업도 마찬가지이다. 2002년 4월 일본 최고의 자동차 기업 도요타는 '글로벌 비전 2010'을 선포하면서 다음과 같이 말하고 있다.

> '상품생산과 기술혁신을 통한 부가가치의 창출', 이것을 통한 보다 번영된 사회를 만들어가는 것에 이바지할 것을 기업목표로 삼고 있다. 이것을 실현하기 위해 우리는 다음과 같은 주제에 도전하고 있다.
>
> 1. 가장 앞선 환경기술을 실현하여 지구 되살리기 운동의 원동력이 된다.
> 2. 인간이 안전하고 친환경적인 자동차를 만들고 자동차의 혜택이 사회 구석구석까지 미치는 사회를 지향한다.
> 3. 전세계 어디서나 자동차의 매력을 증대시키고 도요타를 사랑하는 사람 수를 크게 늘린다.
> 4. 진정한 의미의 세계기업이 되기 위해서는 세계의 모든 사람들에게 신뢰받을 수 있고 존경받을 수 있어야 한다.

<그림 6-10> 노보 노르디스크의 기업시민정신

(출처: Novo Nordisk, *Novo Group Environment and Social Report 2000*)

도요타 비전의 중심은 가시성, 글로벌화 그리고 지속 가능성이다. 동시에 도요타는 기업과 사회 간의 조화를 증대시키고 환경에 대한 이해관계자들의 우려에 화답해나간다. 히로시 오키다 회장의 다음과 같은 진술은 이를 확연하게 보여준다.

> 설립 이래 도요타는 자동차 제조를 통해 사회를 풍요롭게 만든다는 목표 아래 활동해왔다. 우리의 목표는 국제사회에서도 지속적인 존경과 신뢰를 받아 '우량 기업시민'이 되는 것이다. 21세기에도 계속해서 우리는 인류, 사회, 환경과의 조화를 이루려 노력하면서 안정적인 장기성장을 목표로 삼고 있다.

패스트푸드 분야의 대기업 맥도널드를 생각해보자. 이 기업은 대외 커뮤니케이션에서 기업시민정신에 대한 약속을 대담하게 주장했다. "사회환원원리는 창립자 레이 크록(Ray Kroc)이 창안한 이래 지난 50년간 우리 속에 깊이 배어 있다. 이것은 우리 기업문화의 일부인 셈이다." 이 기업이 주장한 내용에 따르면,

> 우리는 다음과 같은 책임을 지닌다.
> - 옳은 것을 행한다.
> - 우리의 커뮤니티에서 이웃과 좋은 파트너가 된다.
> - 환경을 염두에 두고 비즈니스를 수행한다.
>
> 우리는 세계를 좀더 낫게 만들 의무가 있으며 우리가 비즈니스를 벌이는 모든 커뮤니티에서 사회적으로 책임감이 있는 리더십을 제공해야 한다.
>
> 우리는 더 많은 경영의 투명성을 확보해야 하며 지속적으로 향상해야 하고 이슈에 관해 열린 자세로 대화할 자세가 되어 있어야 한다.

다른 선두기업과 같이 맥도널드 또한 2002년 사회적 책임을 다한 내용에 관한 보고서를 처음 발행했다. 이 보고서는 그 발간목적을 "사회적 책임의 주요영역에서의 진전과 계획에 대한 정보를 수집하고 공

유하려는 노력의 일환"이라고 서술했다. 로널드 맥도널드 어린이집은 병원에서의 집중적인 치료가 필요한 어린이들뿐 아니라 그들의 부모까지 도와준다. 맥도널드는 기업시민정신을 통해 기업의 가시성을 높이고 평판을 쌓고자 이러한 프로그램을 이용한다.

> 강인한 마음, 강한 신체, 그리고 성장을 위해 안전하고 도움이 되는 곳. 이는 어느 어린이에게나 필요하며 응당 누려야만 하는 것이다. 이러한 것이 제공될 수 있도록 돕는 것이 우리가 하는 일이다. 어린이의 건강과 복지를 직접 향상시키는 프로그램을 만들어내고 발견하고 지원함으로써, 로널드 맥도널드 자선의 집은 온 세상의 어린이들과 그들의 가족의 삶이 더 나아지도록 활동하고 있다. 오늘날 우리는 가능한 한 많은 어린이들에게 즉각적이고 긍정적인 영향을 미치게 하려는 우리의 사명을 위해 전세계에 3억 2천만 달러 이상을 기부했다. 그리고 44개국에서 171곳에 이르는 독립적인 지역조직의 글로벌 네트워크—뿐만 아니라 수만 명의 열성적이고 돌봐주는 사람들—에 힘입어 우리는 수많은 성공을 거두었다.

결론

기업이 세간의 눈에 띈다는 것은 양날의 칼과 같다. 소비자들은 기업을 긍정적 이유 때문에, 그리고 다른 한편으로는 부정적인 이유 때문에 알게 된다. 긍정적인 노출은 기업을 돌봐주고 관리함으로써 이미지를 설계하고 발전시키는 경향이 있고, 부정적인 노출은 기업의 위기에서 발전하는 경향이 있다. 최고로 간주되는 기업이 반드시 노출이 가장 많은 것은 아니다. 예를 들어 존슨 앤 존슨은 평판이 정상급이었지만 마이크로소프트, 코카콜라, 인텔 그리고 IBM보다 가시성이 떨어진다. 그러나 이러한 현상은 예외이다. 정상급으로 간주되는 기업은 글로벌주의를 강조하고 긍정적인 미디어 효과를 유도하며 이해관계자들을 대상으로 자사의 책임 있는 활동을 알림으로써 자사가 긍정적으로 눈에 띄도록 한다. 7장에서 우리는 최고라고 여겨지는 기업은 분명 독특한 점이 있음을 알게 될 것이다. 바로 그런 점이 경쟁을 극복하게 만드는 평판 플랫폼에 기반한 가시성을 구축하는 것이다.

07

Be distinctive

차별성을 확보하라

최고로 여겨지는 기업의 특징은 다름아닌 차별성에 있다. 기업 내부에서 보든 외부에서 보든, 위에서 보든 아래서 보든, 기업의 행동과 커뮤니케이션을 비교해서 보든 간에, 평판지수가 높은 기업은 경쟁사보다 성공적으로 자기 자신을 차별화한다. 이러한 기업은 뭔가를 대표한다. 대체로 이러한 기업은 주로 핵심평판 플랫폼, 즉 모든 이해관계자들과 대화하고 그들에게 속내를 털어놓을 수 있도록 형성된 공통의 토대를 통해서 자사의 명성을 쌓는다. 비록 기업은 두고두고 자사의 이해관계자들에게 여러 가지 이야기를 하겠지만, 잘나가는 기업은 그 중에서도 핵심평판 플랫폼에 뿌리박은 이야기를 한다.

소니는 해줄 만한 이야깃거리가 많은 기업이다. 종종 이 이야기에는 휴대용 라디오, 워크맨, 베가(Vega) TV처럼 성공한 제품이 포함된다. 때로는 여기에 일본에서 소니가 창업될 당시의 창업자들의 기업가적인 마음가짐이 결부되기도 한다. 그러나 대개 이러한 이야기들은 혁신과 소형화라는 쌍둥이 주제에 바탕을 두고 형성된 공통된 평판 플랫폼을 다룬다. 유사한 방식으로, 스웨덴의 정상급 자동차 제조회사 볼보(자동차 부문은 현재 포드의 자회사이다)의 평판 플랫폼은 확고하게 안전과 보안에 맞춰져 있다. 건강관련제품 기업인 존슨 앤 존슨은 보살핌, 양육 그리고 모성이란 플랫폼을 기반으로 평판을 형성한다. 존슨 앤 존슨의 커뮤니케이션은 늘 여성과 어린이를 화면에 비춰 주제를 구체화한다.

정상급 기업은 이렇게 공유된 평판기반을 중심으로 세워진 일관성 있는 커뮤니케이션을 통해 자사를 고객에게 보일 뿐만 아니라 이니셔티브를 통해 모든 이해관계자들을 명확한 타깃으로 삼는다. 이 장에서는 상위권 기업이 채택한 차별화된 플랫폼과 해당기업이 이해관계자들에게 주목과 지지를 끌어내고 성공적으로 자사 플랫폼을 전달하기 위해 의존하는 수단을 보여준다. 우리가 강조했듯이 차별성은 우연히 발생하도록 방치하는 것이 아니다. 경쟁은 종종 기업을 비슷하게 만들며 다른 한편으로 서로 뒤처지지 않으려다 보니 서로를 모방하기에 이른다. 이 장은 이해관계자들의 인식에서 작은 차이만 발생시켜도 기업이 실제로 많은 이익을 얻을 수 있음을 시사한다. 종종 이 같은 사소한 차이만으로도 이해관계자들의 인식, 지지 그리고 평판을 이끌어내기 충분하다.

평판 플랫폼이란 무엇인가?

<표 7-1>은 평판지수 조사의 일환으로 미국에서 측정된 보다 친숙한 기업의 목록을 보여준다. 이 표는 기업이 자사의 사회적 이니셔티브와 프로그램을 형성하기 위해 사용하는 평판 플랫폼과 슬로건을 담고 있다. 수많은 기업은 각기 해당기업만의 슬로건으로 구분해서 인식이 가능한데, 이는 여러 해 동안 신문 및 방송광고를 통해 널리 그

<표 7-1> 가장 눈에 띄는 미국 기업의 평판기반과 슬로건(2001) ①

기업	평판지수	평판기반	슬로건/결구
Johnson & Johnson	82.5	건강과 모성애	세계적인 건강용품 생산업체
Microsoft	81.8	집적화	당신의 가능성, 우리의 열정
Coca-Cola	80.8	청량감	혜택과 청량감을 위해 (이것이야말로 진짜다)
Intel	80.8	혁신	인텔 인사이드
3M	80.2	기능성	혁신
Sony	79.4	오락과 디자인	음향, 비디오, 커뮤니케이션, 정보기술제품의 선두 생산업체
Hewlett Packard	79.2	발명	발명하세요
Kodak	78.2	상상	사진을 찍고, 나누고, 강조하고, 보존하고, 인쇄하고 즐기세요
IBM	78.1	기술 솔루션	창조와 발전의 선두주자이며 진보적인 정보기술의 생산업체
Maytag	78.1	실적과 혁신	지적 혁신과 뛰어난 실적
General Electric	78.0	실적	우수한 제품의 현실화
Walt Disney	78.0	행복	마술을 만듭니다
Charles Schwab	77.5	비용과 서비스	더 현명한 투자자의 세상을 만듭니다
Dell	77.1	유통과 가치	비용 절감 델만은 쉽습니다
Procter & Gamble	76.6	양질의 브랜드	마케팅, 매일매일 소비자를 더 가치있게 합니다
Sun Microsystems	76.6	네트워킹화	우리는 .com의 점입니다
Home Depot	75.6	가치와 서비스	사세요, 배우세요, 발전하세요
Toyota	75.6	미래	오늘, 내일
Nokia	74.3	연결	사람을 연결합니다
Southwest Airlines	73.7	따뜻함, 친근함, 개인적 자부심 그리고 기업혼과 함께 전달되는 서비스	사람의 기업

<표 7-1> 가장 눈에 띄는 미국 기업의 평판기반과 슬로건(2001) ②

기업	평판지수	평판기반	슬로건/결구
General Motors	73.6	크기와 규모	이동하는 사람들
Pfizer	73.0	삶	삶은 우리 삶의 작품입니다
Nordstrom	72.9	질, 가치, 선택 그리고 서비스	
DuPont	72.1	과학적 연구	과학의 기적
Merck	71.8	연구	약중에 최고를 찾아냅니다
Oracle	71.8	기업대상 솔루션	소프트웨어는 인터넷에 힘이 됩니다
Philips	71.7	기술분야 리더십	물건을 더 좋게
Nike	71.6	마케팅과 디자인	한번 해보세요
Xerox	71.3	기술 혁신	문서 기업
McDonald's	71.1	최고의 패스트 푸드 레스토랑	햄버거를 파는 사람의 기업
eBay	70.7	제품 매매의 촉진	세계의 온라인 시장
Amazon	70.1	개인적 서비스	지구의 가장 큰 선택
Gateway	69.7	개인화된 기술적 해결책	
Citigroup	69.3	글로벌 금융 서비스와 선두주자	
Sears	68.5	낮은 가격의 판매	이보다 더 싼 곳이 있나요?
K-Mart	66.4	낮은 가격의 판매	삶을 위한 물건
AT&T	65.2	속도, 유연성, 신빙성과 보안	
ExxonMobil	65.2	규모와 효율성	세계일류의 석유와 석유화학 기업
BP	65.0	에너지	석유를 넘어서
Lucent Technologies	64.5	글로벌 커뮤니케이션	대단한 것을 기대하세요
Shell	64.3	에너지	현재, 그리고 미래에도 경제적으로, 사회적으로, 환경적으로 중요한 사회의 에너지 수요를 충족시키기위해 노력합니다

<표 7-1> 가장 눈에 띄는 미국 기업의 평판플랫폼과 슬로건(2001) ③

기업	평판지수	평판기반	슬로건/결구
Ford	63.9	자동차	자동차 브랜드와 서비스의 글로벌 그룹
DaimlerChrysler	61.9	운송기술	다가올 질문에 대한 해답
Philip Moris	56.4	소비자 포장된 제품	차이를 만들기 위한 작업 필립 모리스의 사람들
Bridgestone/Firestone	46.7	타이어 성능	미래포착

리고 일관되게 알려져왔기 때문이다.

다음 세 가지는 가장 인기 있는 평판 플랫폼의 특징을 보여준다.

- **활동**: 몇몇 기업은 자사가 참여하는 주요 비즈니스 영역을 중심으로 평판을 형성하려 한다. 즉 이러한 기업은 자사 활동의 핵심역할을 전달한다. 이베이는 전자상거래, 다임러 크라이슬러는 운송기술, 선 마이크로시스템즈(Sun Microsystems)는 네트워크 전산 같은 식이다.

  마찬가지 맥락에서 셸과 엑슨 모빌은 에너지업에 종사하며 루슨트는 커뮤니케이션 비즈니스를 한다.
- **이익**: 어떤 기업은 충성도를 고양하기 위한 방법으로 이해관계자들이 기업활동으로부터 얻을 수 있는 눈에 띄는 성과나 이익을 강조한다. 소니는 오락을, 델은 비용 절감을, 디즈니는 행복을 강조한다. 케이마트와 시어즈(Sears)는 어떤 곳보다 더 싼 가격을, 브리지스톤/파이어스톤은 고성능 타이어를 강조한다. 아마도 자동차 회사 GM은 큰 것이 더 좋다고 믿고 있을 것이다.
- **감성**: 마지막으로 기업은 지지를 끌어내기 위해서 다양한 감성 테마를 사용한다. 볼보의 초점은 안전이고, 화이저는 일상생활,

> 존슨 앤 존슨은 모성애, 듀퐁은 과학의 기적, 아마존은 개인화된 서비스 그리고 사우스웨스트 항공은 즐거움과 친절이다. 이러한 기업은 모두 다 개인적인 관계를 끌어내기 위해 이해관계자들과 감성적인 유대관계를 맺고자 한다.

다음에 우리는 기업이 평판 플랫폼의 차별성을 전달하는 데 사용하는 세 가지 주된 도구를 살펴보자. 고객의 요구에 맞춘 슬로건, 독특한 트레이드마크와 로고, 인격화된 기업 이야기 등이 포함된다. 다음에서 보듯이 모든 테마는 평판지수의 등급을 바꾸는 데 성공했다.

차별화된 슬로건

<표 7-1>에서 보듯이, 평판지수 프로젝트에서 등급이 매겨진 미국 기업의 슬로건과 태그라인(tag line)은 다른 기업의 것보다 더욱 매력적이다. 대개 해당기업은 각기 장기를 지닌 부문에 대한 반영구적인 주장을 담고 있다. GE의 'We bring good things to life'는 많은 미국인들에게 잘 알려져 있다. 코카콜라의 새로운 태그라인은 'to benefit and refresh'이다. 그러나 소비자들에게 더 인상적으로 남았던 태그라인은 1942년 유포된 코카콜라의 슬로건 'the real thing'이다. 후자의 슬로건은 1971년 다시 유행하여 동종업계 경쟁사에게 지속적인 심적 부담을 주었다. 존슨 앤 존슨, AT&T, 시티그룹 같은 수많은 일류기업은 자사를 포지셔닝할 때 아예 태그라인을 사용하지 않는다. 어떤 기업은 태그라인을 자사 제품이나 브랜드 포트폴리오를 기술하는 데 이용할 뿐이다. 아니면 연상하기 어려운 포트폴리오 설명으로 자사를 소개한다. 포드 자동차 회사는 글로벌 규모의 자동차 브랜드 및 관련 서비스라는 다분히 밋밋한 개념을 제시하고 있다. 소니는 오디오, 비디오, 커뮤니케이션과 정보기술제품의 선두주자이다. 또 IBM은 '진보하는 정보

기술의 창조적 개발 그리고 제조부문의 리더'이다.

상위권 기업에 더 좋은 크리에이티브한 슬로건은 없을까? 다시 <표 7-1>을 보자. 제시된 기업 슬로건 효과에 대해 일반화하기는 어렵다. 몇몇 상위권 기업은 강력한 태그라인을 갖고 있다(이를테면 GE의 'We bring good things to life'). 그러나 브리지스톤/파이어스톤처럼 아무리 좋은 태그라인을 지녔어도 인지도가 떨어지는 기업도 있다. 다시 말해서 늘 좋은 평가를 받는 기업만이 좋은 태그라인과 커뮤케이션을 하는 것은 아니다. 평판이 낮은 기업도 좋은 마케팅 컨설턴트를 고용해 뛰어난 슬로건과 커뮤니케이션 캠페인을 개발할 수 있다. 그럼에도 불구하고 우리는 이 자리를 빌려 상대적으로 나은 평가를 받는 기업이 펼치는 총체적인 커뮤니케이션 유형의 몇 가지 일반적인 추구방향을 제안하고자 한다.

커뮤니케이션은 이해관계자들과 관련성을 가져야 한다

상위권 기업은 모든 이해관계자들의 정보요구를 예측하여 그들과 관련된 차별화된 커뮤니케이션을 목표로 삼는다. 예를 들어 상위권에 들어 있는 덴마크 출신 기업 레고의 메시지에는 대개 특정 이해관계자들을 타깃으로 한 요소들이 포함된다. 즉 아이, 그 다음에 부모, 소매상, 금융 커뮤니티, 비정부기구 그리고 공중 등.

커뮤니케이션은 현실적이어야 한다

상위권 기업은 무리하게 판매하지 않는다. 평판이 높게 평가된 소니는 적절한 예이다. 일본의 거대 소비재 제조업체인 이 기업은 환경관련 비즈니스 활동에 대한 정보를 제공하면서 환경의 지속 가능성에 대한 공개적인 입장을 발표한 바 있다. 그러나 소니는 비현실적인 목표를 내세우지 않았고 모호한 목표를 들먹이기보다는 조만간에 실현될 것 같은 목표를 제시했다. 그리고 곧 얼마나 진전이 있었는지를 측정해볼 수 있을 거라는 느낌이 들도록 했다.

커뮤니케이션은 기억될 수 있어야 한다

3M을 생각해보자. 3M이 커뮤니케이션한 내용은 전부 기술혁신과 관련되어 있다. 즉 이것이 바로 3M의 평판 플랫폼이다. 이 기업은 최근 『기술혁신의 일세기－3M 이야기(*A Century of Innovation－the 3M Story*)』를 출간했다. 이 책은 미네소타 광산 제조회사라는 광산업으로 출발한 내력을 자축하는 내용이다. 한때 경제 불황기에 3M의 핵심 비즈니스인 광업은 지속적인 악순환을 겪었고 이사회는 이 핵심 비즈니스를 재고하기 시작했다. 이같은 혁신적 사고 끝에 광산에서 나온 자갈로 샌드페이퍼를 만들기로 결정했다. 샌드페이퍼, 특수의상, 그리고 이와 유사한 제품이 이 기업의 주요한 성공사례가 되었다. 이후 3M은 다시 스카치테이프와 포스트잇 제조업체로 꾸준히 발전해왔다.

커뮤니케이션은 기업의 역사를 인격화해야 한다

강력한 역사적 요소는 직원들이 소속기업에서 일하는 것을 자랑스러워하며 이해관계자들이 해당기업을 인정하도록 한다. 휴렛 패커드의 공인된 역사는 기업 설립자 두 명이 차고에서 글로벌 IT 왕국을 시작했다는 신화 같은 이야기다(<그림 7-1>). HP의 커뮤니케이션은 툭하면 자사가 차고에서 설립되는 과정을 언급했고 설립자의 캐릭터를 자

<그림 7-1> 휴렛 패커드: 모든 것이 시작되었던 곳. 스탠포드 대학의 클래스메이트인 빌 휴렛과 데이브 패커드는 1939년 HP를 설립했다. 팔로 알토의 한 차고에 세워진 그 회사의 첫번째 제품은 음향기기 기술자들이 사용하던 전자 계측기기인 음향발진기였다.

(출처: www.hp.com/hpinfo/abouthp/histnfacts/)

사가 자랑할 만큼 뛰어나고 독특한 자산으로 강조했다. 이러한 역사적 요소는 상위권에 든 기업 거의 모두 그들의 평판 플랫폼과 관련지어 나온다. 아홀드는 2001년 네덜란드에서 평판지수가 높은 기업 중 하나였다. 이 거대한 소매유통 체인사업체의 경영자는 자사의 창업주 알버트 헤이즌(Albert Heijn)이 잔담(Zaandam)에 있는 어느 작고 오래된 소매점에서 사업을 시작했다는 이야기를 늘 간직하라고 말했다. 아홀드는 2003년 2월 회계 스캔들 탓에 기업의 최고경영자와 재무담당 임원이 축출되고 평판에 부정적인 영향을 입었음에도 불구하고 오늘날 미국 식품시장에서 제2위를 차지하고 있으며 전세계에서는 3위에 이르고 있다.

커뮤니케이션은 리더십을 전달한다

상위권에 든 기업은 대개 자사가 속한 업계의 리더가 될 것이라고 주장한다. 이러한 소구는 슬로건에서도 볼 수 있다. 시티그룹은 금융서비스 분야의 리더이고, IBM이 정보기술의 리더라면, 이베이는 전자상거래의 리더이다. 웨스트팩은 자사가 호주의 제일가는 은행이라고 선언했다. <그림 7-2>가 보여주듯, 물론 업계 최고가 되거나 시장의 리더가 되면 차별화의 후광을 풍기기 마련이다. 여기에는 어두운 비밀을 누설하는 것까지 포함된다. 독일의 테크놀로지 분야의 대기업 지멘스는 최근 자사 150주년을 경축하면서 자사가 2차대전 당시 나치에 부역했다는 전례 없는 내용이 상세히 담긴 CD롬을 제작해 배포했다. 대개의 독일기업과 스위스 기업이 나치에 부역했다 해서 평판이 안 좋았던 시기였으며 <그림 7-2>가 이를 잘 말해준다.

차별화된 트레이드마크와 로고

백문이 불여일견이라는 말이 있다. <표 7-1>에서 열거했던 기업은 대개 자사의 비즈니스 포트폴리오를 나타내기 위해 독특한 기업 로고를 사용한다. 놀랍게도 최고로 간주되는 기업 가운데 일부는 로고를 표현하는 데 주로 어휘에만 의존한다(존슨 앤 존슨, 코카콜라) 그러나 일부 또 다른 기업은 단지 심벌에만 의지한다(KLM, Nike). 연구에 따르면 사람들은 그림과 함께 있는 문구를 2배로 잘 기억한다고 한다. 이는 왜 그토록 많은 슬로건과 태그라인이 다양한 심벌이나 삽화를 배경으로 차별화된 표현과 느낌을 전달하고자 하는지 설명해준다.

<그림 7-2> 지멘스의 2차 세계대전 참여

2차 세계대전의 발발은 모든 경제가 전시체제로 이행되기 시작했음을 의미한다. 지멘스에게 있어서 이러한 상황변화의 의미는 원재료에 대한 관리 및 규제가 개시되고, 원재료와 가공부품의 할당량이 하루아침에 바뀌기도 하고 대폭 삭감되기도 하며, 제조공장에 대한 직접적인 규제가 언제든지 가능하게 되었다는 사실을 의미했다. 독일 군부, 무기공장 및 전쟁수행에 중요한 기관들로부터의 주문이 가장 우선 처리되어야 했다. 군수물자의 원활한 생산을 위하여 전기를 많이 소비하는 특정분야의 산업은 생산이 강제로 중단되었다. 이와 마찬가지로 민수물품 같은 것은 생산이 금지되거나 최소한 생산이 급격하게 삭감당했다. 라디오, 축음기 및 기타 다른 소비재 물품들은 아주 소량 생산되고 유통되었으며 전구 같은 경우도 마찬가지였다.

(출처: Siemens CD-ROM, 지멘스 150년사, 비전이 현실로 되다)

1922년 왕립 네덜란드 항공사 KLM은 비즈니스 여행객 이외의 소비자들을 대상으로 비행기 탑승을 유도하기 시작했다. 소비자 조사에 따르면 백조는 신뢰, 보살핌, 권력, 고상함 등 긍정적인 특질과 연관지어졌다. 백조는 멋있게 뜨고 착지하는 데다 우아하고 사랑스럽다. KLM은 TV 광고에서 비행기 엔진음과 음악을 배경으로 깔면서 백조가 우아하게 착지하는 장면을 보여주었다. 이 광고는 바로 성공을 거두었고 네덜란드 사람들의 80%가 이 광고를 기억하게 되었다. 이후 백조는 KLM의 상징이 되었고 기업의 평판 기반인 '안전비행'을 구체화하고 인격화해주었다. 그리고 KLM은 백조를 기업의 모든 인쇄물, 프리젠테이션 그리고 광고와 웹 커뮤니케이션으로 통합했다.

citigroup

시티그룹의 우산 마크 또한 이와 비슷한 역할을 했다. 1990년대 말 시티뱅크가 트래블러스(Traveler's)와 합병하여 시티그룹이 되었다. 이 독특한 우산은 원래 트래블러스 그룹의 기업 심벌이었는데, 합병된 회사의 차별화된 마크를 만들어내기 위해 시티그룹이란 문구와 빨강과 파란색의 색상을 잘 결합시켰다. 의미상 이 우산 마크는 보호의 의미를 전달한다. 신뢰와 안전에 초점을 둔 평판기반은 다양한 금융 서비스를 제공하는 기업에게 유리한 상징이다.

나이키의 스우쉬(Swoosh)[1)]는 아주 성공한 시각적 심벌의 하나이다. 이것은 1971년 올림푸스의 신들 가운데 발이 빠른 것으로 정평이 나 있는 헤르메스의 하늘을 나는 신발을 본떠 디자인한 것이다. 나이키

1) Nikey의 맨 마지막 스펠링인 Y자를 낫 모양으로 도형화한 상징 – 역자주

는 이 심벌을 온갖 운동화, 운동복, 장비에 부착한다. 인쇄광고와 TV 광고에서 마이클 조단과 앙드레 아가시 같은 인기 스포츠 스타들을 대변인으로 출연시켜 어디서나 눈에 띄는 개성을 쌓았다. 이를 통해 나이키 심벌은 세계에서 가장 유명한 기업 심벌이 되었다. <그림 7-3>은 나이키 심벌 스우쉬가 몇 년간 어떻게 변해왔고 언어적 내용을 피해 어떻게 자신의 의미를 불어넣었는지를 보여준다.

<그림 7-3> 나이키의 스우쉬 심벌 변천 과정
(출처: Nike, 2003)

아크조(Akzo)와 노벨(Nobel)의 합병에 따라 고위 경영진들은 기업 내외부의 수많은 전문가들과 커뮤니케이션을 통해 합병으로 인해 새로 태어난 기업의 심벌로 아크조-노벨 로고를 썼다. <그림 7-4>는 아크조-노벨의 최고경영자와 임원진이 요가에서 영감을 얻은 로고를 어떻게 묘사하고 있는지를 보여준다. 기업이 언어와 로고에다 독특한 폼과 느낌을 만들어낼 때 차별화는 더욱 심화된다. 페라리는 2001년 이탈리아에서 평판지수 조사의 상위권에 올랐다. 이 기업의 특징은 다름아닌 자사 자동차의 스타일을 강조해서 프로 자동차경주에 남다른 초점을 맞추는 것이었다. 그리고 모든 커뮤니케이션에서 동일한 볼드체 활자와 원색을 썼고 유명한 로고인 도약하는 말을 담았다. <그림 7-5>는 페라리의 독특한 디자인의 본질을 보여준다.

스타일도 중요한 차별화 요소이다. 페라리뿐만 아니라 상위권에 든 항공사도 마찬가지다. 2000년 해리스 인터랙티브와 평판연구소가 함께 진행한 연구에서 가장 인기있는 항공사가 어느 곳인지, 또 왜 하필

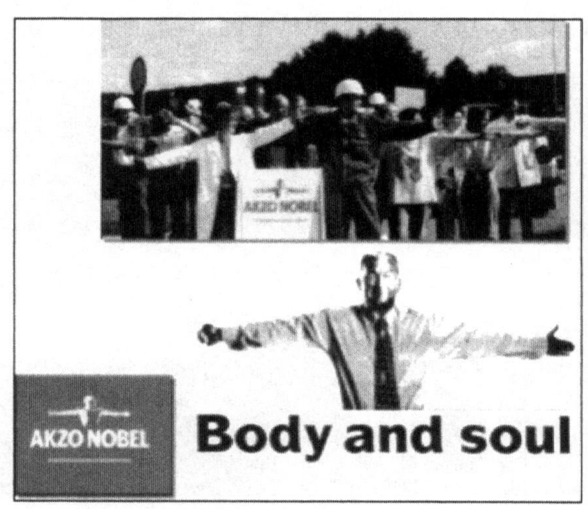

<그림 7-4> 기업 로고를 선포하는 아크조-노벨의 경영자
(출처: Akzo-Nobel, 2003)

이면 그 기업인지를 알아보기 위해 미국인 3천 명을 대상으로 조사가 실시되었다. 대개의 고객들은 대부분 항공사를 좋아하지 않음에도 불구하고 싱가폴 항공과 사우스웨스트 항공에게 높은 점수를 주었다.

왜 이처럼 두 항공사는 다른 항공사에 비해 두드러진 평판을 얻게 된 것일까? 양사 모두 직원과 그들의 스타일, 즉 직원들이 여행객들과 대면 시 처신해주었으면 하는 기대를 담은 스타일에 각별한 관심을 쏟았다. 사우스웨스트 항공에서는 전직 최고경영자 헙 켈러러(Hub Kehlerer)가 직원들을 위해 치어리더처럼 행동한 것으로 유명하다. 이는 직원들이 늘 즐거운 마음으로 상호작용하는 데 익숙하도록 해서 그 분위기가 고객과의 상호작용에까지 자연스레 전이되기를 바랐기 때문이다. 싱가폴 항공에서는 직원 존중이 보편화되었고 비행 스텝은 정중하게 특별대우와 존중을 받았다. 이 점은 광고에서뿐만 아니라 비행 승무원들을 위한 이 기업의 복장지침에서도 확연히 드러났다. <그림 7-6>은 싱가폴 항공 승무원이 승객을 환대하는 기본자세 및 이 기업이 직원

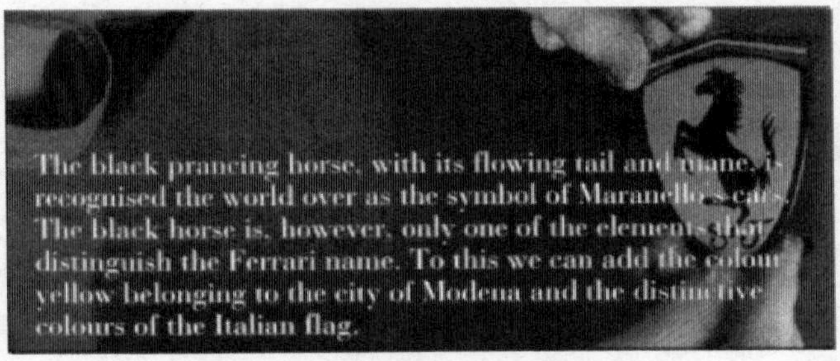

<그림 7-5> 페라리의 차별성 있는 스타일
(출처: www.ferari.com, 2003)

선도적인 글로벌 기업이라는 위상을 계속 지켜내기 위해 싱가폴 항공은 고급인력들이 계속 필요하며 그것을 충당하기 위해 밝고 활기찬 인력들의 선발 및 육성에 최선을 다하고 있습니다. 개개인의 경력에 따라 싱가폴 항공의 종업원들은 자기 자신의 개인적 적응능력뿐만 아니라 전문적인 직업능력을 향상시키기 위한 훈련 및 자기 계발과정에 참여할 수 있는 기회를 가질 것입니다.
SIA그룹은 종업원 교육 훈련비로 연간 1억 달러 이상의 예산을 지원하고 있으며, 이 금액은 싱가폴 전체 근로자 1인당 평균 교육 훈련비를 훨씬 상회하는 수준입니다. 실제로 종업원 교육 훈련에 투자되는 비용은 싱가폴 항공의 영업비용 중 가장 큰 비용을 차지하고 있으며, 이러한 사실은 싱가폴 항공이 사원의 자기계발에 얼마나 끊임없이 신경을 쓰고 있는지 잘 나타내준다고 생각합니다.

<그림 7-6> 싱가폴 항공
"사람을 최우선으로 생각합니다." 아름다운 전통의상의 싱가폴 항공 승무원이 손님을 맞이하는 미소를 짓고 있다. 이러한 미소는 친근함과 호의를 나타내는 문화적 표상으로 작용한다.
(출처: www.singaporeair.com)

교육에 대해 공들이는 투자를 단적으로 보여준다.

차별화된 기업의 이야기

기업에 관련된 이야기는 기업의 본질을 이해관계자들 모두에게 전하기 위해, 직원들에게 기업에 대한 충성심을 북돋우기 위해 그리고 경쟁사들에 맞서 자사의 포지셔닝을 성공적으로 달성하기 위해 고안된 서술이다. 이러한 이야기는 해당기업의 독특한 요소를 찾아내서 줄거리로 만든 다음 매력적으로 살을 붙여 표현된다. 우리의 경험으로 비추어보면 우수한 기업 이야기는 기껏해야 400~600단어를 넘지 않는다.

독특한 요소

한 기업의 독특한 측면을 찾아내기란 쉽지 않다. 오늘날 대부분의 기업은 공통점이 많다. 이는 직업적인 전문관리자들에 의해 제도화되어 있기 때문이다. 이러한 관리자들은 대개 비슷비슷한 문화와 교육수준, 생활환경과 시각을 보유하고 있다. 그래서 연구자들은 '우리 국민은'으로 시작하는 유명한 미국 독립선언문을 연상시키는 신조를 금과옥조로 삼는 기업이 서로 다른 가치체계를 표방함에도 불구하고 많은 유사성을 갖고 있다는 사실에 굳이 놀라지 않는다. 한 기업이 자사를 독특하게 만들어주는 요소를 찾아내서 확인하는 일은 힘겨운 도전이다. 종종 이러한 독특한 요소는 각 기업의 개별적인 역사 즉 창업자의 배경 등과 같은 데서 나오게 마련이다.

독특한 이야기

좋은 소설이라면 이야기에 생기를 불어넣는 등장인물들간의 관계를 만들어내듯이, 한 기업의 독특한 특징은 플롯을 통해 하나의 틀로

짜일 수 있다. 한 은행의 핵심요소가 '고객 중심'이라고 해보자. 핵심요소로서 그것은 그다지 독특하지 않다. 등장인물과 그들의 행위가 흥미진진한 플롯 속에서 표현될 때 그것은 비로소 독특한 의미를 담게 된다. 네덜란드 라보 은행은 자사의 고객 중심적인 평판기반을 위해 다음과 같은 독특한 플롯을 개발했다.

> 라보 은행은 높은 투자수익에 주된 관심을 갖는 주주가 없다. 이 은행이 고려하는 것이라고는 현재나 앞으로나 고객의 만족에 있다. 라보 은행은 고객과 장기적인 관계를 맺고자 한다. 이는 라보 은행이 고객의 바람에 조언하는 것이 중요하지 은행측이 돈을 많이 버는 쪽으로 고객을 이용하지 않는다는 의미이다. 또한 그래야만 고객들의 지지를 받을 수 있다는 의미도 들어 있다(www.rabobank.nl, 2003).

훌륭한 이야기라면 반드시 플롯의 뼈대가 있어야 한다. 민담, 동화, 서사모험담, 그리고 로맨틱한 영웅담은 네 가지 전형적인 플롯이다. 예를 들어 서사형식에서는 영웅적인 기업이 곤경에 처하자 전 직원이 일치단결하여 시장점유율과 이익, 고용안정성을 증대함으로써 승리를 얻어낸다. 로맨틱 형식에서는 기업이 경영악화와 위기에서 되살아나는 기업을 그려낸다. 이러한 최악의 상황은 과도성장, 스캔들 아니면 창업자의 죽음 같은 사건을 계기로 벌어지기 시작한다. 이어 그 기업은 온힘을 모아 감정적인 침체를 극복해서 다시 긍정적인 애사심을 회복한다.

독특한 프리젠테이션

기업의 이야기를 할 경우 이를 독특하게 프리젠테이션하는 스타일이 또한 중요하다. 다른 커뮤니케이션과 다를 바 없이, 혼동의 시기를 지난 오늘날의 대개의 기업 웹사이트는 커뮤니케이션 하는 방식이나 메시지의 측면에서 다 고만고만하게 비슷해 보인다. 경쟁사에 맞서는 기업의 당면과제는 경쟁에서 두드러져 보이게 하는 강력한 무기로 독특한 표현 스타일을 개발하는 일이다.

그래서 기업 이야기를 통해 차별화를 달성하는 일이 쉽지는 않다. 그럼에도 불구하고 이것은 가치있는 일이다. 왜냐하면 기업이 자사를 표출하는 작은 차이가 인식과 평판에 아주 큰 효과를 낳을 수 있기 때문이다.

기업의 평판기반이 독특할수록 기업 이야기를 특별하고 강력하게 만들기 쉽다. <표 7-1>에서 나열한 많은 기업은 독특한 슬로건과 로고에 의존할 뿐만 아니라 자사에 관한 특별한 이야기를 들려줌으로써 소비자와 다른 이해관계자들이 기업을 더 잘 이해하고 평판시장에서

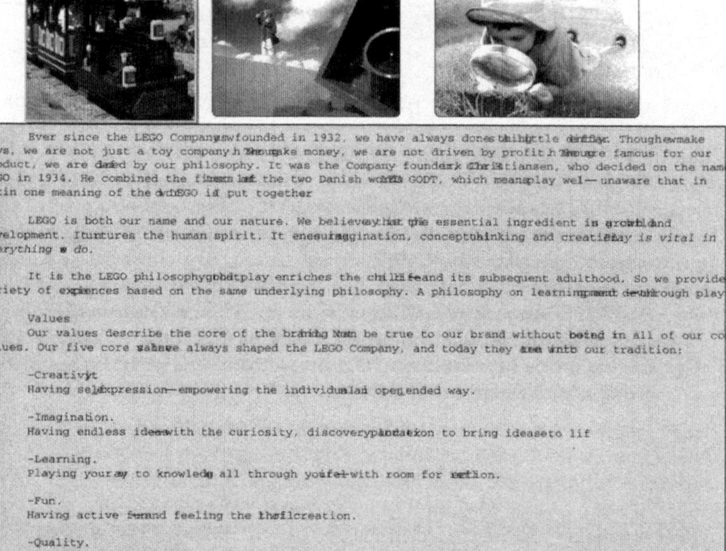

<그림 7-7> 레고의 평판 플랫폼은 창의성, 상상력, 학습 그리고 재미와 품질을 강조한다

(출처: LEGO, 2003)

잘 돋보일 수 있도록 한다.

예를 들어 2001년 덴마크에서 평판지수 순위에서 정상을 차지한 기업인 레고를 보기로 하자. 레고의 주요제품인 블록은 이해관계자들의 마음속에 독특한 연상을 끌어내기 위해 원색을 사용한다. 또한 레고블록은 유년기의 기억, 젊은 시절의 포부, 건설 프로젝트에 대한 생각을 담고 있다. 레고블록은 온갖 종류로 출시된다. 즉 누가 보더라도 이목을 끄는 장소에 있는 완구가게 앞에 놓인 거대한 피조물(예를 들면 뉴욕에 있는 첨단 FAO 슈와츠 완구점)과 완전히 레고블록만으로 지어진 전세계에 산재한 레고랜드 테마파크가 여기에 속한다. <그림 7-7>은 기업이 평판기반을 구체화하기 위해 기업 심벌로서 레고블록을 어떻게 쓰고 있는지를 보여준다. 이는 구조, 구상, 놀이, 배움 같은 주제에 초점을 맞추고 있다. <그림 7-7>이 시사하고 있듯이 이 기업은 자사의 이야기를 생생하게 알려준다.

레고의 기업 이야기를 가까이 살펴보면 우량기업의 이야기는 모두 독특한 요소들을 갖고 있다는 공통점을 알 수 있다. 즉 좋은 기업의 이야기는,

- 독특한 언어로 기업을 묘사한다.
- 기업의 독특한 역사를 언급한다.
- 기업의 핵심능력을 담아낸다.
- 기업을 개인화해서 인격을 부여한다.
- 핵심이 되는 전체의 골격이 들어 있다.
- 다양한 이해관계자들이 관심 있어 할 만한 사안을 다룬다.

<그림 7-8>은 독자와 시청자들에게 제공된 수많은 우량기업의 기본적인 구조를 요약했다. 우리는 이를 AAA모델이라 부른다. (1) 이 모델은 기업의 기본적인 능력을 묘사하는데, 이것은 해당기업의 성공을

좌우하는 핵심역량이다. (2) 이 모델은 기업이 종사하는 핵심활동을 요약한다. (3) 이 모델은 독자나 시청자들에게 기업의 성과에 대한 개요를 제공한다. INVE는 벨기에의 흥미로운 B2B 기업이다. 이 기업은 동물사육을 위한 사료와 건강식품을 제공한다. 2002년 우리는 이 기업의 이야기를 만들어내는 데 도움을 주었다. 즉 기업의 능력, 활동, 성과를 모아 요약해서 <그림 7-9>와 같은 간단한 도표를 만들었다.

<그림 7-9>의 기본적인 이야기 요소를 검토해서 한 가지 구성뼈대를 골라낸 결과, INVE의 기업 이야기는 다음과 같다.

INVE는 동물사육에 필요한 영양제와 건강식품을 제공하는 대기업으로 30개 이상의 계열사를 거느리고 있다. INVE는 세계 70개국 이상에서 비즈니스를 벌이고 있으며 아시아, 유럽, 아메리카 등에 생산공장을 갖고 있다.

INVE는 1970년대 초 가금 양계장과 도살장을 통합해 출범했으며, 몇 년 후에는 초점이 동물생활로 옮겨가 특별한 성분과 특별한 조제공식의 노하우에 초점이 맞춰졌다. INVE의 차별화된 능력, 특히 동물 새끼를 대상으로 한 노하우는 INVE의 동물사육용 영양제와 건강식품 덕분이다.

오늘날 이 기업그룹은 그간의 경험과 연구를 통해 해조류 양식과 농경의 문제해결에 초점을 맞추고 있다. 해조류 양식에서 평판이 가장 좋은 제품으로는 아르테미아(다양한 자원과 용도)이고 셀고레인지의 건강보조식품, 프립

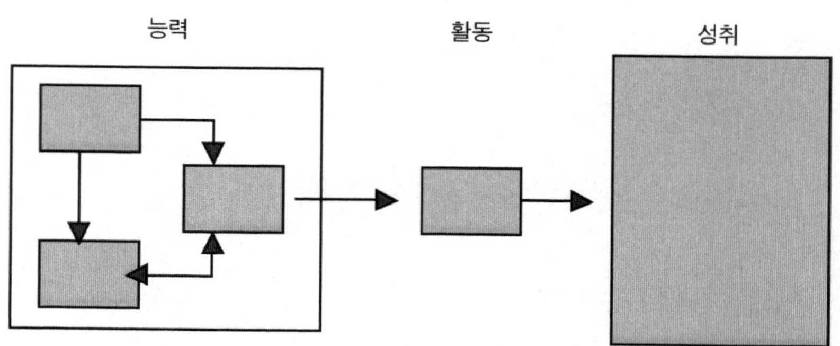

<그림 7-8> 기업 이야기하기: AAA 모델

팩 앤 랜시레인지의 건성사료 등이 있다. 농업분야에서 INVE는 레콘믹스 같은 양식 개념으로 탁시닐, 얼트레이시드, 살모닐, 몰드닐 같은 사료 첨가물들을 제공하고, INVE NRJ 쇠고기와 INVE 보어 바이틀 그리고 원료와 사료를 보존/처리하기 위한 신제품 같은 가공약제품과 다양한 개량된 가공식품을 만들어낸다.

INVE의 고품질제품은 동물사육에 있어 매우 중요한 단계별로 초점이 맞춰져 있어서 생존율의 증가, 성장률의 향상, 기형과 질병의 위험률 감소 및 사육 초기의 충분한 영양분 섭취 등과 같은 매우 중요한 편익을 제공한다. 이러한 독특하고 혁신적인 첨단제품의 개발은 INVE가 시장에서 확고한 자리에 서도록 해주었다. 이는 아주 숙련된 전문가들이 지속적으로 연구에 높은 관심을 보인 덕이다. INVE의 핵심은 INVE Technologies NV.가 조직한 강력한 글로벌 연구 개발 부서다. INVE는 전세계에 테스트 센터를 두고 있으며 유명대학 및 연구소와 장기 프로젝트를 수행하면서 선발될 고객들을

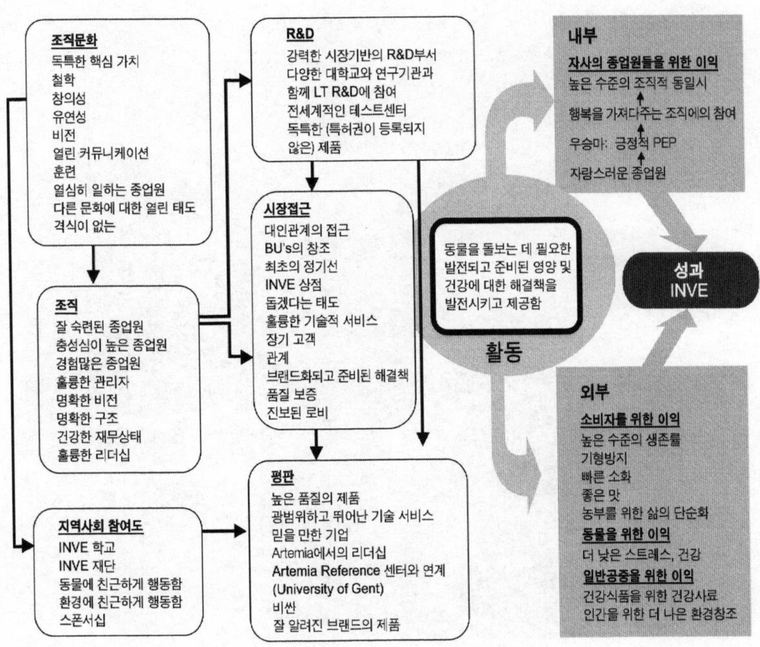

<그림 7-9> INVE에 대한 AAA 모델의 적용

대상으로 실험결과를 뽑아낸다. 전문적인 소프트웨어의 도움을 받아 이 기업의 영양전문가들은 적절한 식단을 짜는데 원료, 사전혼합물, 전문성과 첨가물에 대한 그들의 깊은 지식을 적용한다. 이때 나이와 성별에 따른 동물의 욕구가 고려된다. INVE는 안전하고 건강한 사료를 만드는 데 필수적인 지식과 책임감을 지니고 있다.

일선 영업사원들의 광범위한 네트워크, 제품개발 매니저, INVE 대리점과 지방 서비스센터를 통해 INVE는 고객과 장기적인 동반자 관계를 맺는데 초점을 두어 강력한 개인적인 시장접근 방식을 고수한다. INVE는 농부와 양식업자들을 위해 사료관리를 간소화함으로써 더 효율적인 작업절차와 고품질이란 성과를 얻었고 소비자에게도 경제적인 이득을 주었다. INVE의 궁극적인 목적은 전세계인들의 영양과 건강을 개선시키는 일에 기여하는 것이다. 그래서 INVE는 모든 식품체인을 강화해서 결과적으로 사람들이 매일 먹는 음식이 될 가축을 위해 안전한 사료를 공급한다. INVE는 사람의 건강유지에 노력을 기울일 뿐만 아니라 건강을 증진시키는 데까지 나아가고자 한다. 예를 들어 오메가3 계란은 INVE가 사람들의 콜레스테롤 수준을 낮추기 위해 만든 제품이다. INVE는 소비자의 심장을 보호하려고 소고기, 닭고기, 돼지고기의 지방산과 비타민을 미리 혼합하여 성분의 균형을 맞춘다.

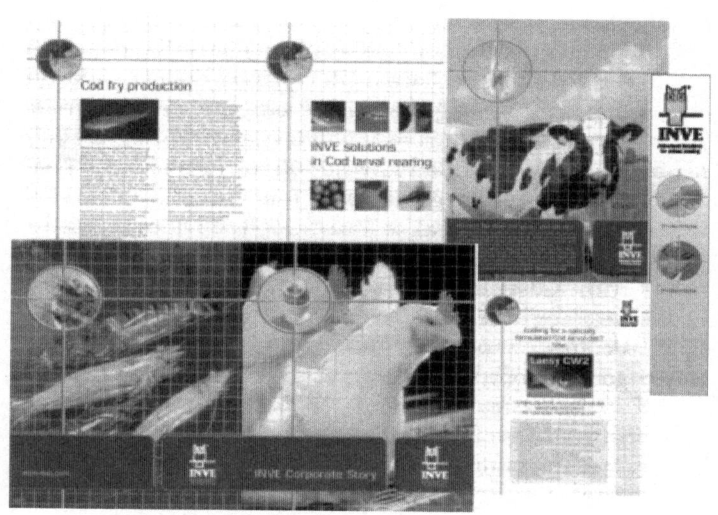

<그림 7-10> INVE 광고 캠페인(2002)

INVE는 창업자의 강한 신념을 바탕으로 인간은 자연과 조화를 이뤄야 한다는 철학을 내세운다. 예를 들어 그는 직원, 고객, 그리고 INVE의 비즈니스 활동과 관련된 모든 사람들과 기쁨을 나누고 싶어한다. INVE의 핵심 가치인 '해결책을 내놓는다'는 것은 '기쁨을 가져온다'는 뜻이다. 600명 이상의 직원들은 일반 기업목표를 추구하는 것을 넘어서서 자사가 사회적 책임을 강조한다는 점에서 자부심을 갖는다. 다양한 문화를 존중하는 것 또한 INVE의 장점이며 기업의 특별한 평판의 중요한 한 부분이다.

이 기업의 현재 통합 총매출은 1억 2천만 달러이다. INVE 그룹은 재무의 건전성으로 인해 연간이익이 지난 5년간 총매출의 15%정도를 점했다. 이 기업의 경제적 건강성은 장기적으로 직원들, 공급업자들 그리고 고객들의 안정성을 제공해준다.

INVE의 기업 이야기는 차별화된 크리에이티브 컨셉을 개발하기 위해 쓰인다. 그 결과 <그림 7-10>에서 간략히 알 수 있듯이 2002년 가을 광고 캠페인이 만들어졌다.

무엇이 강력한 평판 플랫폼을 만드는가?

2001년 평판지수 프로젝트가 진행된 5개국(호주, 덴마크, 이탈리아, 네덜란드, 미국)에서, 상대적으로 나은 평가를 받은 기업은 대개 그 회사만의 핵심 평판기반에 의지하고 있음이 드러났다. 면밀히 검토해본 결과, 늘 정상권에 들어가는 기업과 그렇지 못한 기업 간에 있을 법한 차이는 (슬로건, 로고, 기업 이야기 그리고 커뮤니케이션뿐만 아니라) 다름아닌 그들의 평판이 다음과 같은 세 가지 핵심적인 특징을 얼마나 잘 포착하고 있느냐에 달려 있음이 밝혀졌다.

- **전략적 안배**: 강력한 평판기반은 해당기업의 비전과 사업전략의 제반측면을 전달한다.

- **감성소구**: 강력한 평판기반은 감성소구를 끌어내는 기업특징을 전달한다.
- **놀라움**: 강력한 평판기반은 일반인의 진부한 상식을 뒤집는 사례를 제시함으로써 사람들의 인식을 일깨운다.

전략적 안배

평판기반과 슬로건, 커뮤니케이션, 그리고 이러한 것에서 유발된 이니셔티브는 기업의 전략적 포지셔닝을 반영해야 한다. 노키아가 사람을 연결하기에 바쁘다고 주장할 때 우리는 노키아의 핵심사업인 전화와 통신이 곧바로 떠오른다. 선 마이크로시스템즈가 'the dot in .com'이라 말하면 우리는 선뜻 이 기업의 핵심인 네트워크 기술을 연상한다. 벼락부자 아마존도 우리에게 세계에서 가장 큰 서점이라는 인식과 브랜드를 제공한다. 제록스가 문서관련기업이라고 말할 때 우리는 그게 무슨 뜻인지 단박에 알아차린다. 3M의 기술혁신과 휴렛 패커드의 발명은 그들의 상업적 성공에 중심을 둔 연구활동을 거론한다. 델은 '비용절감, 델만큼 쉽게'라며 저비용의 위력을 보여준다. 이베이의 '세계적 온라인 시장'도 잘 운영되고 있다. 기업의 이니셔티브와 커뮤니케이션의 기초로서 평판기반은 그 기업의 핵심사업의 정수를 잘 전달한다.

포드의 '자동차 브랜드의 지구촌 가족'이란 평판기반은 효과가 덜하다. 이것은 재규어(Jaguar), 애스톤마틴(Aston-Martin), 볼보(Volvo), 랜드로버(Land-Rover) 같은 것으로 구성된 포드의 멋진 포트폴리오를 특색 없이 뒤섞어놓은 것에 불과하다. 포드의 평판기반은 목적과 전략목표의 잠재적인 협력을 하나도 전달하지 못하고 따로따로 떨어진 자동차 브랜드간의 연결도 모자란다. GM의 '이동하는 사람들'은 앞의 경우보다는 전략적으로 더 일관성이 있어 보인다. 추측건대 이것은 모든 형태의 행동과 모든 형태의 기술까지 포용하고 있다. 그러나 GM을 행동주체로 연상하기 어렵기 때문에 연결성이 부족하다. 자동차 제조업체 중 가장 성공적인 평판기반은 아마 다임러 크라이슬러의 '향후 던져질 질문에 대한 사전답변'이다. 이것은 기술과 발명이라는 전략적 핵심 위에 세워진 평판기반을 전달하는 데 아주 성공적이다.

전략적 안배는 이해관계자들이 평판기반에 의존할 수 있게 해주며 그것의 파생요소를 속기할 수 있도록 도와준다. 또한 외부인들이 해당기업을 이해하고 제대로 평가할 수 있도록 개선된 능력을 만들어낸다. 그러한 과정에서 전략적 안배는 이해관계자들에게 그들이 기업에 대해 받은 어떤 정보라도 조직화할 수 있도록 정신적인 필사본을 제공해준다.

감성소구

사람들은 강력한 평판기반에 바탕을 두고 전달하는 감정에 공감을 한다. 디즈니는 아이와 어른들에게 '신비한 힘'을 줌으로써 모든 이들에게 미소를 전해주고자 한다. 즉 사람들을 행복하게 하고자 한다. 우리들 가운데 순응을 거부하는 개인주의자들은 나이키의 'Just do it'이 지닌 활력에 공명한다. 듀퐁은 우리에게 일상용품의 배후에 있는 '과학의 기적'을 떠올리게 한다. 대부분의 사람들은 존슨 앤 존슨의 광고에 자주 나오는 웃는 아이들을 좋아하는데 이는 이 기업이 모성애를 바탕으로 평판기반을 구축한 덕분이다.

이것들은 감성적으로 호소하는 포지셔닝이다. 감성소구는 놀라움, 흥분, 결심, 즐거움, 행복, 열정 등과 같은 감정의 반응에서 나온다. 평판기반은 표식과 캠페인으로 우리에게 기업과 관련된 만족스런 감정을 경험시켜준다. 상위권에 들어 있는 기업인 존슨 앤 존슨은 언어의 유창함이 모자람에도 불구하고 우리에게 세계적인 의료기업임을 잘 알려줌으로써 감성소구를 더욱 잘 표현한다. IBM은 낮은 수준의 감성소구를 쓰고 있는데(첨단정보기술의 창의성, 개발과 제조) 이것은 분명히 과거 화이트칼라 계급의 잔재이다. 또한 IBM이 더 분발할 수도 있다.

화이저의 '삶은 우리 삶의 작품이다'는 장인정신에 근접해 있다. 조사에 바탕을 두고 만들어진 이 평판기반은 열정과 책임감을 시사하고자 했으나 오히려 범인(凡人)들이 그날그날의 일을 연상시키는 데 그치고 만다. 전자산업 분야의 대기업 필립스의 '더 나은 것을 만들자'처럼 말이다. 이러한 이미지는 문제가 무엇인지를 찾아내서 한계치 안에서 나름대로 개선해보려는 땜장이 기술자보다도 근본적인 혁신을 제대로 표현해내지 못하고 있다. 마이크로소프트의 '당신의 잠재력, 우리의 열정'은 감성적 용어를 썼지만 기업이 정확히 무슨 업종에 종사하는지, 열정을 어떻게 끌어내는지를 제대로 전달하지 못한다.

그릇된 방법으로 만든 평판기반은 효과가 떨어질 수밖에 없다. 필립 모리스는 자사를 '차별화를 이뤄내는 회사'로 보이게 만들려 한다. 그러나 기업이 조작된 조사로 비난받을 때, 담배의 발암효과를 대중에게 숨길 때 이는 누가 보더라도 불성실한 주장이다. 맥도널드는 '햄버거 판매를 업종으로 하는 인간본위의 기업'이라는 슬로건 아래 패스트푸드 업종으로 인식되기를 원했다. 그러나 많은 사람들은 이 기업이 어리버리한 아이들에게 건강에 좋지 않은 기름진 음식을 파는 동시에 저임금으로 청소년을 부려먹는다고 생각한다. 코카콜라는 '갈증해소'라는 의미를 전하려 했겠지만, 비판자들이 지적하듯이 코카콜라는 전세계 어린이들의 건강에 해로운, 여전히 달고 카페인이 많이 든 습관성 음료수로 여겨진다. 코카콜라가 패스트푸드 업체 맥도널드와 아주 긴밀한 유대를 맺고 있다는 사실은 이러한 불신을 해소하는 데 아무런 도움이 되지 못한다. 그러나 '갈증해소' 이미지는 코카콜라가 자사의 경쟁력 떨어지는 다른 제품군의 이미지를 개선하는 데 도움을 준다(다사니 과일주스, 에너지 드링크, 커피 그리고 차).

놀라움의 요소

마지막으로 우리는 평판기반—그리고 그로부터 유발된 커뮤니케이션—이 우리에게 놀라움이나 기쁨을 만들어낼수록 더욱 강력해진다는 생각을 갖고 있다. 우리를 놀라게 하는 커뮤니케이션은 다음에서 보듯이 더 잘 기억에 남는다.

- 차별화는 모순되는 것을 함께 늘어놓은 결과에서 나온다. 사람들은 예기치 않은 말에 더 관심을 기울이기 마련이다. '델처럼 쉽다'는 것은 '파이만큼 쉽다'는 속담의 뒷부분에 예기치 않게 붙었다. 화이저의 '삶은 우리 삶의 작품이다'라는 것은 우리의 관심을 끌고 해석하는 과정에서 즐거움을 안겨주는 단어활용에서의 두음 맞추기를 보여준다.
- 놀라움은 평판기반이 독창적이고 희귀하며 혁신적이고 이례적인 차이가 있고 상상력이 풍부하며 전형적이되 순응적이지 않은 기업에 대한 뭔가를 전달하고자 할 때 만들어진다. 미국 성공회[2)]가 출석률이 저조해지자 젊은층을 대상으로 한 미디어 캠페인을 벌였다. 일련의 인쇄광고에서 이 교회는 왕의 복장을 완전히 갖춘 헨리 8세의 초상에다 다음과 같은 헤드라인을 붙였다. "여섯 부인을 거느린 남자가 창시한 교회니만큼 얼마나 관대한 용서가 베풀어질지는 물어보나 마나 아니겠습니까."

기업은 자신의 포트폴리오에 대한 매력적인 기반을 마련하기 위해 이러한 요소들에 돈을 들인다. 대개의 평판기반이 독특하지도, 호소력

---

2) 영국 성공회는 Anglican Church(영국국교회)라고 하고, 미국 성공회는 Episcopal Church(감독교회)또는 Protestant Episcopal Church(개혁 감독교회)라고 부른다—역자주

있지도 또는 놀랍지도 않다는 사실은 기업이 차별화에 돈을 쓰는 일이 생각만큼 호락호락하지 않다는 점을 시사한다.

그러므로 당신의 기업을 차별화시켜라

이 장에서 우리는 기업이 차별적인 평판기반을 채택해야 평판을 쌓을 수 있음을 시사했다. 차별화는 기업에 연상의 힘을 더해주며 기업의 성공적인 전략적 안배와 감성소구로 인한 성공적인 평판기반의 구축에서 나온다. 그 기반이 독특할수록 고객과 이해관계자들에게 더 차별화된 주목을 받을 수 있다.

조그만 차이일지라도 전략적 안배와 감성소구를 전달함에 있어서 남들보다 더 나은 구석이 있는 평판기반은 티핑 포인트(Tipping Point)[3]를 성취할 수 있다. 즉 보다 차별적이라고 인지되는 자가 관찰자로부터 대부분의 눈길과 명성을 쓸어가버리는 밴드웨건 효과를 누리게 된다.

한 세미나의 논문에서 경제학자 세이무어 로젠(Seymour Rosen)은 스포츠와 예술을 포함한 다양한 분야에서 선수나 연주자에게 생기는 보상의 분포가 불균형을 이루고 있음을 확인했다. 이러한 불균형은 작은 차이를 과장하고 절대적인 성과보다는 상대적인 성과에 오히려 더 쏠리는 인간의 경향 탓에 발생한다고 그는 주장했다. 커뮤니케이션의 증대는 기업 간의 차이를 더욱 심화시킨다. 이로 인해 사람들의 관심은 몇몇 상대적으로 두드러진 기업(헤드라인)에만 집중된 나머지 다른 기업은 무시당하기 일쑤이다.

기업 평판시장은 비슷한 특성을 공유한다. 평판시장은 사실 승리자

3) Tipping Point: 사전적 의미의 Tipping은 '균형을 깨뜨린다'는 의미이다. 여기서 Tipping Point는 극히 소수자에 국한된 현상이 어느 순간 갑자기 사회적 유행으로 전염되는 그 순간을 의미한다 – 역자주

가 모든 것을 가져가는 룰이 적용된다. 이러한 상황에서 몇몇 기업은 정상으로 도약하고 나머지 대부분의 기업은 뒤로 밀려난다. 불균형을 이루는 노출수준과 관심은 승리자에게만 쏠린다. 왜냐하면 기업간의 작은 차이로서의 밴드웨건 효과는 기업이 자사의 우수성을 광고하고 자사의 대중적인 친화력을 증대시키고 평판을 쌓으며 경쟁사의 모방뿐만 아니라 기업정보 보유자들에게 자사의 매력을 불어넣도록 유도하기 때문이다.

로젠 교수의 관찰은 스포츠(이 분야에서는 성과의 차이가 0.01%까지 측정되는 것이 보통이다)와 소매상에 이르는 다양한 영역에서 여전히 효력을 지닌 것으로 보인다. 만일 당신네 기업이 경쟁사보다 단지 약간 더 좋거나 싸다면 그 시장을 재빨리 지배할 수 있다. 『승자가 모든 것을 가져가는 사회*(The Winner Take all Society)*』라는 책에서 저자 로버트 프랭크(Robert Frank)와 필립 쿡(Philip Cook)은, 어느 시장에서든 1위 사업자는 경쟁사를 정기적으로 먼지구덩이 속에 뒤처지게 만들고 특대형 시장평가를 받으며 종종 인수합병을 통해 더욱 자사의 위상을 공고히 하려 한다고 말한다. 시스코 시스템스는 베이 네트워크를 뒤로 밀어냈으며, GE은 유나이티드 테크놀로지스와 CBS/웨스팅하우스를 제쳐버렸다. 머서 매니지먼트 컨설팅(Mercer Management Consulting)의 컨설턴트들은 이러한 현실을 은 메달리스트의 서러움이라고 부른다. 상대적인 차별화를 작은 수준으로만 달성해도 기업은 큰 보상을 돌려받을 수 있다.

이러한 차별성에 대한 기술이 진정한 성과를 빛어내기 위해서는 점점 더 모든 것들에 대해서 회의적이 되어가는 청중들의 신뢰를 얻는 것이 필요하다는 점을 다음 장에서 다루게 될 것이다. 그래서 차별화되자면 성공적인 평판구축의 두번째 특징이자 이제부터 우리가 들여다볼 주제인 신뢰가 필요하다.

08

Be authentic

신뢰성을 확보하라

1989년 3월 24일 유조선 발데즈 호의 원유유출 사건은 알래스카의 태고의 자연을 오염시켰을 뿐만 아니라 이 사태에 귀책사유가 있는 엑슨의 평판에도 피해를 입혔다. 2001년 평판지수 연례 보고서에서 엑슨은 가장 평판이 낮은 기업군에 속했다. 이는 엑슨이 발데즈 호 사건 이래 12년간 계속된 정화활동, 새로운 최고경영자와 함께 자연생태계에 대한 헤아릴 수 없이 많은 기여, 호랑이 보호활동, 지역차원 또는 국제차원에서의 기부 그리고 이외의 다양한 사회복지활동을 벌였음에도 불구하고, 심지어 모빌사와 합병하여 엑슨 모빌이라는 새로운 기업명을 쓰게 되었음에도 불구하고 나타난 결과이다. 왜 그럴까? 그 이유는 이같은 솔선수범의 배후에 있는 기업이 실제로는 우량한 기업시민으로 평가받지 못하고 있기 때문이다. 이것은 신뢰부족을 의미하며 발데즈 호 원유유출 사건 이래 소비자들의 마음속에 몇 년이고 남아 있는 불신을 털어내지 못했기 때문이다.

프랑스 정유기업 토탈 또한 이와 비슷한 신뢰문제를 안고 있다.

1999년 노르망디 해안에서 발생한 유조선 에리카 호의 원유유출 사건으로(이 당시의 회사명은 토탈피나엘프였다) 이 회사는 큰 비난에 직면했다. 처벌, 벌금, 기부, 환경규제 강화를 위한 수많은 커뮤니케이션, 고위 경영진 교체, 광고 등에도 불구하고 2001년 조사에서 이 기업은 프랑스에서 가장 평판이 나쁜 기업으로 꼽혔다. 이는 이 기업이 프랑스 고위 정치인들에게 부정헌금을 한데다가 토탈피나 항공대에다 자금을 낭비했고, 임직원 대상의 낭비가 심한 파티와 특전으로 인해 발생하는 비용까지 기업재무에 전가시킨다는 소문 때문에, 프랑스 소비자들은 이 회사가 정의롭기는커녕 불성실하다는 인상을 강하게 받은 탓이다. 이러니 믿음을 잃을 수밖에 없다.

이와 대조적으로 존슨 앤 존슨은 주력상품 타이레놀과 관련하여 1982년과 1986년 두 차례 발생한 독극물 투입사건에 직면하여 유감을 표시한 다음 소비자의 건강을 염려하여 즉각 자비를 들여 타이레놀 재고 전량을 수거하는 조치를 취했다. 안전장치가 강화된 신제품을 출시하기 전에 소비자를 안심시키기 위한 수많은 커뮤니케이션이 선행되었다. 이러한 적극적인 커뮤니케이션은 세간의 암울한 예상을 뒤엎고 두 번의 사고에도 불구하고 존슨 앤 존슨이 시장점유율을 사고 발생 시점 이전으로 다시 회복시키는 데 크나큰 기여를 했다. 이것은 무엇 때문이었을까? 존슨 앤 존슨은 소비자에게 자사가 위기상황에 적절하게 대처한다는 인식을 확고하게 전달했기 때문이다. 이것은 기업이 소비자를 염려한다는 주장을 주장에 그치지 않고 믿을 수 있도록 여건을 조성한 덕분이었다.

의심할 여지없이 존슨 앤 존슨은 독극물사건의 가해자가 아니라 피해자이며 이 사건에 대해 비난받지 않았기에 큰 이윤을 만들어낼 수 있었다. 그러나 이 기업의 재빠른 리콜과 개방적인 위기관리 커뮤니케이션 방식은 신중에 신중을 거듭하여 각 단계별로 커뮤니케이션의 반응을 측정해가면서 다음 단계의 조언을 행하는 기업의 기존 커뮤니케이터들과 법조계 인사들에게 교훈을 남겨주었다.

수많은 기업이 존슨 앤 존슨의 경험으로부터 소중한 교훈을 배워 실무에 적용했다. 프랑스의 생수기업 페리에가 바로 그러한 예다. 1990년대 초반 화학실험에서 페리에 탄산수에서 약간의 벤젠이 검출되었다. 비록 당시 검출된 양이 인체에 해로운 수준은 아니었으나 소비자들은 탄산수의 순수성과 안전성에 대해 불안해했다. 페리에는 브랜드에 피해를 줄 수 있는 의혹의 확산을 차단하기 위해 즉각 많은 비용을 들여 제품을 리콜 했다. 그리고 페리에는 소비자를 진심으로 걱정하고 있으며 그 사이 페리에가 취한 조치를 설명하는 메시지를 값비싼 비용을 들여 커뮤니케이션했다. 결과적으로 페리에는 이 문제에 잘 대처했고 소비자에게 믿음을 준 것으로 인식되었으며, 제품이 개선되어 재런칭되자 소비자는 이 브랜드를 다시 찾게 되었다.

기업의 신뢰성에 대한 인식은 평판관리와 깊은 관련이 있다. 의혹을 불러일으키지 않으려면 기업은 이해관계자들과의 상호작용에서 절대 정직성을 고수해야 한다. 그렇지 않으면 이해관계자들 가운데 한 명만 불신하게 되어도 그는 다른 이해관계자들과 커뮤니케이션하게 될 것이고, 그들 모두 기업에 대해 느끼는 지지도는 떨어지고 말 것이다.

신뢰성은 평판을 강화한다. 신뢰받는 기업은 진실하고 순수하며 정확하고 의지할 수 있으며 든든하게 여겨진다. 평판지수 프로젝트에서 평가받은 대다수 기업에서 나타나는 공통적인 맥락은 핵심사업을 원칙에 입각하여 수행했다는 사실이다. 이러한 기업은 원칙에 입각한 사업수행을 생활화하고 있다. 미국에서 존슨 앤 존슨이 평판지수 조사에서 최상위를 차지했고 엑슨 모빌과 필립 모리스가 하위에 머무른 사실은 기업이 과거의 위기를 어떻게 다루었는가와 많은 관련이 있다.

옥스퍼드 대학에서 실시한 사례연구는 15개 기업의 시장가치에 인재(人災)가 미치는 영향을 보여주었다. 이 연구는 1982년 타이레놀 독극물 투입사건에서부터 1990년의 벤젠 검출로 발생한 페리에의 리콜 사건, 그리고 1993년 하이네켄이 맥주병 속에 유리조각이 들어 있다는 소문 탓에 리콜을 실시한 사건까지 다루었다. 저자가 덧붙인 바와 같이, 재난은 큰 위험이 현실화되었을 경우 금융시장이 어떻게 반응하는지를 평가하기 위한 좋은 기회를 제공한다. 평균적으로, 연구대상이 된 15개 기업의 주가는 시장가치에 비해 초기에 8%의 타격을 입었다. 이처럼 위기에 빠진 기업을 옥스퍼드 대학 연구자들은 회복가능 기업군과 회복불능 기업군이라는 두 가지 유형으로 구분하였다. 회복가능 기업군의 주가는 첫째 주에 불과 5%의 하락을 보이는데 그쳤지만, 회복불능 기업군의 주가는 11%나 떨어졌다. 10주 후 회복가능 기업군의 주식은 비록 5%의 손실을 입긴 했으나 연중 정산에서 비교적 순탄하게 긍정적인 영역에 잔류할 수 있었다. 그러나 회복불능 기업군의 주식은 주가하락을 거듭했으며 연말정산 결과 15%의 손실을 입고 그해를 마감했다. 결론은 어떠한 재난이든 초기에는 주가에 부정적인 영향을 미치지만, 역설적이게도 재난은 기업이 어려운 난관을 극복해내는 재능을 표출할 기회를 주기도 한다. <그림 8-1>은 이같은 두 유형의 기업군을 비교하면서 어떤 점들이 다른지를 보여준다.

이같은 사례연구는 평판이 일종의 보험처럼 고려할 만한 무형의 가치를 지닌다는 가설을 뒷받침해준다. 이러한 보험은 위기상황을 대비한 비축창고 같은 작용을 한다. 보험의 가치는 좋게 평가된 기업이 낮은 단계로 추락할 때 완충제 역할을 한다. 코네티컷에 연고지를 둔 컨설팅기업 코어브랜드(Corebrand)의 창립자 짐 그레고리는 1997년 시장침체에 따른 뉴욕 증권거래소 상장기업의 주가변동을 조사했다. 비축창고 가설을 지지한 그는 우호적인 이미지를 갖고 있던 기업은 위기를 맞아 상대적으로 충격을 덜 받았다고 주장했다. 그의 연구결과에 따르면, 높은 평판을 지닌 기업의 시장가치는 낮은 평판을 지닌 기업의 시장가치보다 시장침체시에도 영향을 덜 받는다는 것을 입증했다. 이

<그림 8-1> 낮은 평판기업은 더 높은 위기비용을 치른다
(출처:Knight and Pretty, 1999)

연구결과에 따르면, 우호적으로 받아들여지는 기업일수록 위기상황으로 말미암은 금융손실이 낮아지는 경향이 있다. 이는 신뢰성에서 유래된 것이다.

믿음을 준다는 의미는 주장과 행동 간의 간격을 좁히는 것이다. 다시 말해서 당신이 누구이며 당신이 말하는 것과 행동하는 것 간의 틈새를 좁힌다는 의미이다. 이것을 성취하기란 쉬운 일이 아니며 신뢰성을 얻자면 선의로 포장되어야 한다. 그러나 소비자들은 선의만으로는 신뢰를 얻기에 충분하지 못하며 반드시 기업이 선의에 부합하는 행동을 통해 판단되어야 한다는 것을 잘 알고 있다.

신뢰는 필연적으로 기업 내부의 산물이다. 그것은 기업의 뛰는 심장을 찾아내기 위한 탐사과정에서 시작된다. 기업의 뛰는 심장이란 기업의 핵심을 의미하며 기업이 무엇인지를 알려준다. 이러한 탐사는 최고경영층에서 시작되어 중간관리자들의 지원, 기업의 존재이유인 기업의 핵심목적에 대해 종업원들간의 대화를 아우르는, 아래에서 위로 진행되는 과정이다. 이 과정을 뒤이어 종업원들간의 이윤분배에 대한 인정을 얻어내고자 하는 내부의 표현과정이 나타난다. 만약 종업원들이 소비자, 공급업자, 투자자, 그리고 공중과의 일상적인 상호작용에서 소속기업이 공유하고 있는 가치를 표출하지 않는다면 그 기업은 신뢰를 얻을 수 없다. 종업원들이 마치 한 사람이 말하듯이 할 필요는 없으나, 적어도 그들의 답변들이 서로 조화를 이뤄야만 한다. 궁극적으로 밖에서 보기에 믿음직하게 여겨지려면 기업이 이해관계자들 모두에게 눈에 띄는 방식으로 자사의 핵심적인 본질을 전하기 위해 외부표출과정에 착수해야만 한다. 외부표출은 대개 메시지를 만들어서 감성소구를 하는 이니셔티브 행사와 관련되어 있다. 감성소구는 기업을 바라다보는 많은 이들 사이에 신뢰감, 존경심 그리고 호의의 느낌을 촉발하는 것이다. 외부표출은 또한 책임을 표현하는 것이다. 서비스 약속이 제대로 이행되지 않았을 때, 이해관계자들의 기대

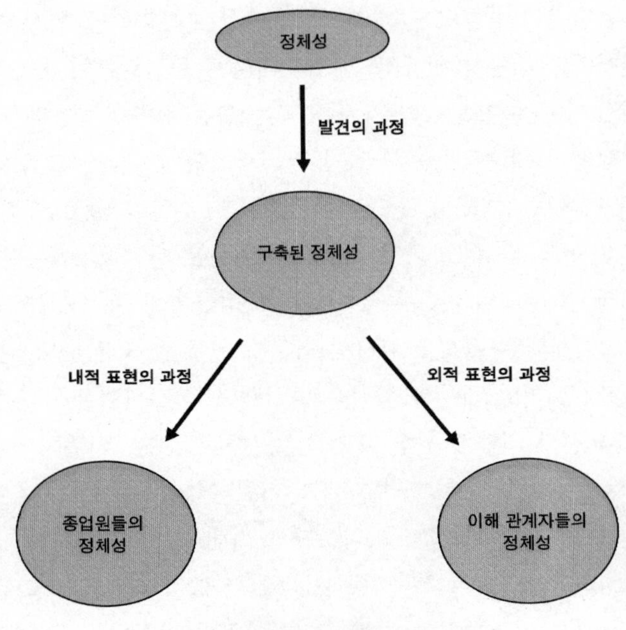

<그림 8-2> 신뢰성의 구축

가 충족되지 못했을 때, 기업은 죄인신세로 몰락한다. 재난을 자사 탓이 아니라고 잡아떼야 할까? 재난을 외면했다가는 반드시 평판의 추락을 맛보게 된다. 반면 책임을 지는 태도는 신뢰를 불러일으킨다. 이 세 가지 과정은 <그림 8-2>에 나타나 있다.

탐사과정

사람처럼 기업도 각자 나름의 정체성을 갖고 있다. 기업의 정체성은 (1) 종업원이 근무하는 기업 중심의 시각, (2) (종업원 눈에 비친) 해당 기업과 다른 기업과의 차이, (3) 기업의 현재 과거 그리고 미래를 잇는 내구성과 지속성 등으로 구성되어 있다.

비록 모든 기업이 정체성이 있다 해도 그것의 진면목을 보자면 탐사과정과 연관되지 않을 수 없다. 탐사과정은 종업원들과 소속기업을 한데 묶어주는 매듭을 찾음과 동시에 대다수 종업원들이 공유하고 있으며 기업이 보유하고 있는 가치를 찾는 활동적인 탐색이다. 때로 이러한 정체성의 필수요소는 창업자가 해당기업에 불어넣은 신뢰와 태도에서부터 출발한다. 예를 들어 이는 간혹 부침이 있었던 해당기업의 모든 과정을 뒤져 그 기업의 정확한 기원을 알고자 하는 연구에서부터 시작된다. 평판지수 프로젝트에서 최상위에 오른 기업 가운데 대다수는 기업의 차별성을 자사의 역사적 전통에 빗대 표현하곤 한다.

탐사과정은 기업 내부의 핵심을 밝혀낸다. 탐사과정은 다른 출처에서 찾은 요인과 기업에 관한 요인을 나란히 놓는다. 기업의 안내지나 웹사이트, 언론보도자료 그리고 과거 커뮤니케이션에 대한 기록의 분석은 기업이 자사를 어떻게 파악하고 드러내는지를 알려준다. 종업원들이 구성하고 있는 각 부문의 대표적인 사람과의 포커스 그룹 인터뷰를 통하여 종업원들의 눈에 비친 그 기업의 전형에 대해 정의할 수 있는 내부적 통찰을 제공한다. 마지막으로 양적 분석은 기업의 밖에서 보는 기업의 모습에 대한 종업원들의 공감수준을 측정하는 데 쓰일 수 있다.

<그림 8-2>가 보여주듯이, 기업은 완전하게 구축된 정체성을 보유함으로써 이익을 얻는다. 기업은 종업원과 이해관계자와의 평판구축을 통해 정체성을 촉진한다. 소비자, 투자자, 그리고 공급업자는 자신들이 해당기업을 이해하고 좋아할 때 그 기업을 더욱 신뢰하는 경향이 있다. 심지어 보다 많은 소비자는 자신들이 이해할 수 있고 매력적이라고 본 정체성을 가진 기업에 공감하는 추세다. 따라서 기업의 표현 메시지는 갈수록 중요해진다. 내부적으로 기업은 종업원들로부터 데몬스트레이션을 이끌어내야 함은 물론이지만, 외부적으로 기업은 이해관계자들의 데몬스트레이션을 이끌어내야 한다.

'이익과 원칙, 선택의 여지가 있을까요?'라고 알려진 셸의 최근 광고를 살펴보자. 이 광고 캠페인 중 하나는 지구 온난화에 전략적 초점을 맞춘다.

> 지구 온난화 주제는 뜨거운 토론을 불러일으킵니다. 화석연료의 사용과 대기 중 이산화탄소의 축적이 심각한 위협인가요? 아니면 단지 많은 양의 뜨거운 공기 탓인가요? 셸은 이 시점에서 무언가를 해야 한다고 봅니다. 우리는 작업 중에 온실가스 방출을 줄이겠다는 서약을 지켜왔습니다. 우리는 더 깨끗한 천연가스를 사용하고 가정과 운송수단에 탄소성분이 낮은 연료를 사용하는 대안을 늘리고자 애쓰고 있답니다. 이상은 지속가능발전과 환경보전, 사회적 책임과 경제발전 간의 균형을 맞추려는 우리의 서약의 일부입니다. 미래를 위한 해결책은 쉽게 얻을 수 없으니까요. 특히 오늘날의 경제환경에서는 더욱 그러합니다. 그러나 만약 당신이 계속해서 지켜보지 않는다면 그에 대한 해결책을 발견할 수 없을 것입니다.

이러한 발표를 통해, 셸이 소비자에게 관심이 많으며 감성적인 주제에 관심을 쏟는 기업으로 여기게끔 했다. 이에 덧붙여 셸은 이메일을 보내서 자사가 발표한 발표문에 대해 코멘트를 한 사람들을 초청해서 '이익과 원칙 토론회'에 참여시켰다. 이런 일을 통해서 셸은 많은 비용이 드는 과학적 연구를 기꺼이 감수하고서라도 자신의 뜻을 적극적으로 설파하고자 하는 기업의 이미지를 얻었다. 그 결과 셸은 자신들에 대해 갖고 있던 환경오염의 주범이라는 의혹을 씻고 지속 가능한 발전에 기여하는 업체라고 주장할 수 있는 근거를 확보하게 되었다. 중요한 사실은 셸이 이해관계자들로 하여금 몸소 참여하여 쟁점 문제에 대해 대화를 하게 해주었다는 점이다. 이는 셸이 에너지에 대해 직선적이고 편협한 시야를 보여주었던 전통적인 관점에서의 근본적인 거리두기를 의미한다. 즉 이것은 셸의 부활을 의미했다. 셸은 왜 이런 커뮤니케이션을 했을까? 그리고 어떻게 이러한 커뮤니케이션이 발생하게 되었을까?

셸: 정체성 형성과 표출에 관한 사례연구

1995년 로열더치/셸은 두 가지 큰 위기에 봉착했다. 하나는 고철이 다 된 해양 시추선 브렌트 스파를 북해에 수장시켜 폐기하려는 계획이다. 셸은 이 문제를 검토한 결과 지상폐기보다는 수장폐기가 훨씬 더 환경피해를 줄일 수 있다고 결론 내렸다. 그럼에도 불구하고 셸의 이같은 방안은 그린피스의 표적이 되었다. 셸의 대책은 환경친화적이라기보다 석유채굴장치의 제거에만 초점을 맞추고 있다는 비난이 쏟아졌다. 그린피스는 셸의 수장폐기 방침을 두고 경제적 동기에서만 모든 일을 결정하는 무책임한 기업으로 묘사했다. 그린피스 대원들이 가동을 중지한 브렌트 스파에 직접 올라가 시위한 것은 세계언론의 반향을 불러일으켰다. 그 결과 셸의 이미지는 오욕으로 얼룩졌고, 독일에서는 셸에 대한 대단위 보이코트가 벌어졌으며, 1995년 6월쯤에는 공개적으로 부끄럽기 그지없는 기업으로 전락하기에 이르렀다.

두번째 위기는 1995년 셸의 애니스 호리빌리스 사건에 대한 언론의 보도와 나이지리아에서의 셸의 사업활동이다. 당시 나이지리아 정부와 체결한 공동탐사 계약에 따라 셸은 오고니랜드의 석유 매장지역에서 석유가 나오기를 기대했다. 1995년까지 셸은 오고니랜드 사람들의 석유채굴 수익의 공정분배 권리를 무시한 채 억압적인 나이지리아 군사정부와 결탁하여 정치적 편익을 통하여 극대이윤만 추구함으로써 격렬한 지탄을 받았다.

이 두 위기는 셸에 큰 타격을 주었다. 셸의 경영진은 기업활동이 기업의 평판에 상당히 의존하지 않을 수 없다는 사실을 깨달았다. 아울러 지역사회의 평판은 물론이고 종업원, 소비자, 언론 심지어 사회운동가들이 매기는 평판 또한 중요하다는 사실을 알게 되었다. 셸은 탐색과정과 내·외부 표출을 통해 기업의 평판자본 구조를 재건하기로 결정했다.

셸은 자사를 기술지향적 기업, 과학적 기업, 분석적 기업 그리고 뭐든 해낼 수 있는 기업으로 판단했다. 반면 언론은 셸을 귀족주의적이고 느리게 움직이는 데다 뚱뚱하고 부유하며 관료주의적이고 폐쇄적인 기업으로 묘사했다. 1995년 발생한 두 가지 위기는 셸이 자체적으로 생각하는 기업 이미지와 외부의 인식 간에 불일치가 있음을 확인시켜주었다. 이른바 뛰는 심장이라 불리는 감정이 기업의 내부정신과의 접점을 잃어버린 것이다. 이같은 결핍은 셸을 불투명하고 허구적이며 기업관찰자들에게 해롭게 비춰지도록 했다. 셸에서 오래 근무한 임원 한 사람은 이렇게 말했다. “셸의 이미지로 떠오르는 것은 숲속의 거대한 유령이다.” 이 유령은 잘 보이지 않고 이렇다할 모양을 갖추고 있지도 않지만 우리에게 해로울 수 있는, 거대하고 통제되지 않는, 뭐라 정의하기 어려운 부분을 지니고 있다. 무엇보다 이 기업은 소리없는 유령이었다. 이 다국적 존재는 자신에 대해 어떠한 이야기도 하지 않는다. 외부인들로서는 왜 그 기업이 존재하며, 그 기업이 살기 위해 무엇을 하며, 그 기업이 존재하지 않으면 세상이 어떻게 변할지에 대해 그저 추측만 할 수 있을 따름이다.

거대한 기업개조 프로그램의 일환으로 셸은 전문가들로 구성된 팀을 만들어 셸이 세계에서 가장 존경받는 기업이 되기 위한 평판을 구축하는 데 초점을 맞추었다. 이 팀은 간략하게 WoMAC(the World's Most Admired Corporation)이라 불렸고 찰스 폼브런이 이끌었다.

셸의 정체성을 끌어내기 위해 WoMAC 팀은 일반적인 관점에서 이 기업의 핵심목표를 토의하기 위해 전세계에서 불러들인 다양한 지원 영역에서 근무하는 셸의 관리자들을 대상으로 한 포커스 그룹 인터뷰에 초점을 맞추었다. 각 워크숍 결과는 셸의 핵심목적을 보여주었다. 포커스 그룹 인터뷰 참여자들의 창의성을 끌어내기 위해 휴렛 패커드, 3M, 그리고 디즈니 같은 정상급 기업의 핵심목적과 관련한 선언문이 예시로 제공되었다. 1997년부터 1998년에 걸쳐 총 32회의 워크숍이 24개 지역에서 개최되었고 48개국으로부터 온 770명의 셸 종업원들이 워크숍에 참여했다. 다음 진술은 "셸의 핵심목적은 무엇인가?"라는 질문에 각 그룹들이 작성한 답변들이다.

- 인류의 삶을 차별화하기 위해 일하는 것(캐나다)
- 인류 활동을 유지하고 세상을 발전시키는 것(말레이시아)
- 현재와 미래에 인간의 삶이 좀더 수월해지도록 바꾸는 것(중국)
- 세계 에너지 자원 문제를 해결해서 세상이 좀더 잘 돌아가게 하는 것(나이지리아)
- 인류, 기업, 문화, 국가를 보다 향상시키는 것(호주)

이와 같은 핵심목적에 대한 진술은 전세계에서 모인 셸의 최고경영진 회의에서 발표되었으며 그 과정에서 최종목표를 도출해냈다. 즉 이러한 진술과 자기반성 그리고 개인적인 믿음으로부터 셸의 최고경영진은 자사의 핵심목적을 "인류를 돕고 더 나은 세상을 만든다"로 정했다.

내부적 표출

이렇게 도출된 기업의 목표를 전세계 지사 종업원들에게 전달하기 위해 셸은 생명에 대한 주제를 전달하는 단편영화를 제작했다. 모리스 사치(Maurice Saatchi)가 제작한 이 홍보영화는 20세기에 이룩한 기술적 진보의 경이에 관한 것이었다. 이 영화는 새로이 구축된 기업 내부 네트워크인 셸 TV를 통해 1997년 3월 처음으로 방송되었다. 이후 이 기업은 네덜란드에 훈련소를 세웠다. 이 훈련소에서는 전세계에서 온 중간관리자들이 리더십 훈련을 받을 수 있다. 이 리더십 훈련은 팀 짜기 실습과 셸의 정체성 탐색을 통해 셸의 기업문화에 깊이 빠져들도록 하기 위한 것이다.

외부적 표출

앞의 내부적 표출에 덧붙여서 1998년까지 셸은 자신과 관계가 있는 비영리 이해관계자들에 대한 책임감 증대를 표명하기 위해 구성된 다양한 외부활동을 벌였다. 신뢰에 대한 지원에서 셸은 1998년 가을 "이익과 원칙, 선택의 여지가 있을까요?"라고 이름붙인 보고서를 제출했다. 이 보고서는 셸이 지속가능발전과 인간권리에 대한 이해관계자들의 관심에 대응하는 다양한 단계를 보여준다. 동시에 이 보고서는 발전을 위한 경영 시스템의 로드맵을 제시한다. 여기서 발전에는 평판과 책임감의 제도화, 회계시스템, 표준화 작업, 외부의 인정, 그리고 지속적인 향상 같은 것들을 포함한다. <그림 8-3>은 이와 관련한 이니셔티브를 요약해놓았다.

셸의 탐색과정은 기업의 정체성을 세상에 알리고 발굴하는 데 필수적인 인과관계의 모범적인 초기 모델이다. 이 과정은 이해관계자들이

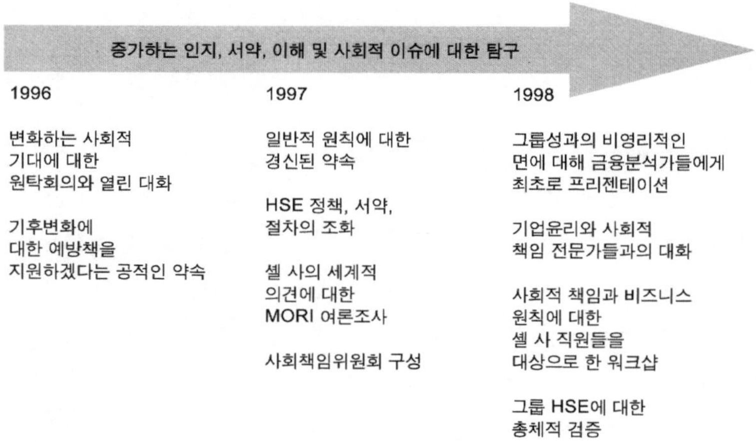

<그림 8-3> 셸의 새로운 정체성의 표현

원하고 기업이 평판을 구축하는 것을 돕는 신뢰를 만들어낸다. 셸의 이야기가 시사하듯, 이러한 과정은 내부적·외부적 표출의 신뢰할 수 있는 과정을 따라야 한다. 우리는 이를 순서대로 수행해야 한다.

내부적 표출과정

기업의 내부적 정체성을 일단 한번 찾아내서 구체화시켜버리면 그것은 정체성 구축의 설계를 위한 토대가 된다. 정체성 구축은 종업원들을 타깃으로 하는 커뮤니케이션과 이니셔티브를 통해 형성된다. 이러한 메시지를 전달하는 노력은 원칙적으로 선별적인 보증, 수용 그리고 기업의 구성된 정체성에 대한 내재화를 이끌어내기 위해 구성된다.

경험에 따르면, 구성된 정체성이 보다 잘 수용되게 하려면 기업은 다음 네 가지 전략을 고려해야 한다.

전략 1: 위에서 아래로 전달되는 설득성 메시지를 만들고 주입하라.
전략 2: 중간 수준의 합의를 이끌어내라.
전략 3: 연합하라.
전략 4: 대화와 합의를 자극할 수 있는 혼란을 허용하라.

이러한 네 가지 변신전략은 아주 효과가 있을 수도 있고 정반대일 수도 있다. 전략의 선택이 해당기업이 처한 상황에 주로 의존하지 않을 수 없기 때문이다. 위에서 아래로 전달되는 설득은 정체성에서 근본적인 변화가 필요할 때, 그리고 기업이 시장이나 경쟁압력으로 신속히 움직여야 할 때 더욱 효과적이다. 중간 수준의 합의도출 전략은 종업원들간의 강한 결속을 필요로 하는 진화단계에 잘 부합한다. 연합전략은 공유된 정체성이 문제시되고 기업이 제품라인이나 사업, 부서를 활성화하여 연합적인 지원을 하고 합작을 활성화해야 할 경우 유용하게 쓰인다. 마지막으로 혼란허용 전략은 결론을 내리기까지 더 많은 시간이 필요하고 기업 속에 다양한 하위문화가 있어야 하므로 다양한 정체성 구성요소를 통해 지역환경에 적응해야 하는 좀더 극단적인 환경에 걸맞다. 세계적인 기업과 이들이 운영하는 고도로 다양화된 사업은 때로 기업의 내부정체성을 종업원들에게 심어주고 표출하기 위해 이 네 가지 전략을 적절하게 조합하기도 한다.

구성된 정체성의 수용도를 높이는 것은 기업이 신뢰를 쌓는 데 필수적이다. 경영자와 종업원들은 기업정체성의 인식에 있어서 차이를 보이며 때로는 구축된 정체성과 종업원들이 인식하는 정체성 간에 틈이 벌어지기도 한다. 이는 기업과 종업원들과의 동일시 정도를 떨어뜨린다. 만약 동일시의 정도가 낮으면 종업원들은 일하고 기업활동을 하는 데 동기부여가 덜 될 것이고 외부인들에게 기업을 대표해서 행동하는 데 수동적이고 둔감해질 것이다.

1990년대에 미국에 기반을 둔 지방항공사 사우스웨스트 항공은 내부적 표출과정의 훌륭한 예를 보여준다. 허브 켈러허의 지도 아래 일류기업으로 평가받은 이 항공사는, 대개 어떻게 해서 내부적 표출이 조직의 성과를 결정짓는 세 가지 주요 수준에 영향을 미치는지 잘 입증해주었다. 그 산물이란 종업원과 소비자 그리고 이익이다. 이 항공사의 서비스 질에 대한 높은 평가는 소비자와 만나는 최전방 종업원들의 기술과 서약 덕분이다. 기업은 종업원들이 승객에게 적절한 서비스를 제공할 수 있도록 독려하기 위해 종업원들을 마치 내부 고객인 듯 대우했고 마침내 원하는 결과를 끌어냈다. 제2장에서 제시한 평판가치 사이클을 지지한 사우스웨스트 항공의 정체성 표출은 종업원들에게 소비자 서비스 수준을 향상시킬 수 있는 능력과 동기를 부여했다. 이로써 소비자의 만족과 유지 그리고 판매수입과 이윤증대를 이룩할 수 있었다.

내부적 표출에는 늘 강력한 리더십과 비전이 필요하다. 사람들은 그들의 작업이 광범위한 사업정황과 얼마나 잘 맞는지 알고자 한다. 또한 그들이 지향하며 일하는 목표에 대한 믿음을 가지기 바란다. 사우스웨스트 항공사는 항공사 기업문화를 형성하는 임무와 비전을 지녔다. 이 기업의 문화는 어떻게 사업전략을 수행하고, 어떻게 종업원들을 다루는가에 관한 것이다. 사우스웨스트 항공사는 소비자보다 종업원들을 더 우선시했다. 이 항공사의 핵심비전은 더 나은 대우를 받는 사람이 일을 더 잘 수행한다는 것이다. 수년에 걸쳐 다듬어진 팀워크, 타인에 대한 봉사, 그리고 기업이익에 대해 최고의 관심을 갖고 행동하는 것은 사우스웨스트 항공사 정체성의 정신적이고 공동체적인 표현의 핵심요소가 되었다.

사우스웨스트 항공사의 또 다른 문화주제는 '유머에 대한 강조'이다. 이 항공사가 임무에 대해 기술한 내용 중 일부를 보면 "소비자 대응 서비스는 따뜻하고 친근해야 하며 개인적인 자부심과 기업혼을 갖고 수행한다"고 되어 있다. 듣기에는 간단해 보이지만, 사우스웨스트 항공사는 이러한 취지를 적극적으로 살리고자 노력한다. 이러한 노력 덕택에 사우스웨스트 항공사는 기업이 소비자를 얼마나 기쁘게 해줄 수 있는가를 알려줌으로써 항공사 성공신화를 이룩했다. 이들 중 하나는 전설적인 회장 허브 켈러허가 직접 소비자에게 음료를 대접한 사건이며, 다른 하나는 그가 기업의 통상적인 이벤트에서 가벼운 희극을 보여주며 랩송까지 불렀다는 점이다. 오늘날에도 사우스웨스트 항공사는 종업원이 보여주는 유머로 정평이 나있다.

명백히 사우스웨스트 항공사가 소비자로부터 얻은 높은 평판지수, 우호적인 언론보도 그리고 재무적인 성공은 대부분 종업원의 참여와 실천에 뿌리내리고 있는 강력한 기업정체성, 기업과 종업원 간의 동일시 그리고 강력한 고객 지향성 덕분이다. 소비자로부터 지속적으로 가장 호의적인 평판을 받고 있는 사우스웨스트 항공사 같은 회사는 기업의 정체성을 종업원에게 단지 주입시키는 것이 아니라 그들 마음 깊은 곳에서 스스로 우러나오도록 만든다.

외부적 표출과정

내부적 표출이 종업원들에게 기업과의 동일시를 창출하는 데 관련되어 있다면, 외부적 표출은 이해관계자들의 동일시와 기업평판을 쌓기 위해 구성된다. 3장에서 다뤘듯이 이해관계자들의 기업에 대한 동일시는 신뢰에 대한 감성소구의 결과이다. 감성소구는 신뢰, 호감 그리고 존경심을 유발하는 기업의 역량이다.

이해관계자들에게 감정적인 소구로 표출하는 것은—셸의 보고서를 인용하여 이야기하면—기업의 신뢰를 '이익, 인간, 지구'에 대한 강조를 통해 얻을 수 있다. 이익을 곰곰이 따져보는 것은 기업의 성과에 대한 일관성의 토대에 신뢰를 담으려 애쓰는 것이다. 인간에 대해 숙고하는 것은 기업의 사회적 책임을 도입하고 지지함으로써, 인간의 이익에 봉사하는 기업의 포괄적인 책임을 강조하는 것이다. 마지막으로 기업은 자연계 즉 지구가 지속적으로 잘 유지 보존될 수 있도록 기업이 노력을 하고 이를 외부에 커뮤니케이션함으로써 신뢰를 얻고자 한다. 우리는 앞으로 평판지수라는 측면에서 세 기업을 조명해보고자 한다. 즉 각 기업이 어떠한 방식으로 자신들의 신뢰성을 다양하게 표출하고 있는지 살펴보기로 하자.

셸의 표출방식

셸은 평판과 시장가치가 추락해 관찰의 시기를 요구했던 1995년의 위기에서 어떤 교훈을 배웠는가? 셸은 자사의 비즈니스 모델과 역사적 가치를 다시 조명할 수밖에 없었고, 그 와중에 자사의 비즈니스 모델을 이해관계자들의 기대에 부합하게 조정하는 진통을 겪었다. 이해

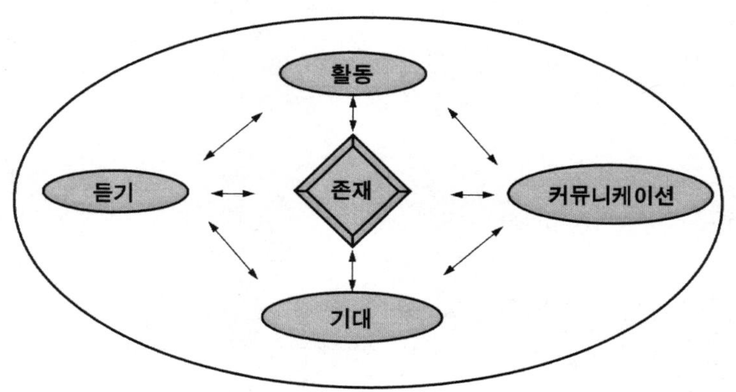

<그림 8-4> 신뢰성 창출의 학습모델

관계자들의 기대변화를 이끌어내고자 하는 신 모델의 결과, 셸은 존재와 행동에 대한 내적인 원칙을 발전시켰다. 마침내 셸은 다양한 커뮤니케이션 수단을 통해 이해관계자들에게 그러한 변화를 연결지었다. <그림 8-4>는 WoMAC팀의 다양한 창의성으로부터 나타난 평판관리 모델을 보여준다. 이 모델은 일반적으로 준수해야 할 과정을 보여준다.

셸의 경험에서 볼 때 목표가 잘 겨냥된 평판관리는 이해관계자들의 기대(이해관계자들이 기업에 관한 정보를 처리하는 필터)에 대한 주의 깊은 이해에서부터 시작됨을 시사한다. 이해관계자들의 필터를 이해하는 것은 이해관계자들이 기업가치를 판단하기 위해 걸러진 정보를 이용한다는 점에서 중요하다. 우리는 이러한 단계를 '듣기'라고 부른다. 듣기는 이해관계자들과의 주의 깊은 다시 말해서 기업이 행동평가 기준을 이해할 수 있도록 해주는 상호작용과 관련되어 있다. 또한 듣기를 통해 기업은 이해관계자들이 채택하고 인식하는 세계를 보는 지도를 수집할 수 있고 그 지도를 전략적 포지셔닝의 지표로 삼을 수도 있다. 포커스 그룹과 다양한 나라를 둘러보고 다양한 이해관계자 집단에 의존해서 셸은 진정으로 다양한 소리를 듣고 이해관계자들의 기대를 집적한 지도를 만들고자 진지한 노력을 했다.

강한 평판을 형성하는 데 진지한 기업은 듣기 단계에서부터 문자 그대로 진지하게 (기업활동의 핵심영역까지) 받아들여야 한다. 셸은 자사의 사업기본틀과 핵심목표 모두를 다시 조사했다. 한 기업에 있어서 사업의 기본틀은 그 기업의 전통, 정체성, 그리고 미래에 대한 영감(전략적 활동목표 등)의 총화이다. 우리는 이 단계를 '존재(being)'라고 부른다. 왜냐하면 한 기업의 독특한 사업수행 방식을 정의하기 위해서는 그 기업의 역사와 전략에 의존해야 하기 때문이다. 우리는 또한 그것이 기업의 문화와 개성, 역사의 서술, 전략적 목표, 그리고 다른 이와의 관계를 반영하기에 존재라고 부른다. 기업의 사업수행 원칙에 관한 보고서를 수정하고자 한다든가 기업정체성에 대한 보고서를 개발하고자 하는 노력 등은 평판관리의 존재단계에 충실하고 있음을 나타내는 모범적인 사례이다.

'기대(anticipating)'는 듣기와 존재를 행동계획으로 나아가게 한다. 이것은 본질적인 행동변화를 요구하는 이해관계자들의 다양한 기대 가운데 어떤 것을 선택할 것인가라는 문제와 관련되어 있다. 이 단계는 또한 어떻게 기업의 행동이 이해관계자들의 기대와 일치하여 변화하는가를 보여준다. 이 점에서 이것은 새로운 방식의 '행동하기(doing)'와 관련된다. 주변의 도움을 이끌어낼 수 있는 경영자가 되는 원칙은 셸과 셸을 둘러싼 다양한 이해관계자 그리고 그들이 셸에 대해서 갖고 있는 다양한 기대와 연관성이 있다.

마지막으로 셸은 자사의 원칙을 이해관계자들에게 전달되도록 고안된 다수의 커뮤니케이션 아이템을 창안했다. 우리는 이러한 단계를 '커뮤니케이션하기'—이것은 기업이 자사의 현 상황을 설명하고 기업이 의존할 원칙을 이해관계자들에게 설명해주는 상호간의 의사표현 수단이다—라고 부른다. 기업은 또한 이 원칙에 맞추어 행동—기업의 커뮤니케이션 상대에게 효력이 있는—을 한다. 커뮤니케이션은 이해관계자들의 관심을 표현하기도 하지만 기업의 정체성 즉 기업의 존재방식을 반영하고 있다. 커뮤니케이션은 정보제공, 설명, 얼개설정, 과장하기, 또는 상징적으로 기업행동을 반영하기 등과 관련된다. 주의 깊은 기대와 해석은 대기업의 일상생활에서 터져나온 사건이 구설수에 오르거나 위기로 비화되지 않도록 예방한다.

우리는 이 과정을 거쳐서 기업은 신뢰를 획득하게 될 것이라고 주장한다. 즉, 기업 내부에 공유된 기업의 정체성이 핵심 이해관계자들의 다양한 기대를 긍정적으로 반영하고 있고, 반대로 이들 이해관계자들이 기업에 대해 가지고 있는 믿음이 기업 내부의 정체성을 정확히 반영하고 있는 상태가 되는 것이다. 신뢰를 얻는 주요 메커니즘은 이해관계자들에게 표현하는 커뮤니케이션에 있다. 자신을 표현하는 커뮤니케이션은 주의를 끌고 느낌을 조작하기보다는 조직의 개성을 나타내는 것이어야 한다. 이해관계자들의 관심을 진심으로 충족시킬 수 있고 기업의 가치를 일반화시킬 수 있다. 따라서 이해관계자들의 기업에 대한 인상은 호의적이 된다. 이러한 기초가 없다면 기업의 우호적 평판은 셸의 1995년 위기보다 훨씬 더 작은 태풍에도 무너져버리는 일시적인 환상이 될 것이다. 바꾸어 말하면 평판에 기초한 상호이해의 토대 위에서 행동하면 기업은 이해관계자들의 지지를 받고 숙명적인 논쟁의 거친 바다에서 평판 있는 자본을 유지할 것이다.

셸의 경험은 환경문제가 기업 이해관계자들의 주된 관심사가 될 수도 있음을 보여준다. 따라서 이해관계자들의 기대는 일상적으로 관찰되어야 한다. 그들의 기대는 일찌감치 변화했음에도 불구하고 엉뚱한 행동을 하여 곤경에 빠지는 일은 없어야 할 것이다. 이 개념이 주장하는 바는 평판관리는 전략적 분석의 초석이 되어야 한다는 점이다. 왜냐하면 그것은 기업이 변화하는 환경 속에서 자신의 포지셔닝을 어떻게 하는가를 보여주기 때문이다. 전략에서의 변화가 고려되어야 하며, 마찬가지로 변화 가능한 평판에서의 결과에 대해서도 평가되어야 한다.

셸이 경험을 통해 얻은 평판관리 모델은 기업평판에 대한 관리가 불가피하게 조직 정체성에 대한 관리와 연관되어 있음을 보여준다. 기업이 어떻게 받아들여지길 원하느냐에 영향을 미치기 위해서, 기업은 스스로 무엇이 되기를 바라는가를 변화시켜야 한다. 그렇게 함으로써 기업의 이미지만 관리하는 소극적 경영에서 벗어나, 이해관계자들이 더 깊은 신뢰와 지지를 명시적으로 보여주는 표현적 커뮤니케이션으로 전환하게 된다. 그럼으로써 자산으로서의 기업평판의 지속성은 더욱더 잘 보장된다.

노보 노르디스크의 표출방식

덴마크의 제약기업 노보 노르디스크는 덴마크에서 아주 유명하고 존경받는 기업 가운데 하나이다. 노보 노르디스크는 다양한 당뇨병 치료제를 보유하고 있으며, 세계에서 가장 발전된 인슐린 운송 시스템을 구축해놓고 있다. 이 기업은 지혈, 성장장애, 호르몬 대체요법 분야에서도 주도적인 위치를 구축하고 있다. 노보 노르디스크의 목표는 과학적·인도적 진보 그리고 사회발전에 공헌하는 것을 포함한다. 그러나 당뇨병 없는 세상을 원한다는 기업의 주장에는 약간의 모순이 있다. 따지고 보면 인슐린의 생산과 판매에만 주력하고 있는 기업의 입장에서 인슐린의 수요가 줄어드는 것은 원치 않을 것이다. 그러나 노보 노르디스크의 경우 그러한 주장이 믿을 만하고 자신의 주장대로 정확히 실천에 옮기고 있다는 사실을 증명한다. 즉 이 기업은 보다 개선된 당뇨병 예방책, 검진 그리고 치료방법의 발견 등을 통하여 이것을 증명하고 있다. 노보 노르디스크는 당뇨병의 증가세를 막기 위해 해당 질병에 대한 다양한 연구 및 투자가 이뤄지도록 하는 질병관리 프로그램에 더 많은 투자를 함으로써 대응했다. 이 부문에 대한 노보 노르디스크의 투자는 다른 어떤 제약회사보다 많다.

이 기업의 신뢰성을 보여주는 다른 예로는, 노보 노르디스크가 인도 방갈로에 당뇨병에 대한 정보와 질병 관리정보를 환자와 가족에게 제공하는 콜센터인 당뇨병 인포라인을 만들어 소비자들의 당뇨병에 대한 인식을 개선했다는 점이다. 당뇨병 인포라인은 수많은 당뇨병 환자들이 치료는커녕 진료조차도 되지 않는 나라에서 당뇨병에 대한 인식을 끌어올렸다. 특수훈련을 받은 간호사와 영양사가 하루 12시간, 일주일 내내 전화를 받는다. 그들은 잦은 질문에 답하고 영양, 식단, 그리고 방갈로에서 할 수 있는 당뇨병 치료에 대한 정보를 제공한다.

'being there'—필요로 하는 곳이면 어디든지 달려간다는 약속을 평판 플랫폼으로 삼고 있는 노보 노르디스크는 극빈한 나라에서 적합한 당뇨병 치료법에 대한 더 나은 접근법을 제공한다는 평판을 지니고 있다. 따라서 노보 노르디스크는 개발도상국의 당뇨병 치료법 발전을 목표로 하는 LEAD(당뇨병 치료에 관한 교육과 접근에서의 지도력)운동을 전개하고 있다. 지구촌 전역의 건강관리를 위한 전략으로서의 이 이니셔티브는 네 가지 하위전략으로 구성되어 있다. 구체적으로 열거하면 개발도상국의 당뇨병 전략, 국가의 건강관리 역량을 세우는 전략, 가장 현실적인 가격을 보장하는 전략 그리고 추가투자를 공급하는 전략 등이다.

당뇨병에 대한 국가적 대처전략의 개발은 세계보건기구(WHO)에 의해 영감을 받은, 건강관리를 위한 노보 노르디스크의 모델에서 네 가지 주된 점 가운데 하나이다. 이 전략을 통해서 노보 노르디스크는 이 분야에서 세계 최고의 사례로 인식되었고, 국가적 지원과 함께 이것을 그 나라에 적용시키도록 각 정부에게 용기를 불어넣어준다.

노보 노르디스크는 또한 가능한 해결책으로 파트너십의 가치를 오랫동안 인식해왔다. 공통목표를 달성하려고 건강관리 시스템의 모든 조직과 공조하는 일은 노보 노르디스크 비전의 일부이다. 2001년 노보 노르디스크는 개발도상국에서 자사의 이니셔티브에 대한 개요를 발간했다. 이 개요는 100개가 넘는 파트너십, 건설 중인 설비, 교육프로그램, 당뇨병 연구를 위한 보조금, 그리고 아시아·아프리카·중동·남미에서의 위기시 기부금을 기재하고 있다.

아무리 당뇨병 치료를 위한 발전적인 접근의 수행이 본질적이라 해도 인슐린 가격은 언제나 중요한 요소이다. 그것은 왜 노보 노르디스크가 UN이 정한 50대 최빈국에 공급하는 인슐린 가격을 북미·유럽 그리고 일본 시장에 공급하는 평균가의 20%를 넘지 않도록 싸게 책정했는지에 대한 정책을 설명해준다.

웨스트팩의 표출방식

웨스트팩(Westpac)은 호주에서 처음 세워진 은행이다. 원래 뉴 사우스 웨일즈 은행(Bank of New South Wales)으로 알려져 있던 웨스트팩은 1817년 건립되었고 뉴 사우스 웨일즈 지방의회 조례에 의해 1850년 주식회사가 되었다.

호주의 첫 은행이다 보니 웨스트팩은 처음부터 지역사회와 관련을 맺었다. 웨스트팩은 지역사회를 유지하고 사회에 공헌하는 데 기업이 얼마나 큰 역할을 할 수 있는지 잘 알고 있었다. 웨스트팩은 식민지 시절 주지사 맥쿼리(Macquarie)의 공헌으로 자리를 잡았고, 웨스트팩이 그간 수행해온 가치와 전통을 명문화했다. 그 내용은 청렴, 믿음과 확신, 고객과 종업원 그리고 지역사회에 대한 헌신, 그리고 혁신을 통한 지도력 등이다. 2001년 6월 웨스트팩은 사회적 책임감의 실행에 대한 성명을 발표했다. 그것은 고객, 정부, 지역사회 그리고 종업원들과의 건설적 대화를 보장하는 데 중요한 계기가 되었다.

웨스트팩은 지역사회의 공헌에 종업원들을 동원한다. '매칭 기프트(Matching Gift)'[1] 제도는 웨스트팩이 종업원들에게 세금감면 혜택이 있는 기부를 늘림으로써 사회에 공헌하게 만드는 친숙한 지역사회 프로그램이다. 이외에도 많은 종업원들이 지역사회 프로그램에 참여하기를 자원한다. 경영진은 종업원들이 사회에 봉사하는 데 도움을 주기 위해 유급휴가와 탄력적 업무시간제 등을 제공한다.

모든 웨스트팩 종업원들은 매년 '사회봉사의 날'이라는 이름으로 휴가를 보낼 권리가 있다. 이것은 종업원들이 자원봉사 노력에 쉽게 참가할 수 있도록 은행이 제공한 유급휴가일이다.

매년 최고경영자는 기업의 지역사회 집단들을 재정지원할 때 가장

---

1) 사원이 비영리단체에 대한 기부 혹은 시회봉사 목적으로 급여의 일정 부분을 떼면 회사도 그에 상응하는 금액을 덧붙여 기증하는 것-역자주

우수한 개인과 팀을 선발해 사회자원상을 시상함으로써 웨스트팩 종업원들의 자원봉사 노력을 인정하고 또 포상한다.

사회책임에 대한 확실한 의사표명 덕분에 웨스트팩은 The Age/Sydney Morning Herald[2)]에서 발간한 호주 호평목록에 오른 바 있다. 비록 순위측정은 호주의 관찰자들에 의해 광범위하게 이뤄졌지만, 그것은 웨스트팩의 사회 관련성을 인식하게 해주는 자료이다. BRW라는 호주 기업의 상위 100위 목록과 비교해보면 웨스트팩은 전체 2위, 사회공헌도 부문 4위를 차지했다.

그러나 명확한 지역사회에 대한 공헌에도 불구하고 웨스트팩의 진취적 자세는 일반소비자에게 잘 알려져 있지 않다. 2001년 호주의 평판지수 측정에서 웨스트팩은 소비자로부터 20위로 순위가 매겨졌다. 이는 콜즈 마이어나 이보다 훨씬 소규모인 벤디고 은행(Bendigo Bank)보다도 뒤처지는 순위였다. 평판기업을 보다 강화하고 웨스트팩 은행의 신뢰성을 전달할 목적으로 전문적인 커뮤니케이션을 개발한다면, 웨스트팩은 의심할 여지없이 공중의 인지도를 끌어모을 힘을 갖게 될 것이다.

도전받는 신뢰성

신뢰성은 평판을 만들어낸다. 신뢰성은 오랜 기간 정의로운 일을 일관되게 행함으로써 생겨난다. 우리는 이 장에서 세계 각국의 다양한 분야에서 최고 평판지수를 받은 기업은 평판관리에 적절한 기업 정체성을 확보함으로써 높은 신뢰를 획득했다는 사실을 지적했다. 다른 기업은 이런 기업이 제공하는 여러 사례들과 여기서 배울 수 있는

2) 특정분야 기업이 그 분야에서 공헌한 정도를 측정하는 시민운동단체 – 역자 주

네 가지 교훈을 통해 영감을 얻을 수 있고 또 마땅히 얻어야 한다.

- **교훈** 1: 당신 기업의 개성을 드러낼 시간을 가짐으로써 당신이 누구인가를 명확히 하라.
- **교훈** 2: 기업의 개성을 명확하게 드러내는 내적 표출의 구조적 변화과정을 통해 기업의 정체성에 관한 폭넓은 여론을 모아라.
- **교훈** 3: 이해관계자들이 기업의 정체성을 인식하도록 구성된 메시지 전략을 폭넓게 사용하여 기업의 정체성을 표현하라.
- **교훈** 4: 스스로에게 충실하라! 단기 시각을 지닌 투자자, 시민운동가들, 소비자들의 기업에 대한 압박에 기민하게 반응하고자 기업의 핵심목표와 가치를 양보하지 말라.

가시성과 차별성이 결합할 경우 이 네 가지 교훈은 많은 일류기업이 평판을 쌓는 데 도움이 되며, 낮은 평판을 가진 기업이 일류기업을 따라잡는 데 도움이 되는 방법을 제시하고 있다. 다음 장에서 우리는 투명성이 어떻게 기업의 신용도를 끌어올리는 동력이 되는지 그리고 기업을 진심으로 믿도록 이해관계자의 인식을 강화하는지에 대하여 살펴보고자 한다.

09 Be transparent

투명성을 확보하라

투명한 물체는 빛을 통과시키므로 그 뒤에 있는 것이 보인다. 마찬가지로 경영이 투명한 기업은 이해관계자들이 제대로 볼 수 있게 해준다. 즉 해당기업에 대해 그들이 보고 싶은 것은 뭐든지 볼 수 있도록 한다. 투명한 기업은 늘 백주대낮에 보란 듯이 경영을 한다. <그림 9-1>은 ING 그룹의 새 본사를 보여준다. 이 네덜란드 출신의 금융 서비스업체는 세계적인 기업으로 성장했다. 이 투명한 건물은 그들의 금융 서비스가 이해관계자들에게 투명하게 제공되고 있음을 무의식적이고 은유적으로 보여준다.

구체적으로 말하면 투명한 기업은 기업의 현재 운영과 미래 전망에 대해 정확한 평가를 하려고 하는 이해관계자에게 필요한 모든 관련정보를 얻도록 해준다. 공식적으로 스탠더드 앤 푸어스(Standard & Poor's)는 투명성을 "기업의 운영과 재무상태 그리고 기업관리 방침에 관한 적절한 정보를 시의성 있게 드러내는 것"이라 정의했다. 최근의 연구에서 스탠더드 앤 푸어스는 미국·유럽·라틴아메리카 그리고 아시아의

<그림 9-1> ING 그룹의 본사 신축사옥: 암스텔담 인근의 이 건축물은 기업투명성을 잠재의식적 상징물로 구현하고 있다

1,500개 기업을 대상으로 공개된 행적에 대해 조사했다. 그들은 투명성과 공개성(T&D)의 실체에 관한 98개 목록을 작성했다. 이는 기업 연례 보고서와 여타의 공식적인 문서에서 어떻게 수행되었는지에 초점을 맞추었다. 스탠더드 앤 푸어스의 분석을 통하여 IPO 수준이 지역별, 그리고 국가별로 아주 극적이리만치 차이가 심하다는 것이 밝혀졌다. 예를 들어 미국과 영국이 가장 높은 공개수준을 보여주는데 반해, 라틴아메리카와 아시아는 최소의 공개수준을 보여주었다. 심지어 IPO가 법적으로 규정된 곳에서조차 공개이행 정도가 천차만별이라는 사실을 확인했다.

또한 그들은 연례 보고서에 공개된 모든 정보가 시장에서의 위험 및 가치평가와 아주 높은 상관관계를 맺고 있다는 중요한 사실도 알아냈다. 이에 대한 논의를 살펴보면 다음과 같다.

> 투명성과 공개성 등급이 높은 기업일수록 시장에서의 위험은 점점 더 낮아진다. 게다가 연례 보고서를 기반으로 한 더 높은 T&D 등급을 가진 기업

은 장부가 대비 더 높은 시장가치를 가지는 경향이 있다. 스탠더드 앤 푸어스의 예비조사는 기업이 더 높은 투명성과 공개성을 제공함으로써 자기 자본비용을 낮출 수 있다는 사실을 보여준다.

이러한 조사결과는 기업이 투명하면 할수록 이해관계자들이 기업의 공개성에 점점 더 의존하고 기업의 전망에 점점 신뢰를 갖게 된다는 사실을 보여준다. 2장 '평판가치는 무엇인가?'에서 논했던 평판의 가치 사이클에서 보듯이 기업은 투명성으로부터 분명한 수익을 얻는다. 게다가 스탠더드 앤 푸어스의 조사는 재무적인 것이 아닌 사실에 대한 공개가 엉뚱하게도 큰 도움이 될 수도 있다는 사실을 발견했다.

소유권 구조, 투자자 권리, 그리고 경영과 이사회 구조 등의 영역에서 공개수준이 가장 낮게 나타난다. 이 연구에서 상위권에 든 기업은 재무분야의 완전한 공개와 더불어 더 높은 수준의 비재무적인 분야의 공개도 실행한다.

얼핏 보면 대개의 기업은 상당히 많은 양의 경영정보를 공개하는 듯 보인다. 기업은 언론, 광고, 기사, 책 그리고 뉴스레터 등을 통해 충분하게 커뮤니케이션한다. 웹사이트가 제공하는 강연, 보고서, 연설 그리고 성명서 등을 통해 기업의 내부동향과 운영상태를 실제와 거의 다름없이 꼼꼼하게 살펴볼 수 있다. 인터넷과 같은 기술의 발달은 기업활동을 대화방, 뉴스그룹, 온라인 그리고 사설 등의 경로를 통해 빠르게 알려지도록 한다.

그러나 좀더 자세히 살펴보면 기업과 그들의 경영활동이 매우 불투명하고 애매모호해 보인다. 최고 경영인과의 직접적인 물리적 접촉은 사실 어렵다. 경영진 중에 한 사람을 만나기 위해서는 상당한 인내심이 필요하며 그들을 만날 수 있도록 주선할 '적절한 접촉'이 필요하다. 경영인과 약속을 미리 해야 하고, 방문록에 기록하고 방문증을 받고 안내를 받아야 하는 번거로운 절차를 밟아보면, 정작 기업 내부의 엘리트 정보를 접할 수 있는 기회는 점점 어려워진다. 분명한 점은 모든 사람들이 환영받지 않는다는 사실이다. 그리고 기업과의 직접적인 접촉은 고위 관리층과 연관이 있는 특별히 허가된 소수로 제한되어 있다. 그래서 진실하고도 완전한 투명성은 단지 환상일지도 모른다. 그러나 외부 관찰자는 점점 투명성을 주장하고 있고, 많은 기업은 투명성을 한층 더 높이기 위해 적극적으로 연구하고 있다. 이는 최근에 활동적인 주주들이 기업의 연례회의에서 제출했던 수많은 해결책에서 잘 나타난다.

글락소 스미스 클라인(Glaxo Smith Kline)을 생각해보라. 2003년 5월에 이 기업은 경영진의 연봉에 대해 투표한 결과, 영국의 기업역사상 주주에게 손실을 준(주주가 투표에서 진) 최초의 기업이 되었다. 이 결정으로 인해 CEO인 진 피에르 가니에(Jean-Pierre Ganier)에 대한 연봉이 과다하게 책정되었다고 생각한 주주들과 글락소의 이사회는 논쟁적인 대립국면에 돌입했다. "글락소가 연례회의 이전에 많은 노력을 했다고 할 테지만 구체적인 사실은 아무것도 없다. 가니에의 연봉책정은 소동을 야기했고, 혹자는 주주들이 너무 예민했던 것으로 생각할 것이다"라고 한 주주는 말했다.

이 장에서는 평판이 좋은 기업이 그들의 투명성을 어떻게 관리하는지 알아보겠다. 결론은 다음과 같다. 더 나은 평판을 가진 기업이 그들의 경쟁기업보다 투명성을 더 많이 확보하고 있다. 그리고 그들의 재무상태를 좀더 정확하게 공개할 뿐만 아니라 내부 운영상태에도 좀더 가시적이고 접근하기 쉽도록 한다. 투명성 그 자체는 목표가 아니라 수단과 목적이라는 사실을 증명함으로써 신뢰를 증가시키고 주주들이 가지는 기업에 대한 불확실성을 감소시킨다. 우리는 다섯 가지 주요한 평판영역에 대해 기업의 투명성을 설명한다. 이는 제품과 서비스, 비전과 리더십, 재무성과, 사회적 책임, 그리고 근무환경이다. 공개의 정도는 얼마나 힘있는 이해관계자들이 기업에게 공개의 압력을 강하게 하느냐에 달려 있다.

투명성 수준

국제결제은행(The Bank for International Settlement)은 투명성에 대한 다음과 같은 네 가지 상세한 기준을 제시하고 있다.

포괄성

포괄성(Comprehensive)이란 정보 사용자가 조직에 대해 의미있는 평가를 할 수 있도록 정보가 포괄적으로 제공되고 있는가를 의미한다. 왜냐하면 정보는 혼합된 총체로서, 그리고 복합적인 형태로 제공되기 때문이다.

적절성과 시의성

적절성과 시의성(Relevance and Timeliness)이란 정보의 사용자가 그들의 의사결정 과정에서 적절한 시기에, 그리고 그 정보가 필요한 때에 기업의 제품이나 서비스로 인한 기대위험이나 기대수익을 적절하게 평가할 수 있도록 정보가 제공되고 있느냐를 의미한다

신뢰성

신뢰성(Reliability)은 표현을 목적으로 하는 믿을 만한 진술이다. 이 신뢰성은 모든 중대한 사항에 있어서 입증되어야 하고, 중립적이고, 신중하며 완벽해야 한다.

비교 가능성

비교 가능성(Comparability)은 사용자가 획득한 정보의 정확성이 협회

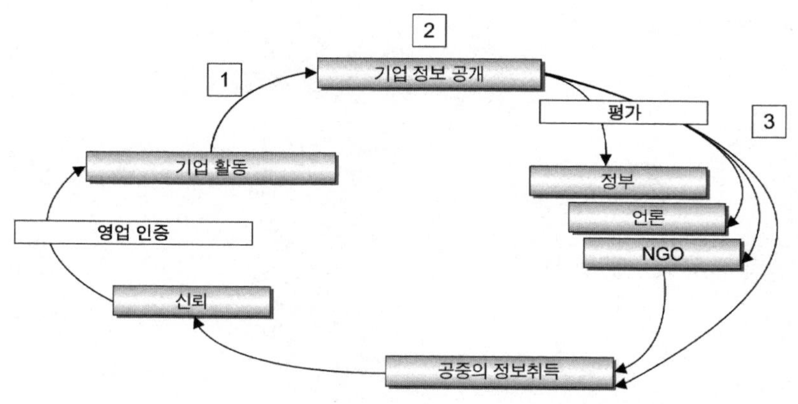

<그림 9-2> 투명성 순환 사이클

나 국가(만약 관련된다면) 등의 여러 경로를 통하여 중첩적으로 상호 비교 검토될 수 있어야 한다는 의미이다.

공개성은 공중의 신뢰를 유지하기 위해 결정적으로 중요하다. 왜냐하면 공개성은 기업이 주장하는 바의 진위 여부를 사람들로 하여금 판명할 수 있도록 하는 근거를 제공하기 때문이다. 투명성에 대한 요구는 의사결정에 있어서 위험을 줄이고자 하는 인간의 바람을 반영한다. 제품을 소비하는 데 있어 위험을 줄이고자 하는 소비자들의 바람은 자신들을 보호하기 위해 제품 라벨 부착에 관한 법을 만들어냈다. 마찬가지로 투자자들은 그들이 직면하는 투자위험을 줄이기 위해서 재무정보에 관한 투명성을 요청하고 있다.

앞서 지적한 스탠더드 앤 푸어스의 연구에서 인용하였듯이, 더 나은 평판을 가진 기업일수록 더욱 투명하다. 투명한 기업은 다른 기업보다 스스로 더 많은 정보를 제공한다. 그리고 기업은 논쟁적인 이슈에 대해 이해관계자와 대화할 수 있는 장을 마련한다. 전세계에 온라인상의 운영이 점점 증가함에 따라 투명성에 관한 일차적 척도는 기업이 웹사이트를 정교하게 만들고 유지하는 차원이다. 이 지침은 주식 소유권, 이사회와 경영구조 그리고 관계자와 접촉할 수 있는 접촉점을 포함하는 재무적 공개성에 대한 투명성뿐 아니라 이해관계자 각자가 관심을 갖는 정보를 포함한다. 정보접촉이 가능하지 않은 사이트는 일반적으로 불투명한 기업이다. 대부분 투명한 기업은 재무적인 공동체가 제공하는 연례 보고서, 보도자료, 종업원의 조사, 제품재고, 그리고 평가에 직접적으로 접근할 수 있다.

투명성은 신뢰를 만든다. 투명성은 흥미를 가지는 이해관계자들에게 기업의 주장을 입증시켜줄 수 있다. 이는 과대광고와 자기과장을 회피함으로써 가능하다. <그림 9-2>는 투명성의 순환과정에 관한 그림이다: 기업은 소비자와 이해관계자에게 제품과 서비스를 제공한다. 이해관계자들은 제품과 서비스의 제공과 관련된 모든 과정에 흥미를 느낀다. 정부, 언론, 그리고 NGO는 기업활동을 평가한다. 기업활동에 관한 긍정적인 평가는 기업이 이해관계자들의 만족을 증진시킴으로써 이루어진다. 이는 더 나아가 신뢰를 증진시키고 기업을 운영하기 위한 기업의 인허가를 유지시켜준다.

최근 미국에서 일어난 엔론, 월드컴 그리고 아델피아의 기업 스캔들과 유럽에서 일어난 비벤디, LVMH, 아홀드 같은 기업의 스캔들은 우리에게 생각할 거리를 주고 있다: 확실히 기업의 투명성은 저절로 이뤄지는 것은 아니다. 미국의 조지 부시(George W. Bush) 대통령은 2002년 7월 공개연설에서 다음과 같이 말했다.

> 사기성이 농후한 행동은 사람들의 신뢰를 흔들어놓는다. 너무나 많은 기업이 이 나라가 고수하고 있는 가치와는 무관하게 행동하고 있는 것처럼 보인다. 이러한 스캔들은 다수의 선량하고 정직한 기업의 명성에 해를 끼치고 있다. 그들은 주식시장에도 피해를 끼쳤다. 그리고 무엇보다 나쁜 것은 수백만의 사람들이 생계와 노후설계를 위해, 그리고 마음의 평화와 금전적인 안정을 얻기 위해 의지하고 있는 기업의 실체에 흠집을 내고 있다는 사실이다.

이 연설은 기업으로 하여금 다양한 이니셔티브를 통하여 투명성과 공개성을 보다 증대시키고자 하는 분위기를 촉발했다. 첫째, 기업비리 특별전담팀의 설립이다. 이 특별 전담팀은 재무범죄 담당 특수기동대의 역할을 하게 되며, 기업활동에 있어서의 권한남용으로 인한 비리 조사를 감독하는 역할을 수행하게 된다. 둘째, 10점 척도의 '미국 기업의 책임경영 계획안'이다. 이 안은 주주들에게 보다 나은 정보를 제공하고, 기업간부들에게 명확한 경영책임을 부여하며, 보다 강력하고 보다 독립적인 회계감사를 행할 목적으로 제안되었다. 부당하게 취득한 임원의 보수에 대한 변상, 경쟁사에서의 임직 제한, 연례 재무제표에 대한 CEO의 사적인 확인서 제출 등의 사항이 책임경영 계획안의 핵심요소이다.

투명성의 동인

자부심은 일반적으로 사람과 기업으로 하여금 자신에 대한 정보를 밝히도록 한다. 이를 통해서 자신을 좋아 보이게 만드는 경향이 있다. 기업은 드물게 외부의 청중들에게 정보를 제공하기 위해 이니셔티브를 갖는다. 정보를 제공하기 위해서는 시간과 비용이 많이 든다. 정보는 포괄적이고, 적절성과 시의성을 가지고 있고, 믿을 수 있고 비교할 수 있어야 한다. 투명성과 공개성의 원칙을 채택하는 것은 그 중요성을 주장하는 외부의 힘이 강력히 작용한 때문이다. <그림 9-3>은 주요한 투명성의 동인을 잘 보여주고 있다. 차례로 외부적 동인을 살펴보자.

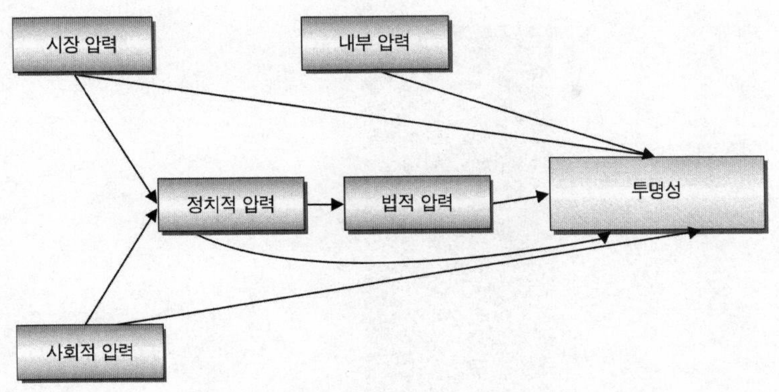

<그림 9-3> 투명성의 다섯 가지 동인

시장압력

기업은 가끔씩 지적 재산권을 둘러싸고 다른 기업과 분쟁을 일으키기도 하고 기업 내부기록에 접근하기 위해 법정에 탄원서를 내기도 한다. 예를 들어 제약회사의 경우, 새로 출시한 신약의 가격정책의 정당성을 밝힐 수 있도록 그것의 개발과정에 투입된 투자비율의 상세한 명세를 밝힐 것을 감독기관으로부터 요구받는다. 기업은 다른 경쟁제품의 성분을 알아내기 위해 스파이 전술을 구사한다. 혹은 자신의 제품이 부당한 복제를 당하고 지적 재산권을 침해당하고 있다고 주장한다. 소비자들은 구매하는 약과 에너지의 높은 가격에 대해서 탐욕스러운 기업이 바가지를 씌우고 있다고 주장한다. 이러한 시장압력은 기업이 이익구조에 대해 좀더 분명하게 알려줄 것을 권장하고 있다. 즉 기업이 비용내역을 보여줌으로써 기업의 가격정책을 정당화시킬 수 있다.

<그림 9-4>는 영국-네덜란드 정유사인 셸이 이런 요구에 어떻게 대응하는지를 잘 보여준다. 기업의 이익을 창출하는 비용과 이익에

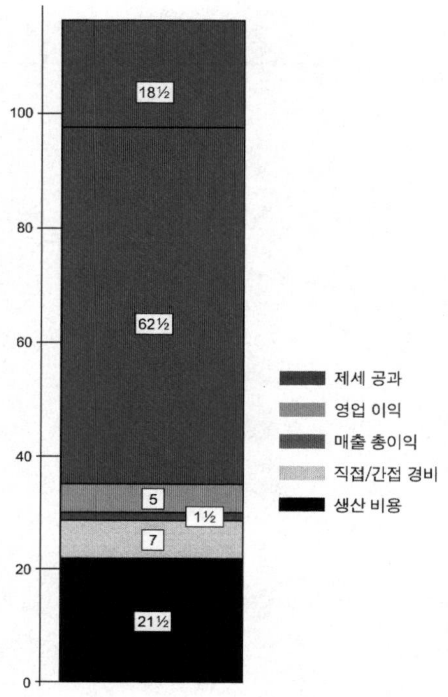

<그림 9-4> 셸의 가솔린 판매수입 내역
(출처: www.shell.com)

대한 내역을 간결한 형식으로 제시했다. 좀더 상세한 내역일수록 더 큰 도움이 될 수 있다. 만약에 임원의 연봉 규모와 같은 최근의 관심 사항에 대한 내용을 알려준다면 더욱 도움이 될 것이다. 이와 같은 대응은 기업이 공중으로부터 투명성에 대한 신뢰를 얻기 위해서 보다 빨리 실천되어야 한다.

사회적 압력

현재 기업에 대한 회의주의가 만연해 있다. 회의주의는 보이콧과 항의가 포함된 과정에서 분명하게 나타난다. 이는 종종 그린피스, 세계야생동물보호연맹, 소비자권리 조직단체, 그리고 건강관리 로비 등과 같은 전문적인 NGO를 통해 나타난다.

정치인들과 저널리스트들은 이러한 압력단체가 제출한 주장에 자연스럽게 동조한다. 공익, 인권 그리고 환경에 대한 보호는 반대하기가 어렵다. 그리고 소비자의 대변인이 비난한 기업은 일반적으로 '나쁜 기업'으로 묘사되거나 그렇게 인식된다.

저널리스트이자 작가인 나오미 클라인(Naomi Klein)은 아마도 반기업 활동가 중 가장 대표적인 사람일 것이다. 그녀의 베스트셀러 『노 로고(*No Logo*)』는 대기업과 기업활동에 대한 칭찬, 비방을 모아놓았다. 이 책은 연례 세계경제포럼 집회에 모인 의식 있는 공중에 의한 또 다른 형태의 무정부적 시위를 설명하고 있다. 그녀는 이 책에서 다음과 같이 말했다.

> 위기는 국경을 초월하여 퍼져나간다. 단기적 이윤추구에 급급한 지구촌 경제는 점점 더 절박해지고 있는 생태위기와 인류의 위기에 대응할 능력이 없음이 증명되었다. 예를 들면 화석연료를 대체할 지속가능한 에너지 자원을 개발하지도 못했고, 그동안의 숱한 약속과 다짐에도 불구하고 확산일로에 있는 아프리카의 면역결핍증(HIV)을 막아낼 자원의 충당도 하지 못했다. 게다가 기아를 줄이기 위한 국제협약은 제대로 준수된 바가 없으며, 유럽에서는 기본적인 식품안전조차 지켜지지 못한 사실을 쉬쉬하고 있다. 이러한 사실을 두고 볼 때, 특정시기 터져나온 저항운동이 왜 그 시기에 터져나오는지 설명하기는 매우 어렵다. 왜냐하면 저항운동의 대상이 되는 이런 사회적이거나 환경관련문제는 지난 수십 년 동안 항상 문제시되어왔던 일이기 때문이다. 그러나 신용의 문제는 확실히 세계화되어야 한다. 학교의 기금이 거덜나고 오염된 식수가 공급되는 일이 생기면 무능한 재무관리 담당자나 개별국가의 정부의 썩어빠진 부패를 비난하곤 한다.
>
> 오늘날 국경을 초월하여 넘나드는 수많은 정보교환 덕택에 이러한 문제는 세계화 이데올로기의 지역적 효과, 즉 특정국가의 정치인에 의해 저질러진 것으로 치부되고 만다. 그러나 그 속을 들여다보면 한줌도 안 되는 기업

<그림 9-5> 맥도널드, 웹사이트를 통해 세분화된 영양 성분을 제시하고 있다

(출처: www.mcdonalds.com/countries/usa/food/index.html)

의 이윤추구 논리가 보이고 WHO, IMF 그리고 세계은행(World Bank) 등의 국제기구의 냄새도 풍긴다.

패스트푸드에 지방이 과다하며 사람의 건강에 악영향을 미친다는 논쟁으로 인해 미국의 맥도널드는 각각의 제품에 함유된 지방성분을 면밀히 제시하고 있다. 식당에서도 메뉴에 올라 있는 각각의 음식이 함유하고 있는 상세한 영양성분에 관한 정보를 제시하고 있다. 그리고 심지어 감자튀김을 만들 때도 지방을 줄이기 위해서 새로운 식용유로 바꾸었다는 제시까지 하고 있다. 또한 <그림 9-5>와 같이 맥도널드는 그들의 웹사이트를 통해 영양 성분에 대한 상세한 정보를 표시하고 있다. 2002년 9월 16일 맥도널드는 저지방을 함유한 감자튀김을 발표했는데 이는 기사의 헤드라인이 되었다. 분명히 기업은 제품을 제공하는데 있어서 투명성에 대한 사회적 압력을 수용하고 있다.

정치적 압력

분명히 정치적 압력은 기업정보의 공개성에 영향을 준다. 예를 들어 1998년 네덜란드 정부는 이케아(IKEA)를 고소했다. 이 기업은 비용을 최소화하기 위해 제품을 생산하는데 있어서 아동 노동력을 착취했다는 것이다. 고소장에서 말해주듯이 이케아는 야만적인 독점력을 통해 공급자에게 생산비용을 낮추도록 강요한다는 사실이 밝혀졌다. 생존을 위해 납품업자들은 노동비용을 절감하고자 아동을 고용하기 시작했다. 이러한 유형의 정치적 압력은 이케아가 실행조약을 선택하도록 강요했다. 제품의 투명성을 알리기 위해 이케아는 오늘날 그들의 카펫에 "아동의 노동력은 사용하지 않는다"고 써 붙이고 있다.

2001년 이케아는 납품업자들 사이의 작업장 조건과 환경에 대한 인지를 관리하기 위해 실행조약을 소개했다. 이 실행조약은 작업장에서의 건강, 안전, 그리고 아동 노동력 사용을 금지하는 문제를 담고 있다. 세계적인 이케아 지사에 있는 종업원들은 실행조약을 실제적으로 이행하고자 한다. 많은 납품업자들은 이미 기본적인 조건을 충족시키고 있다. 또 다른 납품업자들은 이케아와 함께 일하면서 필수적인 개선을 하고 있다. 이케아는 기업에 대한 외부의 품질관리와 감사기업에 긴밀하게 협조한다. 또한 감사기업은 자사와 납품업자들이 조약의 필요조건을 이행하는지를 점검한다.

법적 압력

부시 대통령의 정치적 압력과 2002년에 합법적인 이니셔티브의 추진을 제안한 그의 정치연설은 기업에게 법률적인 압력을 가한 것이었다. 이 연설은 소비자를 보호하기 위해 기업의 투명성을 확보하고자 했다. 최근의 가장 강력한 합법적인 이니셔티브는 미국의 사베인-옥슬리법[1)]이다. 이 법률은 2002년 미국 기업의 스캔들의 결과로 만들어졌다. 이 법률은 미국에서 기업의 공개성과 관리의 규정을 철저히 조사하도록 제안한다. 또한 이 법률은 미국 증권거래위원회에게 강력하게 권한을 부여하고 새로운 회계감독위원회를 창설하고 벌금과 제재를 늘렸다. 공식화된 법률안의 모든 규정을 포괄할 수 있는 원칙 중의 하

---

1) 엔론 사태에서 비롯된 회계 투명성 문제는 미국으로 하여금 사베인-옥슬리법을 제정하도록 했다. 기업 회계부정을 막기 위해 폴 사베인 상원 은행위원장과 마이클 옥슬리 하원 금융서비스위원장 주도로 마련된 기업회계개혁법–역자주

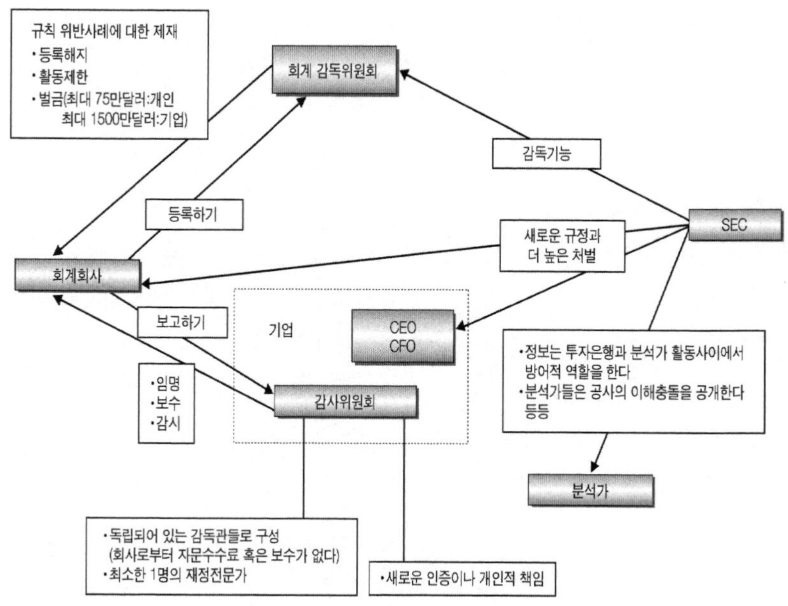

<그림 9-6> 사베인-옥슬리법: 법률적 압력을 초래한 정치적 압력의 형태

나는 투명성이다. 그러므로 사베인-옥슬리법은 어떻게 정치적 압력이 법에 적용되는지 보여주는 좋은 예이다. 이 법률은 이를 따르지 않는 기업에게 처벌을 가함으로써 더욱더 기업을 투명하게 만든다. <그림 9-6>은 법률의 내부적 운영을 보여준다. 기업 CEO와 CFO를 위한 새로운 형식의 증명서, 임기의 제한, 재무제표 보고와 입증에 관한 규칙을 제안한다. 또한 회계와 재무서비스, 기업 내의 애널리스트와 감사자 사이의 이해관계에 대한 갈등을 막아주는 강력한 장벽의 역할을 한다.

기업 투명성을 위한 플랫폼

투명성은 기업의 행동과 이니셔티브에서 나타난다. 역사적으로 공개성에 대한 최초의 요구는 제품에 포장 라벨을 부착할 것을 요구하면서 일어났다. 자본시장이 점점 커지고 정교해짐에 따라 재무정보의 공개를 개선하려는 요구는 가시성을 증대시켰다. 공개성에 대한 최근의 요구는 일터와 사회적 프로그램에까지 확장되었다. 기업은 종업원의 만족도에 대한 조사결과를 발표하고, 웹사이트에 시민단체로부터 받은 상을 드러내고, 자선단체에 베푼 자금의 수혜자에 대한 내용을 올리는 등의 일을 점점 더 자주하게 되었다. 당분간 이러한 대응전략은 초기의 주도권자들에게는 차별성의 근거가 될 것이다. 바디숍은 일찍이 개인 케어용품 산업에 친환경적인 태도를 취해 자본화를 꾀한 기업이다. 베네통은 1980년에 충격적 광고를 내보냈다. 이 광고는 에이즈, 모피, 그리고 중요한 활동가들의 지지를 받는 여러 의제를 기반으로 한다. BP는 에너지 산업에 '녹색 라벨'을 승인받기 위해 노력하는 중이다.

평판지수 프로젝트에서 순위에 오른 기업에 관해 분석했다. 그 결과 평판지수 프로젝트 순위에 오른 기업(도약을 추구하는 많은 기업) 중

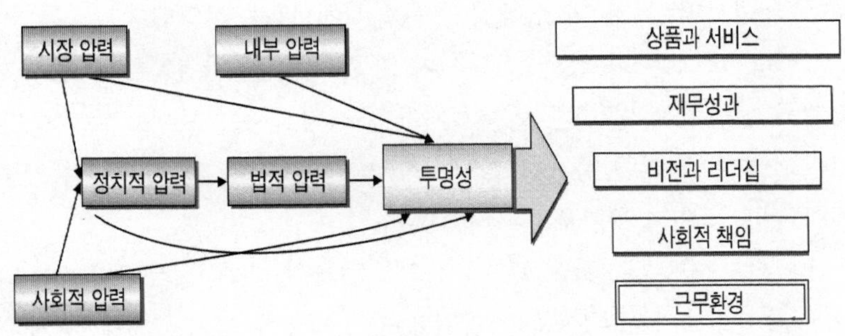

<그림 9-7> 다섯 가지 투명성 플랫폼

최고의 기업은 그들의 투명성을 입증하기 위해서 5개 평판 플랫폼 중에서 하나 혹은 그 이상의 플랫폼에 점점 더 의존한다는 사실을 얻었다. <그림 9-7>은 평판대상 기업의 감성소구를 이끌어내는 평판의 다섯 가지 핵심측면을 나타내고 있다.

제품과 서비스에 관한 투명성

가장 오래된 공개성의 플랫폼은 라벨이다. 이는 방목하는 소 주인들이 개방된 들판에서 그들의 소를 구별하기 위해서 딱지를 붙임으로써 시작했다. 그후에 커피 도매상들이 작은 개별묶음 포장지에 기업의 라벨을 붙이기 시작했다. 포장과 라벨은 기업이 투명성을 가짐으로써 이익을 얻은 첫 분야이다.

현재 많은 기업이 제품의 투명성을 증가시켜서 소비자의 신뢰를 증진하려는 노력을 하고 있다. 유전자 변형(GM) 식품과 가축의 질병과 관련된 최근 이슈는 소비자들이 식품의 성분에 관해 우려하게 만든다. 최근에 일어나는 소비자 소송은 법률제정을 부추기고 있다. 또한 법률은 기업이 그들의 식품에 영양적 가치를 상세히 표기하도록 강요한다. 오늘날 몇몇 기업은 규정된 법률사항보다 더 많은 정보를 담는다. 1990년 말 유럽에서 발생한 광우병으로 인해 맥도널드는 법으로 정해놓은 규정보다 훨씬 더 상세하게 원산지에 관해 설명했다.

<그림 9-8>은 마크 앤 스펜서가 제품의 질을 안전하게 보장하기 위해서 농장이 아닌 다른 납품업자들을 선택한다는 사실을 보여준다. 이는 소고기에 대한 상세한 원산지를 찾을 수 있게 해주고 유럽 공동체의 원산지 표시사항보다 상세하다.

네덜란드 정유사 셸은 그들이 제공하는 많은 양의 정보뿐만 아니라 그 정보를 커뮤니케이션하는 방법에서도 제품과 서비스에 관한 높은 투명성을 가지고 있다. <그림 9-9>의 웹사이트는 이해관계자 그룹이

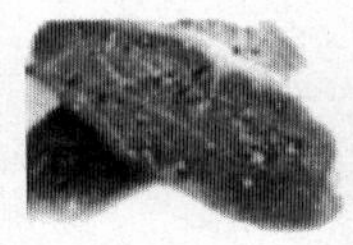

Meet the farmer

놀랍게 들릴지도 모르겠지만 마크앤스펜스가 공급하는 모든 생육은 언제든지 최초 공급자인 농장까지 추적할 수 있습니다.

우리는 동물의 건강한 사육, 그리고 그것을 통한 완벽한 품질의 확보와 음식으로서의 안전성의 유지라는 목적을 달성하기 위해 지난 몇 년 동안 최고 수준의 기준 마련과 그것에 근거한 상세한 실천규정을 완벽하게 구축하기 위해서 공급자들과 함께 밤낮없이 노력해왔습니다.

우리 회사의 숙련된 기술자들이 정기적으로 농장을 방문하여 이러한 엄격한 기준이 잘 지켜지고 있는지 조사하고 있습니다. 가축들을 건강하게 잘 돌보고 있는지 사료에는 유전자 변형성분이 섞여 있지는 않은지, 우리가 지켜야 할 엄격한 기준으로 어떤 타협도 없이 관리하고 있습니다. 이제 우리 회사의 고기 맛이 왜 그렇게 좋은지 이해가지 않습니까?

MARKS & SPENCER

<그림 9-8> 마크 앤 스펜서의 제품투명성

(출처: Marks & Spencer, 2002)

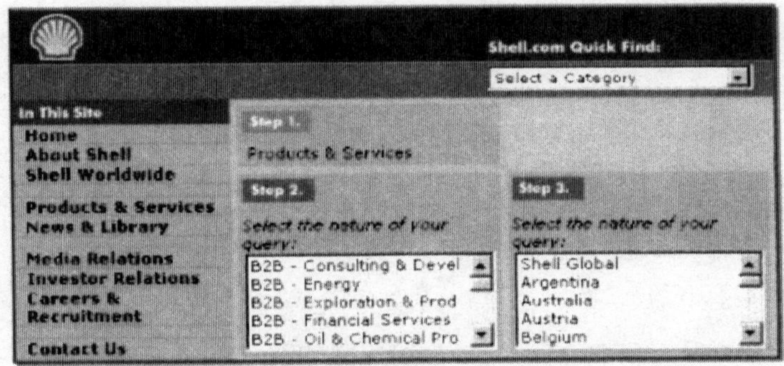

<그림 9-9> 셸의 제품 및 서비스 투명성

(출처: www.shell.com)

특정한 질문과 관련된 정보에 직접 접근할 수 있도록 구성되어 있다. 지방 제품의 정보에 대해서도 매우 상세하고 쉽게 접근할 수 있다. 예를 들어 네덜란드의 새로운 제품(Shell Pura)은 기업의 웹사이트에 제품에 관한 상세한 정보가 제공되어 있다. 이 정보에는 생산과정뿐 아니라 환경에 대한 영향도 포함되어 있다.

재무성과에 대한 투명성

엔론의 파산과 아더 앤더슨 붕괴의 여파로 인해 정치적 힘이 재무적이고 비재무적인 기업정보를 공개하도록 하는 엄격한 지침을 제정하도록 법적·제도적 압력을 가중시키고 있다. 주식시장의 투자자들과 금융평가기관의 유사한 요구도 관련 법 및 규제체계를 강화시켰다.

2001년 네덜란드 평판지수에서 상위권에 든 기업은 네덜란드의 거대 소매유통업체인 아홀드이다. 이 기업은 세계에서 최고로 조직된 투자자 관계집단에게 오랫동안 알려져왔다. 리매치(Rematch)가 평가한 네덜란드의 연례 보고서에서 아홀드의 보고서는 정보가치, 가독성, 그리고 레이아웃 부분에서 최고의 점수를 얻었다. 아홀드는 탁월한 접근법 덕분에 수많은 상을 받았다. 이 접근법은 적절한 시기에 정확한 재무정보를 대부분의 재무공동체와 주주에게 제공한 것이다. 상세한 정보는 인터넷, 프레젠테이션, 토론, 보고서, 로드쇼 프레젠테이션 등과 같은 형태로 나타나 있어 쉽게 접근할 수 있다. 기업은 가공되지 않은 재무정보를 제공하는 데 그치지 않고 세부사항을 위한 요구를 만족시키기 위해 좀더 많은 정보를 제공한다. 통계치와 운영에 관한 설명은 아홀드의 IR(Investor Relation)에 활력을 준다.

아이러니하게도, 2003년 2월에 아홀드 미국 식품서비스 영업부에서 5억 달러의 수익을 과대 계상하는 회계부정을 저질러서 투자자들을 오도하게 만들었다. 아홀드의 CEO와 CFO는 사임했고 기업의 주식은 61%까지 떨어졌다. 세부적인 항목들은 여전히 밝혀지지 않고 있지만 기업의 투명성은 곧바로 나락으로 떨어졌고 신뢰를 상실하게 되었다. 소비자는 단기적으로는 아홀드를 2001년의 호의적인 기업으로 평가할 만큼 우롱당했다. 그러나 장기적으로 보면 진정한 투명성의 결여가 값비싼 대가를 초래한다는 사실은 명백하며, 기업의 평판은 앞으로 소비자 여론조사에서 심각한 타격을 입게 될 것이다.

이제 호주의 은행 웨스트팩을 살펴보자. 이 기업은 스탠더드 앤 푸어스의 재무적 투명성 지수에서 높은 등급을 차지했다. 이 기업은 회계기준에 의한 표준 재무제표 데이터 이상을 커뮤니케이션하고 있다. 예를 들어, 기업은 '귀중한 고객'의 구성원에 대한 항목을 정의하고 보고하는 데 많은 시간을 들인다. 그 결과를 통하여 웨스트팩은 신규 고객 관계관리 플랫폼을 형성하고 있다. 이 은행은 지속적으로 서로 다른 가치 부분을 통한 고객비율의 변화를 도식적으로 보여주고 있다. 웨스트팩의 연례 보고서는 기업이 운영하는 규제환경에 대해 부합해야 하는 관련요구 상황을 분명히 기술하고 있다. 게다가 이 보고서는 주요한 지리학적인 시장 각각의 규제 영향에 대한 특정한 정보를 제

〈그림 9-10〉 ≪이코노미스트≫지 커버를 장식한 만화

(출처: *The Economist*, 2002)

공한다. 여기에는 각각의 영역에서의 관련규제기구와 그 역할이 포함된다. 이러한 방식으로 보고함으로써 기업은 이해관계자들에게 재무적 투명성을 높인다. 따라서 웨스트팩은 높은 평판으로 이익을 얻을 수 있다.

리더십과 비전에 대한 투명성

기업의 CEO와 다른 고위 관리자들이 어느 정도로 활발하게 언론의의 각광을 받을 만한 일을 수행했는지, 폭넓은 공중의 토론에 어느 정도 활발하게 참가했는지, 그 활동의 두드러진 정도에 따라 리더십의 투명성이 종업원과 이해관계자들에게 전달되는 수준이 결정된다. 예를 들어 CEO의 평판에 대한 수년간의 연구를 통해 버슨 마스텔러(Burson-Marsteller)의 최고 지식경영인인 레슬리 게인즈로스(Leslie Gaines-Ross)는 다음과 같은 확신을 하게 되었다. 기업에 대한 인식을 효과적으로 관리하는 일에는, 그 기업의 CEO에 대한 올바른 평가와 CEO에 대한 공중의 가시성을 높이는 작업이 포함된다. 그녀의 분석에 따르면 우수한 CEO들은 그들이 운영하는 기업에 탁월한 명예를 안겨준다. GE의 잭 웰치, 인텔의 앤디 그로브(Andy Grove), 그리고 버진(Virgin)의 리차드 브랜슨(Richard Branson)이 바로 우수한 CEO들의 예이다. 물론 위험한 사실은 CEO의 실패는 곧 기업의 실패를 의미할 수도 있다는 점이다(2002년과 2003년에 부당 내부거래 혐의로 고소당한 마사 스튜어트의 영향이 이를 입증한다. 이 사건이 기업의 주가에 미친 영향 때문에 그녀의 이름은 땅에 떨어지게 되었다). 반면 승리한 CEO는 종종 평판자본을 확보하게 된다.

7장 '차별성을 확보하라'에서 보았듯이 기업은 그들의 이니셔티브와 커뮤니케이션의 토대를 제공하고 있는 핵심평판 플랫폼에 의존하고 있을 때 대지에 뿌리내리고 정착하게 된다. 핵심평판 플랫폼은 기업이 스스로 실현하고자 하는 기업비전의 투명성을 설파하는 역할을 한다. 노보 노르디스크와 3M같이 평판이 가장 높게 평가된 기업은, 각기 당뇨병 치료와 기술혁신이라는 평판 플랫폼에 엄청난 투자가 되어 있기 때문에 그들의 커뮤니케이션은 동종업계의 어떤 기업보다 더 주목을 받게 된다. 그리고 그들의 비전이 진실이라는 것을 누구나 믿을 수 있을 정도로 일관성과 그들의 결의를 드러낸다. 그들은 끊임없이 스스로를 개혁하고 자신들이 제공하는 상품과 서비스 내용을 혁신함으로써 언제 요구할지 모르는 잠재적 소비자들의 수요를 충족시키기 위하여 대비하고 있다.

제품이나 서비스 면에서는 별로 혁신적이지 못한 기업이 자신의 비전을 커뮤니케이션하는 데 있어서는 매우 투명할 수도 있다. 기업의 비전이 매력적이고 소구력이 강할수록 일반 대중들은 그 기업에 대하여 호의를 보인다. 만약 비전이 매우 매력적이고 소구력이 강한 기업이 있다면 그 기업은 이미 부와 명성을 얻은 것이나 다름없을 것이다.

리더십과 비전에 대한 투명성은 기업을 둘러싼 이해관계자들의 지지를 계속적으로 도출하는 데 도움이 된다. 만약 그렇지 못하다면 그들은 기업의 전망에 대하여 회의적이 될 수도 있을 것이다. 인터넷 서점 아마존은 1990년대를 통하여 투자자들과 소비자들의 충성도를 획득했다. 그리고 인터넷 거품이 걷힐 때인 2000년 이후에도 투자자들과 소비자들의 변함없는 충성도를 유지했다. 그 이유는 비전과 리더십에 있어서 기업의 높은 투명성과 온라인상에서 '세상에서 가장 큰 서점'을 운영하는 아주 재치있는 제프 베조스(Jeff Bezos)와 그의 비전 때문이다. 어느 정상적인 투자자가 기업의 창립 이후에 단 한푼도 벌지 못하는 기업에 계속 투자하겠는가?

2001년 아홀드가 네덜란드에서 높은 평판을 가진 기업으로 순위에 든 또 다른 이유는 네덜란드 소매상들이 아홀드의 비전, 임무, 전략, 그리고 관리구조에 대한 일관된 투명성을 가졌기 때문이다. 기업과 기업의 리더는 일반대중의 토론과 미디어에서 가시적인 참여자일 뿐만 아니라 또한 신뢰를 받는 대상이기도 한다. 왜냐하면 기업과 리더들은 최소한 무엇이 기업을 대표하는지, 그리고 기업의 비전이 구체적으로 무엇을 의미하는지에 대해 끊임없이 커뮤니케이션하기 때문이다. 예를 들어 기업의 웹사이트에서 아홀드는 미래의 기업방향을 포함하는 다양한 주제 속에서 어떻게 기업의 비전을 실행하는지 보여준다. 아홀드의 CEO인 시스 반데 회벤을 집중 조명하고 방송하는 웹캐스트는 아홀드의 미래에 대한 경영자의 비전을 설파하기에 매우 유용한 온라인 매체였다. 뿐만 아니라 그는 네덜란드 신문에도 끊임없이 등장했다. 그는 2002년 인터미디어(Intermedia) 인용지수(Citation Index)에서 3위를 차지했다. 이러한 모든 요인은 아홀드의 강력한 평판에 공헌했다. 그러나 2003년 초에 기업의 몰락을 지켜보는 것은 실로 실망스러운 일이었다. 시스템 자체는 좋았으나 이는 단지 시스템을 실행하는 사람들에게만 좋은 것이었다. 아홀드의 많은 종업원들은 투명성에 대해 지속적으로 관리하는 일을 잊어버렸다.

3M이 기업의 비전과 리더들에 대해 커뮤니케이션하는 방식은 비전과 리더십의 투명성에 관한 좋은 예이다. 예를 들어 3M은 이해관계자들이 신제품 개발에 관해 상세히 설명해주는 기술혁신 이야기에 접근하도록 한다. 게다가 3M은 미래에 대한 기업의 명확한 비전에 대해 개방적으로 커뮤니케이션한다. 이와 달리 NGO단체 KAB(Keep America Beautiful)는 3M이 2002년에 '미국의 비전'상을 수여할 것이라고 발표했다. KAB는 3M이 환경에 대한 영향을 최소화하면서 제품과 제조과정을 끊임없이 개선해나가는 데 헌신하고 있다는 사실을 인정하고 있다. 또한 3M이 지속 가능한 발전을 위해 개발전략을 꾀하고 있다는 사실을 인정하고 있다. KAB의 회장 레이몬드 엠프슨(G. Reymond Empson)은 다음과 같이 말했다.

> 3M은 환경친화적 발전을 이해하고 육성하고 있다. 3M의 지속 가능성과

혁신의 역사와 비전은 환경에 대한 책임활동을 반영해준다. 3M의 분별 있는 수행은 KAB의 최고 명예를 얻을 만한 가치가 있다.

1975년 미국에서 환경운동이 시작되면서 3M은 3M 환경정책을 채택했다. 3M 정책은 주요 제조기업으로부터 측정 가능한 결과를 가져온 최초의 글로벌 환경정책이다. 같은 해에 3M은 자발적인 환경오염·환경예방·보상(Pollution·Prevention·Pay)이라는 3P 프로그램을 도입했다. 2001년까지 3P는 82만 1,000톤의 오염물질을 예방했고, 8억 5,700만 달러를 절약했다. 전세계에 있는 3M 종업원들은 4,820개가 넘는 3P 프로젝트를 시작했다.

3M의 뜻깊은 약속은 오늘날까지 계속된다. 3M의 장기적인 지속가능발전을 지향한 과정은 환경 효율성이라 불린다. 이 환경 효율성은 지속가능발전을 위한 세계비즈니스위원회(World Business Council for Sustainable Development)가 처음 정의했다. 이러한 목표를 성취하기 위한 전략은 3M의 환경, 건강, 안전관리 시스템으로 발전되었다. 환경, 건강, 안전관리 시스템은 끊임없이 개선하는 환경친화를 보증해준다. 이 시스템은 정부와 3M 기준을 만족시키고 능가하기 위한 것이다. 3M의 환경, 건강, 안전 관리 시스템은 라이프 사이클 관리의 중요성을 포함한다. 라이프 사이클 관리의 시스템 과정은 해마다 수백 개의 새로운 3M 제품이 개발되는 동안, 환경, 건강, 안전과 같은 이슈에 대한 적절한 이유를 확신시키는 데 적용하고 있다.

기업시민정신에 대한 투명성

기업시민정신에 대한 투명성은 기업과 이해관계자들에 의해 점점 긍정적으로 비춰진다. 그리고 이러한 사실은 아마도 공중의 압력 때문일 수도 있다. 기업시민정신은 기업의 실천을 윤리적 가치, 법적 준수 그리고 인간과 공동체와 환경에의 존중으로 연결시켜주는 기업 의사결정을 말한다. 최상급으로 평가된 기업에 대해 조사한 결과는 다음과 같다. 그 기업은 기업시민정신을 고양하는 이니셔티브를 아무런 연관성 없는 실천사항을 조각조각 맞추어 꿰매놓은 조각 누비이불이나 선의를 나타내기 위한 임기응변의 제스처 혹은 마케팅이나 PR, 기업이익에 동기부여된 이니셔티브 따위로 여기는 것이 아니라 진정으로 소중한 그 이상의 것으로 여기고 있다는 점이다. 오히려 기업시민정신에 대한 태도는 기업의 운영을 통해서 통합되고 최고경영자들이 지지하고 보상하는 정책, 실천행위 및 관련 프로그램의 포괄적인 집합을 의미한다.

많은 기업들이 기업시민정신이 가져오는 비즈니스 수익에 대해 인정할 뿐만 아니라 다른 사람들에게 알리기도 한다. 경험적 연구를 통해서 이러한 기업의 입장이 올바르다는 사실이 증명되고 있다. 연구결과 기업시민정신이 비즈니스의 경제적 수행에 긍정적인 영향을 주고, 주주가치에 해를 주지 않는다는 사실을 보여주었다. 뿐만 아니라 기업은 그들의 고객, 협력업체, 종업원, 지역공동체, 투자자, 시민운동조직 그리고 기타 다른 이해관계자들로부터 기업시민정신의 채택 및 확장을 권장받아왔다. 결과적으로 어떤 규모의 기업이든, 어느 분야의 기업이든 어느 때보다 훨씬 더 지역공동체라는 사회조직 속에서 그들의 신뢰성 있는 참여를 드러내보일 방법을 찾는 데 몰두하고 있고 그것을 위한 논의에 참여하고 있다. 그렇게 함으로써 세상을 향해 자신을 보다 투명하고 가시적으로 드러내보일 수 있도록 한다.

6장 '가시성을 확보하라'에서 보여주듯이, 소비자, 투자자, 감독기관, 공동체 그룹, 환경활동가, 무역 파트너, 그리고 그밖의 사람들은 기업에게 사회적 수행에 대한 더욱더 상세한 정보를 요청하고 있다. 이에 대한 응답으로, 선도기업은 보고서와 사회적 감사를 통해 여러 분야에 대한 기업의 사회적 수행을 설명하거나 공개한다. 점진적으로 많은 기업이 사회적·환경적 수행에 대한 상세한 정보를 제공하고 있다. 비록 정보가 부정적일지라도 기업은 이 정보를 웹사이트에 기꺼이 제공한다.

근무환경에 관한 투명성

점점 더 많은 기업이 근무환경 문제에 관한 투명성을 활용하고자 하고 있다. 최적의 작업환경을 갖춘 기업에 대한 조사에서 최상위에 오른 기업, 소수민족 고용에 있어서 가장 훌륭한 고용주 그리고 그와 유사한 수많은 이야기들은 종종 기업이 종업원의 환심을 사기 위한 노력의 일환으로 제공되는 근무환경에 관한 정보들이다. 실제로 그러한 조사들 중의 일부는 기업 스스로가 최고수준의 반열에 올라야 한다는 방침을 근거로 하고 있다. 물론 조사결과를 합리화할 수 있을 만큼의 내부적인 실천과 어떻게 경쟁기업에 뒤처지지 않을까를 대비하는 일이 필요하겠지만. 대다수의 중견기업에게는 종업원에게 혜택을 주기 위해서 기업이 제공하는 것, 즉 고용기회, 교육훈련 프로그램 그리고 경력관리 기회의 제공 등의 일에 대해서 구체적인 정보로 만들어놓는 일은 일상적인 일이 되었다. 예를 들어 맥도널드는 종업원들에게 어떤 단계를 밟아야 맥도널드 프랜차이즈의 점장이 될 수 있는 자격이 생기는지, 그리고 그렇게 되면 어떤 특혜와 이익이 생기는지 정확하게 말해준다. 맥도널드는 자기 회사는 '사람 중심의 철학(People Vision)'에 의해 운영된다고 자랑스럽게 말한다. "우리는 단지 사람들에게 서비스만 하는 햄버거 회사(a hamburger company)가 아니라 우리는 햄버거를 서비스하는 사람들의 회사(a people company)이다." 사람 중심의 원칙은 회사 근무환경의 투명성을 보여준다. 이러한 사실은 맥도널드가 지향하는 가치관과 기업문화를 그려내고 있는 것이다. 기업문화, 급여, 종업원 복지 및 인센티브 제도 등에 대한 투명성이 확보되면, 이제는 거꾸로 미래의 잠재적 구직자들이 지원해야 할 직업에 대해서 제대로 된 정보를 갖고 선택할 수 있는 상황이 된다. 이러한 상황은 또한 종업원모집이라는 난관을 극복하는 데 큰 도움이 되고 있다.

맥도널드의 근무환경에 관한 투명성을 고려하면 이 기업이 매번 그 분야에 관한 상을 타는 것도 우연의 일치는 아니다. 최근에는 스웨덴의 맥도널드가 스웨덴의 일류대학으로부터 가장 경쟁력 있는 기업으로 인정받았다. 100개 기업을 대상으로 독립된 심사원들이 종업원교육과 경력개발 부문의 실적을 엄중히 평가한 결과였다. 심사위원들은 전원일치의 투표를 통하여 맥도널드 문화의 주된 요소로 열정과 모든 종업원들에게 실질적인 기회를 제공하겠다는 공약을 꼽았다.

호주의 국립직업훈련협회(Australia National Training Assocoation)는 맥도널드를 1999년 '올해의 고용주'에 임명했다. 맥도널드는 3년 연속 수상의 영예를 안게 된 것이다. 더구나 맥도널드는 호주 국립직업훈련 당국으로부터 맥도널드의 관리직에 근무하는 관리자들의 관리경력을 대학의 학점을 이수한 것으로 공식 인정받았다.

브라질에서 맥도널드는 브라질의 가장 뛰어난 비즈니스 잡지로부터 3년 연속 소매업계에서 가장 우수한 고용주로 인정받았다. 이러한 상을 받게 된 가장 주요한 요인은 교육훈련, 종업원개발 그리고 승진기회 등에 있어서 맥도널드가 채택하고 있는 주요정책들 때문이다. 특히 맥도널드 임직원의 67%가 처음의 직장을 그대로 다니고 있을 정도이다. 또한 맥도널드는 브라질에 있는 소매산업 중 고용인이 가장 많다.

상위권으로 평가되는 기업은 그들의 근무환경을 외부에 공개하는 측면에 있어서 일반적인 수준보다 훨씬 적극적이다. 예를 들면 노보 노르디스크는 근무환경의 분위기, 기업문화, 그리고 손익명세를 매우 공개적으로 커뮤니케이션하는 기업이다. 이 기업은 모든 이해관계자 집단(<그림 9-11>의 외부 이해관계자 집단의 지도 참조)에 대하여 매우 투명

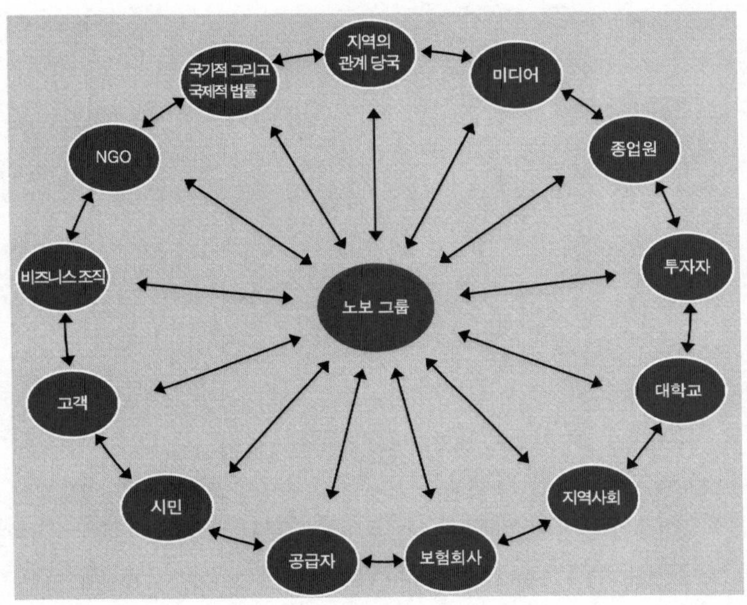

<그림 9-11> 노보 그룹의 이해관계자 지도

한 정책을 펴고 있고 그들과 꾸준한 대화의 장을 갖고 있다. 실제로 노보 노르디스크는 근무환경의 중요성을 너무나 잘 알고 있어서 종업원 만족도 조사 결과를 정기간행물 방식으로 출간하고 있는 몇 안 되는 기업 중 하나이다. 이런 방식은 정말 투명한 처리과정이라 할 수 있다. 왜냐하면 정기간행물이기 때문에 기업내부의 사정이 좋을 때건 나쁠 때건 시기와 상관없이 외부와 커뮤니케이션할 수 있기 때문이다.

기업시민정신의 투명성 지수

다음에는 기업시민정신(CC: Corporate Citizenship)의 투명성을 측정하는 열 가지 기준을 설명하고자 한다.

1. 기업의 사명, 비전 및 가치를 제시하는 문건에 기업시민정신이 특별히 강조되고 있는가?

   사회적 책임을 지고 있는 기업의 사명 혹은 비전을 보면 이익창출을 넘어선 어떤 목적 혹은 업계 최고가 되는 것 이상의 목표를 언급하고 있고 윤리적 기업강령을 내세우고 있다. 그리고 다양한 이해관계자 집단, 즉 기업의 소유자, 종업원, 고객, 협력업체, 공동체 및 자연환경 등을 위한 가치창출을 추구할 것을 언급하고 있다.

2. 기업시민정신의 의미하는 바를 기업이 설파하고 있는가? 기업이 말하는 바가 진정 기업시민정신과 일치하는가? 기업이 추구하고자 하는 가치를 표명하고 있는 문건의 내용이 진정한 의미의 기업시민정신과 양립할 수 있는 내용인가?

   사회적 책임은 혁신과 독립적인 사고방식이 환영받지 못하는 풍토에서는 제대로 수행될 수 없다. 만약 기업이 추구하고자 하는 가치가 공동체의 가치와 일치하지 않는다면 기업이 투명해지기는 어렵다. 기업이 추구하고자 하는 가치의 목표나 정신을 야심에 찬 내용으로 꾸밀 수도 있겠지만, 기업은 정말 실천할 수 있는 점만을 말해야 하고 뿐만 아니라 그것이 진심이라는 점을 실천을 통해서 증명해야 한다.

3. 전체 이사회 혹은 별도의 위원회가 기업시민정신을 실행할 계획 수립 과정에 참여하고 있으며 그것에 대한 경과 보고서를 받아보고 있는가?

   많은 기업들이 중요한 현안문제에 관한 전략계획 수립, 진행 과정에 대한 평가, 실행지침의 제공 등을 관장하는 기업의 사회적 책임을 담당하는 위원회를 이사회 소속으로 운영하고 있다.

이러한 위원회를 두고 있지 않은 이사회는 전체 이사회가 기업의 사회적 책임에 관련된 문제를 담당하기도 한다. 위원회나 이사회에 더하여 어떤 기업은 정책수립이나 그것의 실행에 있어서 생길 수 있는 여러 가지 문제, 즉 이사회의 의견차이가 심각하다든가 협상에 있어서 조건을 제시해야 할 경우 그리고 배상문제가 대두되었을 경우 등에 대비하여 확고한 가이드라인을 수립하고 있다.

4. 기업 내부에 기업시민정신을 직접 책임질 수 있는 고위직 임원이 있는가?

   어떤 기업은 특정 임원으로 하여금 기업시민정신에 관한 책임을 전적으로 담당하게 하고 있다. 그런 일을 담당하고 있는 개인이 매우 중요한 기업의 의사결정에 참여하고 있다는 사실은 기업시민정신이 중요한 요소로서 고려되고 있음을 증명하는 것이다.

5. 기업시민정신이 기업의 전략적 계획수립에 포함되어 있는가?

   많은 기업들이 그들의 장기적 계획수립 과정에 CSR(Corporate Social Responsibility: 기업의 사회적 책임)의 세부적인 목표를 정립하고 진행과정에 대한 평가책을 수립하고 회사의 주요 제안서에 CSR의 영향에 보고서를 첨부하는 등 CSR을 구체적으로 반영시키고 있는 중이다.

6. 기업시민정신의 목표달성에 대한 직접적인 설명의 의무를 이행하고 있는가?

   어떤 기업에서는 기업차원 및 부서차원의 사회적 책임활동에 대한 목표를 수립하는 노력에 더하여, 이러한 이슈를 직무내용 설명서와 업무목표 설명서에 적기하여 될 수 있는 대로 많은 관리자들과 종업원들에게 널리 알리고자 하는 시도가 행해지고 있다. 예를 들면, 관리자의 고용계약 지침서에 이런 내용을 반영하는 등의 방법이 그것이다. 이런 일은 사회적 책임에 동참하려는 기업 전반의 노력에 개개인들로 하여금 어떻게 하면 기여할 수 있는지를 이해시키는 데 도움이 된다.

7. 기업시민정신을 구현하고자 하는 기업의 노력을 전체 종업원들에게 충분히 알리고 있는가?

   이제 많은 기업들은 종업원들에게 부여된 과제에 대하여 문제의 중요성을 일깨워주지 못했거나 그 사안에 대하여 아무런 정보를 제공하지 못했거나 적절히 대처할 수 있는 수단을 제공하지 못한 상황에서는, 그들이 책임져야 할 어떤 행동에 대해서도 종업원들의 책임을 물을 수 없다고 깨닫고 있다. 이러한 기업은 관리직 훈련 프로그램에 해당과목을 포함시킨다든가 기업 의사결정 과정에 관리직이나 종업원을 직접 참가하도록 하여 그들로 하여금 책임있는 결과물을 도출하는 데 도움이 되도록 한다든가 하는 방법으로 기업의 사회적 책임을 기업 내부에 적극 홍보하고 있다. 많은 기업들은 노동자와 그 기업을 둘러싼 원료 공급업자들을 교육 훈련시키는 데 매우 혁신적인 웹 기반의 교육훈련기술을 사용하고 있다.

8. 종업원들이 선행을 하거나 기업시민정신을 선양하는 시의 적절한 행동을 했을 경우 이에 대한 표창 및 포상제도가 운영되고 있는가?

   대다수의 기업은 종업원들이 표창을 받거나 포상을 받는 행동에는 열심이지만 징계를 당할 수 있는 일들은 어떻게든 피하려고 하는 경향이 있다는 사실은 잘 알고 있다. 이런 점을 고려하면 종업원모집, 고용계약 체결, 승진, 급여 및 종업원에게 공적으로 명예를 부여하는 일 등의 모든 시스템들이 기업시민정신의 고양을 위해 기획될 수 있다.

9. 사회 및 환경관계 활동에 대하여 정기적인 감사보고를 수행하고

있는가? 그러한 감사는 독립적으로 행해지고 있는가?

점점 더 많은 기업이 자신들의 사회 및 환경관계 활동 및 그 실천에 대하여 정기적인 평가를 하는 것에 대한 가치를 깨닫고 있다. "우리는 어떻게 하고 있는가?"라는 비공식 질의에서부터 외부 감사인을 동원한 정기적인 조사에 이르기까지 기업은 사회적 책임의 이슈에 관련된 투자자, 종업원, 고객, 비즈니스 파트너, 및 공동체 구성원들의 기대를 어느 정도까지 만족시키고 있는지, 그들이 자기회사를 어떻게 보고 있는지에 관한 정보를 획득하고 있다.

10. 협력업체나 동종업계의 업체에게 영향력을 행사하여 기업시민정신에 대한 정책을 채택하게 하고 그것을 이행하게끔 노력하고 있는가?

몇몇 사회적 책임을 지고 있는 기업은 그들이 자신의 협력업체부터 동종업계의 업체 및 이종업계의 업체들에게까지 영향력을 행사할 수 있는 리더십을 발휘할 수 있다고 알고 있다. 그들은 궁극적으로 보다 더 많은 기업이 기업의 사회적 책임감에 대한 요청과 기대를 존중하면 할수록 모든 사람들의 이익이 증진된다는 사실을 알고 있다.

우리는 기업시민정신의 투명성 지수(CTI)를 구축하기 위해 기초가 되는 열 가지 기준을 사용한다. CTI는 기업이 보여주는 시민정신의 정도를 측정하는 수단이다. 이는 각각의 질문에 예 혹은 아니요 식의 응답을 코딩하도록 구성되어 있다. <그림 9-12>는 CTI를 보여준다.

우리는 평판지수 프로젝트가 실시된 2001년에 조사대상이 된 상위 5위 안에 든 기업과 하위권에 있는 5개 기업의 웹사이트를 세밀하게 조사했다. 각 기업의 웹사이트는 기업의 투명성을 나타내고 있는 부분을 선택했다. 평판지수 프로젝트에서 기업의 투명성에 대한 질적

분석을 토대로 보면 미국 기업은 그들의 시민정신에 대해 커뮤니케이션하는 방법을 선도했고 네덜란드, 호주, 덴마크 그리고 이탈리아가 그 뒤를 따랐다. 국적과 무관하게 그 결과를 보면 마이크로소프트, 아홀드, 소니, 노보 노르디스크, 그리고 존슨 앤 존슨은 적어도 70% 정도의 점수를 얻었다. 이런 기업 모두 시민정신 투명성이 높은 수준이었다. 이들 기업은 정기적으로 모든 이해관계자들에게 자신의 시민정신 활동에 대해 보고하고 커뮤니케이션하고 있었다.

대조적으로 투명성 지수에 있어서 최악의 기업은 거의 모두 이탈리

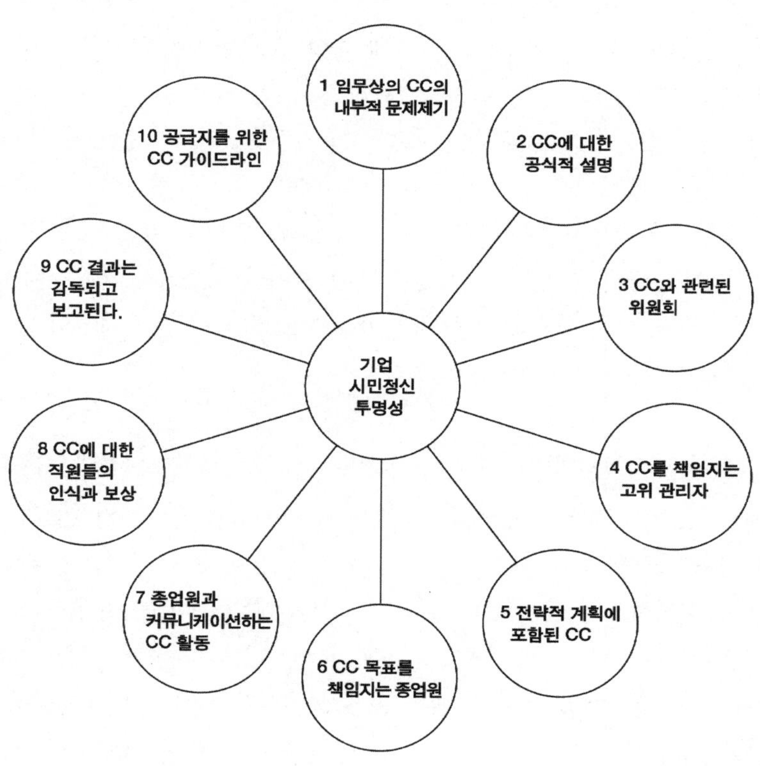

<그림 9-12> 기업시민정신의 투명성 지수(CTI)

아와 덴마크 기업이다(노보 노르디스크와 뱅 앤 올슨은 제외). 뿐만 아니라 나이키, 노드스트롬(Nordstrom), NS(네덜란드 철도), UPC, 바안(Baan) 그리고 벤(Ben, 최근에 T-Mobile)도 이에 속한다.

이 결과는 현실과 인식 사이의 차이를 뚜렷이 보여주고 있다. 몇몇 기업은 실제로 시민정신 활동을 중요하게 여기고 수행한다. 그러나 이유가 무엇이든 간에 기업은 이러한 시민정신 활동을 홍보하려고 하지 않았다. 예를 들어, GE는 기업시민정신 프로그램에 있어서 세계 최대의 기증자이자 스폰서이다. 그러나 평판지수 프로젝트에서 입증했듯이, 기업의 사회적 이니셔티브에 대해 인지하는 사람이 거의 없다. GE와 같은 기업이야말로 그들이 이왕에 실천해왔던 사회적 활동에 대하여 조금만 더 커뮤니케이션한다면 일반대중에게 기업의 평판을 가장 잘 개선시킬 수 있는 그런 기업이다.

아홀드는 2003년 3월에 쇠락했음에도 불구하고 올바른 많은 활동을 하고 있다. 몇 년 동안 아홀드는 사회적 책임활동에 관한 주제로 열리는 국제기구에 적극적으로 참여하고 있다. 또한 아홀드는 국제 엠네스티 네덜란드 비즈니스 라운드 테이블(Amnesty International Dutch Business Round Table)과 유럽의 CSR의 회원이다(2002년 이후로). 그리고 이 기업은 식품마케팅협회(FMI)와 CIES(the Council for Exchange of Scholars: 국제교환장학금평의회)의 집행이사이다. 유로커머스와 FMI는 아홀드의 주요한 로비 조직이다. 아홀드의 대표자는 또한 글로벌 식품안전위원회(GFSI), 유로커머스 식품관련법위원회, 그리고 FMI 정부업무위원회의 의장을 겸하고 있다.

아홀드의 사회적 책임활동 정책의 좋은 예로서 메사추세츠에 있는 기업의 체인점(Stop & Shop)에서 내거는 '저렴한 슈퍼마켓'을 들 수 있다. 이 체인점은 아홀드의 기업 중 혁신적이고 협동적인 면에서 3년 가까이 정상의 자리를 고수했다. 기업시민정신과 관련된 또 다른 예는 2001년 9월 11일에 일어난 테러리스트가 미국을 공격한 사건이다.

아홀드의 미국 기업은 비극으로 인한 희생자들을 돕기 위해 기금을 마련하는 공동의 목표를 세웠다. 아홀드는 또한 글로벌 식품안전운동과 같은 프로젝트(더 안전한 식품으로 소비자에게 궁극적으로 이익이 되도록 글로벌 기준을 개발하는 프로젝트)를 통해 선두적인 역할을 했다.

상위권 기업인 마이크로소프트는 사람들이 필요한 자원을 얻고자 할 때 놀랄 만한 일이 일어날 것이라는 믿음을 주었다. 결국 마이크로소프트는 1983년 이후로 개인과 공동체의 '번뜩이는 잠재력'을 위해 기술을 이용하고 있다. 마이크로소프트처럼 기술에 폭넓게 접근하고 디지털 기회를 창출하는 기업은 없다. 작년에 마이크로소프트와 종업원들은 사람들과 공동체의 잠재력을 현실화시키는 데에 2억 4,690만 달러 이상을 투자했다.

마이크로소프트에는 네 가지 기본 축이 있다. 이는 기술접근을 통한 기회확대, 기술을 통한 비영리 강화, 다양한 기술력의 발전, 그리고 공동체 구축이다.

이와 반대로 기업시민정신의 투명성에서 가장 낮은 점수를 기록한 한 기업을 살펴보자. 의복과 신발을 생산하는 대기업인 나이키를 예로 들어보자. 1998년 5월 12일 나이키의 CEO 필립 나이트(Philip Knight)는 내셔널 프레스 클럽에서 연설하면서, 600개의 하청공장에서 일하는 노동자의 근무환경을 개선하기 위해 여섯 가지 사항을 실행하도록 하겠다는 약속을 했다. 이 연설은 고육지책이었지만 아무런 호소력을 발휘하지 못했다. 나이트는 활동가들과 저널리스트들이 나이키를 노동력을 착취하는 기업으로, 또한 안전기준이 느슨한 기업으로 인식하여 이를 해외에 알릴까봐 걱정했다. 나이트는 용감했다. 그는 자기 기업의 제품을 "노예노동과 비슷한 임금, 강요된 초과근무, 그리고 독단적인 직권남용과 비슷한 부류"라고 묘사했다. 그리고 건강과 안전, 아동노동, 독립된 모니터링, 그리고 종업원의 교육을 위한 새로운 노동정책을 포함하는 일련의 개정안을 발표했다. 그는 이러한 '기업문화의 거대 변화'를 변동(The Move)이라 칭했다.

좀더 상세하게 말하자면 나이트는 미국의 직업안전위생국(OSHA)의 청정기준을 준수할 것을 약속했다. 그는 나이키 공장에서 풀타임으로 일하는 종업원의 나이를 최소한 18세로, 파트타임으로 일하는 종업원은 최소한 16세로 상향조정하겠다고 말했다. 그는 나이키가 자사의 공장 모니터링에 NGO를 포함할 것이라고 약속했다. 그는 나이키 종업원들의 교육 프로그램의 확장과 고등학교와 같은 과정을 무료로 제공하고, 나이키의 소기업 대출 프로그램의 확대를 약속했다. 앞서 제시한 프로그램은 베트남, 인도네시아, 파키스탄 그리고 태국의 4천 가구에 편익을 제공했다. 나이트는 또한 대학연구를 위한 기금을 마련하고 책임 있는 비즈니스 실행에 관한 포럼을 개최하겠다고 약속했다.

그로부터 3년 뒤인 1988년 이래로 나이키의 노동관행을 모니터링해 온 국제인권기구인 글로벌 익스체인지(Global Exchange)는 나이키가 약속대로 실행했는지에 관한 보고서를 제출했다. 「나이키의 약속이행을 여전히 기다리며」는 115쪽 분량의 조사결과이고 이 제목은 거의 전반적인 사실을 말해준다. 글로벌 익스체인지의 조사에 따르면, 나이키는 약속한 여섯 가지 개정안 대부분을 거의 지키지 않았다.

만약 글로벌 익스체인지의 결과를 믿는다면 나이키는 직업안전위생국 기준을 준수하겠다는 약속을 지키지 못한 것으로 보인다. 톨루엔이란 화학용매는 중추신경에 압박을 야기하고 간과 신장에 위험을 줄 수 있다. 이 물질은 여전히 나이키 신발 제조업에서 명백하게 사용되고 있다. 그리고 비록 톨루엔의 양이 감소되었지만 나이키는 "테스트가 실행되는 하루 동안 톨루엔 방출을 최소화하기 위해서 미리 화학적인 사용을 변화시키도록 상당한 여지를 관리자들에게 주고 있다"고 한다.

보고서에 제시된 내용을 좀더 살펴보면 다음과 같은 내용이 있다. 오직 단 하나의 비영리조직만이 나이키 공장을 감사하도록 허용되었다는 것, 나이키의 교육 프로그램은 분명히 확대되었지만 그 프로그램에 참여하기 위하여 초과근무수당을 포기해야 했고 그것을 포기하면서까지 교육 프로그램에 참여하는 종업원은 거의 없을 정도로 종업원의 임금수준이 열악했다는 것, 나이키 공장을 대상으로 한 연구조사를 수행하고자 한 명성 있는 대학의 요청을 거절했다는 것, 나이키의 하청업자들은 16세 이하 아동을 계속 고용했다는 것, 주당 70시간 이상의 노동을 근로자에게 계속적으로 요구했다는 것이 그것이다.

많은 미디어 그룹은 지금 나이키에게 찬사를 보낸다. 예를 들어 주간지 ≪뉴스 위크≫는 1999년에 다음과 같은 사실을 발표했다. 나이키는 "임금, 노동시간, 그리고 노동자의 최저나이에 대해 개정한 의류산업 기준을 하청공장에 적용했다." ≪기업윤리저널(*the Journal of Business Ethics*)≫은 나이키를 '윤리적인 다국적'기업이라 불렀다. 그리고 ≪비즈니스와 사회(*Business and Society*)≫는 나이키를 인권단체와 협력하는 그리고 공장 실행규범을 채택한 기업으로 치켜세우고 있다.

이와 다르게, 나이키는 비판을 무마하기 위해서 PR 캠페인을 하는데 30억 가까운 돈을 소비했다고 한다. 나이키의 PR 팀은 책임 있는 비즈니스 컨퍼런스 스폰서를 대고 미디어 프로젝트에 기금을 냈다. 예를 들어 2000년 10월, 조지아 주 애틀란타에서 열린 내추럴 스텝 컨퍼런스(NSC)의 참가자들을 위해서, 사회정의를 위해 나이키가 최근에 새로 수행한 실행공약을 내용으로 하는 영화를 상영하였다. 이러한 나이키의 모순된 보고서는 기업시민정신에 관한 투명성과 신뢰성이 정당한지에 대해 법적인 의문을 제기한다.

결론

투명성은 좀더 많은 것을 요구하는 이해관계자들, 규제자, 의회, 정치가, 로비스트, 시민운동가들이 강력하게 밀어붙이는 환경문제에 맞서 평판을 유지하는 데 있어서 중요한 요소가 되어가고 있음이 증명되었다. 전통적으로 가장 큰 압박을 받아온 두 영역은 보다 더 나은 제품 투명성과 재무적 투명성의 분야이다.

이 두 영역은 여전히 중요한 주제이다. 그러나 제도적 압력이 상승함에 따라 모든 사람들은 그들의 제품과 재무에 대한 좀더 비교 가능한 기준을 채택하게 된다. 기업은 새로운 투명성 기준을 채택함으로써 스스로를 차별화시킬 수 있는 기회를 엿보고 있다. 특히 투명성 기준이란 리더십, 비전, 기업 시민정신, 그리고 근무환경에 관한 것이다.

CEO는 빠른 속도로 기업 투명성의 기수가 되어간다. 그들 중 가장 우수한 사람은 모든 이해관계자를 위해 회사의 방향을 설명하는 중요한 해설자들이다. 그들은 광범위하고 높은 가시성을 가진 사회적 논쟁에 참여한다. 동시에 기업평판이 구축되고 파괴되는 곳에 시민정신 이슈와 일터를 포함하는 두 가지 지배영역이 있다는 사실은 분명하다. 이 두 영역은 21세기에 예측할 수 없는 방법으로 계속해서 도전받을 것임이 분명하다. 최고의 회사는 이러한 이슈를 결정적으로 인지하고 수행하며, 이러한 영역 안에서 정밀한 조사를 강화하기 위해 스스로 개방해야 한다. 이는 더 이상 기업이 시민정신 활동과 근무지에 관해 투명해야 하는지 아닌지에 관한 질문이 아니라 어떻게 투명성을 가질 수 있는지에 관한 질문이다. 다음 장에서 밝히듯이 그 대답은 일관성을 가지라는 것이다.

10

Be consistent

일관성을 확보하라

소비자로서 우리는 공격당하고 있다. 기업과 미디어는 우리에게 로고와 사운드 그리고 시그널이라는 소음의 형태로 끊임없이 수많은 메시지를 전달한다. 우리는 모든 메시지에 관심을 가질 수 없기 때문에 광범위하게 나열된 메시지 중에서 관련된 것만을 의식적으로 혹은 무의식적으로 선택하고 나머지는 버려진다.

관련성이란 우리가 각각 주관적으로 내린 하나의 판단이다. 예를 들어 광고 캠페인을 볼 때, 당신에게 관련있는 것이 나에게는 관련이 없을 수 있다. 어떤 사람들은 유머 광고에 끌리고, 어떤 사람은 무드 광고나 미적 광고, 혹은 하이테크의 화려한 기교가 펼쳐지는 광고에 끌릴 수도 있다. 기존의 연구에 따르면 우리에게 가장 쉽게 와닿는 메시지는 감성소구를 이끌어내거나 이미 형성되어 있는 정신적 범주에 쉽게 맞아떨어지는 메시지이다—개인적 '파일폴더'는 과거의 경험으로부터 만들어진다. 감성—기쁨과 고통의 경험—은 우리 마음속에서 가장 초기의 그리고 가장 강력한 모습이지만, 왜 사람이 감성적 매력이 있는 기업에 다소간에 호의를 느끼는가를 설명하기에는 적합하지 않다. 감성의 정도는 소비자가 기업을 신뢰하고 호감을 가지며, 찬사를 보내는 정도를 설명해줄 수 있는 태도이며 평판지수를 통해 측정된다.

동시에, 우리는 기존의 연구를 통하여 특정기업에 대해 이전에 가졌던 믿음을 확인하기 위하여 메시지를 적극적으로 인지하는 경향이 있음을 알고 있다. 한번 구축된 평판은 관성이 있어서 바꾸기 힘들다. 합병기업 엑슨 모빌은 자선사업에 상당한 기금을 기부하고 다양한 자선단체의 모금운동에 참여했음에도 불구하고 사회적 책임에 부실한 기업으로 인식되었다. 이는 발데즈 호 원유유출이 소비자에게 깊이 각인되었기 때문이다.

공중의 인지를 바꾸기 위해서는 강력하고 일관된 메시지와 타성에 젖은 듯한 회사 이미지를 몰아내기 위해 고안된 이니셔티브와 같이 완전히 새로운 것을 창조할 필요가 있다. 그러나 호랑이를 회사 문장으로 삼고 있는 엑슨 같은 회사는 결코 그렇게 하지 못했다.

앞의 세 개의 장에서 평판이 좋은 기업은 평판 플랫폼-차별성, 신뢰성, 투명성-을 채택하고 이용하는 경향이 있음을 살펴보았다. 이 장에서는 기업의 평판 플랫폼이 모든 이해관계자 집단과 기업의 커뮤니케이션, 그리고 이니셔티브에 일관되게 행동하는 바를 살펴보고자 한다. 강력한 평판 플랫폼을 구축하는 일은 커뮤니케이션 캠페인의 실행과 기업이 좋은 평판을 얻기 위해 고안된 이니셔티브에 달려 있다. <그림 10-1>에서 보는 바와 같이, 최고로 평판 받은 기업은 다섯 단계의 캠페인을 집행한다.

1단계: 기업은 이해관계자와 대화한다.
2단계: 기업은 기업 전반에 공유된 정체성을 강화한다.
3단계: 기업은 일관성을 조장할 수 있는 서비스 기준과 통합 커뮤니케이션 시스템을 채택한다.

4단계: 기업은 기업의 평판 플랫폼과 기업 이야기와 관련된 메시지를 커뮤니케이션하기 위해 종업원과 파트너를 교육한다. 그리고 평판 플랫폼은 기업의 공유된 정체성을 반영한다. 종종 기업의 CEO가 직접 기업을 브랜드화하는 경우도 있다.

5단계: 기업은 체계적으로 수행 정도를 측정한다.

이 단계는 순차적으로 일어나지 않을 수 있고, 약간의 동시성도 가질 수 있는 기준이다. 그러나 여기에서는 분석을 위해 이 단계가 순차

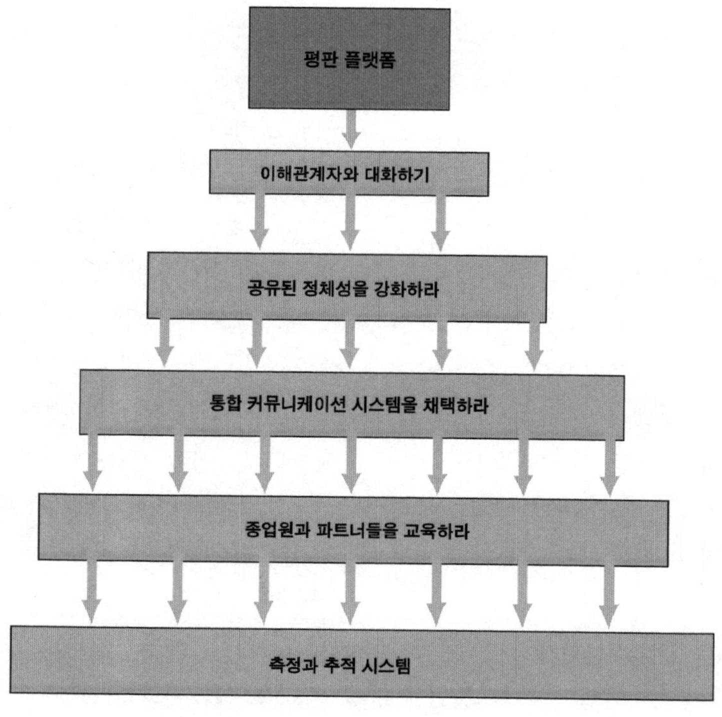

<그림 10-1> 평판구축에 일관성을 부여하는 과정

적으로 일어난다고 간주하고 설명해보고자 한다.

1단계: 이해관계자와 대화하기

기업은 3대 주요 이해관계자—종업원, 고객, 투자자—집단의 요구를 처리해야만 한다. 게다가 소비재 제조업자는 두 종류의 부차적인 이해관계자인 정치활동가와 일반공중에 의해 특히 압력을 받을 수 있다. 1장 '왜 평판이 중요한가'에서 살펴본 바와 같이 모든 이해관계자들은 재무분석가와 미디어같이 여과기 역할을 할 수 있는 그룹에게 영향을 받는다. 평판 플랫폼을 표현하기 위한 연구에서, 기업은 모든 이해관계자 집단의 모든 기대를 다룰 필요가 있다. 그러나 이 작업은 비용의 측면에서 계획안이 필요하다. 대부분의 기업은 수많은 이해관계자를 가지고 있고, 다각적인 부분에 진출한 기업은 세계 전체가 이해관계자라고 말할 수 있다.

몇몇 기업은 이해관계자의 기대를 쉽게 알아낼 수 있다. 비용을 절감하기 위해, 컨설턴트는 기업이 이해관계자의 우선순위를 정하고, 제한된 이해관계자에게 평판구축 활동을 집중시켜야 한다고 종종 말한다. 이러한 방법이 오해의 소지가 될 수도 있다. 우선순위로 매겨진 이해관계자는 인위적인 순번에 따라 정해진다. 이는 몇몇 이해관계자 집단이 평판구축 활동을 수행하고 있는 다른 이해관계자 집단보다 더 중요하다는 사실을 의미한다. 비록 몇몇 이해관계자들이 재무적 능력(투자자)과 수입(고객) 같은 중요한 요소를 통제하기 때문에 시각적으로 보다 더 힘이 있는 것처럼 보인다. 그러나 사실상 기업에 대한 모든 이해관계자들의 이미지가 어떤 식으로 인식되는가라는 문제에 대해서는 동일한 영향력을 가지고 있다.

인텔은 이 사실을 어렵게 습득했다. 인텔 펜티엄칩을 둘러싼 1995년 논쟁은 당초 그 칩을 사용하여 연산을 하던 한 개인이 인텔칩의 연산과정에 약간의 에러가 있는 것 같다는 인터넷 메일을 뉴스 그룹에 올리면서 시작되었다. 다른 사람들은 재빨리 이 온라인 대화에 참여했고, 인텔의 답변을 요구했다. 인텔이 이 문제를 별것 아닌 것으로 치부하는 동안, 사태는 엄청나게 부풀려졌다. 미디어는 이 사태를 기사화했고, 인텔은 한 걸음 물러났다.

이 사태를 통해 배울 수 있는 점은 기업은 모든 이해관계자 그룹으로부터 공격받기 쉽다는 사실이다. 이해관계자는 개인 혹은 기업, 특정한 그룹 그리고 영향력 있는 연구소가 될 수 있다. 평판관리는 영향력 있는 몇몇 선택된 이해관계자를 대상으로 하는 활동이 아니다. 즉 평판관리는 아주 광범위하게 퍼져 있는, 특히 겉으로 보기에 힘이 없거나 관심 밖에 존재하는 이해관계자와 관계를 맺는 것이다. 또한 평판관리는 모든 이해관계자들과 대화하고 그 다음으로, 일관되게 이해관계자들의 기대사항을 알리는 데 도움을 줄 수 있는 평판 플랫폼과 기업 이야기, 이니셔티브, 그리고 메시지 전략을 선택해야 한다. 이 전략은 간단한 문제가 아니다. 루프트한자(Lufthansa)의 커뮤니케이션 사례를 살펴보자.

> 모든 다른 항공사와 같이 루프트한자 카고(Lufthansa Cargo)도 비용절감을 위해 모든 부분을 샅샅이 분석하기 시작했다. 북미에서 루프트한자는 판매영업을 대폭 축소하기로 결정했다. 이 결정에 따라 새로 구성된 일반 판매대행사로의 구조조정 경영에 발맞추어 10개 이상의 화물운송 영업부서를 정리했다.
>
> 루프트한자의 기업 전략이 옳았음이 증명되고 있다. 위르겐 베버(Jurgen Weber)는 "품질면이나 유연성 그리고 비용의식의 고취로 인하여 수익이 지속적으로 강화되고 있다"고 지적하고 있다. 이렇게 해서 루프트한자 카고는 영업실적을 2억 2,700만 유로에서 3억 3,200만 유로로 증가시켰다.

루프트한자의 커뮤니케이션은 분명히 중요 후원자인 투자자의 만족을 목표로 삼았다. 결국 비용절감은 항상 투자자들로부터 호의를 얻는다. 그러나 그 메시지는 종업원의 관심사에 작은 변화를 유발시켰다. 베버가 만약 대부분의 CEO가 행동하는 방식대로 했다면, 그는 비용절감을 위해 종업원에게 해고를 경고하는 종류의 편지를 보냈을 것이다. 그 편지는 "죄송합니다"로 시작하는 편지가 될 것이다. 반면 투자자들과 애널리스트들은 '효율성과 수익'을 알리는 편지를 받을 것이다. 그리고 미디어는 반드시 수행할 수밖에 없는 경쟁력 제고수단의 하나로서 이니셔티브를 옹호하는 달콤하게 포장된 보도자료를 받을 것이다.

불행하게도 투명하고도 서로 복잡하게 얽혀 있는 세상에서 이 모든 커뮤니케이션은 모든 사람에게 다 읽힌다. 종업원을 해고함으로써 수익이 점점 올라가고 있을 때 기업은 탐욕스럽게 보일 수 있다. 가장 눈에 띄고 영향력 있는 이해관계자의 구미에만 맞추어진 커뮤니케이션 모델은 결국 반발을 유발시킨다. 또한 그러한 커뮤니케이션 모델은 종종 종업원들과 같은 비판적 지지자들을 소외시키고 근로의욕을 저하시키기도 한다. 뿐만 아니라 그러한 형태의 커뮤니케이션은 기자들에게 기사거리를 제공하고 구조조정된 종업원을 동정하는 사회운동가들에게 걸려들어 가두행진, 데모 그리고 보이콧을 당하기도 한다. 도대체 이런 기업의 CEO가 그해에 조금의 보너스라도 챙길 수 있을까? 냉소적인 종업원 무리들이 반란을 일으키고 미디어에서는 기업의 신용도에 심각한 타격을 주고 비우호적인 이야기를 퍼부어대는데 말이다.

훌륭한 평판관리는 모든 이해관계자의 기대와 관심사에 민감하게 반응한다. 그리고 이해관계자들과 성숙한 대화를 유지하면 평판관리는 그들의 관심사와 기대에 영향을 미칠 수 있다. 인텔이 컴퓨터에 Intel Inside® 로고를 부착했을 때, 인텔은 확실히 고객과 커뮤니케이션하고 있다. 그것은 또한 인텔이 구축하고 있는 브랜드 가치에 대해 투자자와 커뮤니케이션하고 있을 뿐만 아니라 현재의 종업원 그리고 잠재적인 종업원과도 커뮤니케이션하고 있는 것이다. 이들은 협력업체 PC에 새겨진 기업 로고를 봄으로써 자부심을 느끼는 그룹이다. 노보 노르디스크가 웹사이트 상에서 종업원 만족도 조사를 발표했을 때, 이 조사는 종업원들뿐만 아니라 모든 이해관계자에게 많은 정보를 알려주었다. 종업원과 이해관계자들은 그들이 투자한 노보 노르디스크가 종업원들에게 동기부여를 하고 있는지 혹은 인슐린을 판매하는 기업으로서 당뇨병에 걸린 어린이들을 진정으로 보살피는지 어떠한지에 대해 항상 호기심을 가지고 지켜보는 집단이다.

특정 이익집단과 이야기를 나눌 때, 기업은 다른 그룹에 대한 특별한 이니셔티브와 커뮤니케이션 효과에 대해 매우 주의를 기울여야 한다. 기업이 채택하는 평판 플랫폼은 그 기업이 의존하는 모든 이해관계자에게 독특해야 하고, 신뢰성이 있어야 하며, 투명성을 지녀야 한다. 그리고 평판 관리는 위기관리를 의미한다. 즉 평판관리는 이해관계자의 개인이익과 기업 전체이익이 차이가 있을 때 필요하고, 예상 가능한 잠재위기는 이해관계자로부터 지지를 잃음으로써 발생한다.

평판의 위기관리를 실행하는 일은 이해관계자 관련 로드맵의 구축을 요한다. 이 로드맵은 이해관계자 환경에 대한 비평적인 관심사와 기대를 담고 있다. 이 작업은 기업이 평판 플랫폼과 이해관계자 전반에 걸쳐 지속 가능한 기업 이야기를 창출하도록 책임감을 불어넣는다.

셸이 좋은 예이다. 1995년 수명이 다한 브렌트 스파 시추정을 북해에 수장 폐기하겠다는 계획을 발표한 후, 셸은 뒤이어 일어날 반발에 대해 전혀 대처할 준비가 되어 있지 않았다는 것이 판명되었다. 준비가 되어 있지 않았던 중요한 이유는 셸이 의사결정을 내리는데 오랫동안 적용해온 지적 모델(mental model) 때문이다.

종종 지적 모델은 DAD 모델(결정-발표-방어)이라고도 불리는데, 셸이 의사결정 과정에서 주로 사용한 접근법이었다. 이 모델은 셸의 집행부를 위한 자기 참고적인 성격을 반영하는 내부자 모델이었다.

(1) 셸은 브렌트 스파에 대한 의사결정을 위하여 합리성에만 근거한 단일한 내부적 이해만을 구했다.

(2) 셸은 생태학적 위험에 대한 전문가의 평가에 신뢰를 보인 반면 생태학적 이슈에 직접적으로 관심을 가지고 있는 그린피스 같은 사회활동단체와는 대화를 거부했다. 셸은 미디어의 보도와 기고문들도 효과성, 효율성 및 공평성이라는 보편적인 기준에 의해서 올바르게 평가될 수 있다는 사실을 인정하지 않았다.

셸이 1995년 이후 계속했던 자기반성은 적절한 결과를 가져왔다. 셸의 혁신적인 웹 기반의 'Tell Shell 캠페인'을 생각해보자. 이 캠페인은 이해관계자와의 쌍방향대화와 정보교환을 구축하기 위한 노력의 일환이다. 'Tell Shell'은 또한 DAD모델에 기반을 두고 있지만 순서는 반대다. 그 모델은 대화로 시작하고 의사결정을 하고, 그후 의사결정을 실행한다(대화-결정-실행). 이 과정은 DAD모델의 옛날 버전과는 두드러진 차이를 보인다. 인터넷 기술의 발달로 인하여 다양한 이해관계자를 초대하여 활기차고도 지속적인 대화를 나누는 일이 점점 더 쉬워지고 있다. 도전은 이러한 대화를 토대로 기꺼이 변화하고자 할 때 일어난다. 그것은 의사결정의 여러 지적 모델을 요구한다. 제도화된 구조나 문화 그리고 관습에 지배받는 기업에서 이런 모델을 개발하는 일은 쉽지 않다.

그러나 조심해라. 단지 대화를 권하기만 하고, 수용된 메시지에 귀 기울이거나 반응할 준비가 되지 않으면 신뢰성에 타격을 입을 수 있다.

2단계: 공유된 정체성을 강화하라

7장 '차별성을 확보하라'에서 언급한 대로 평판 플랫폼을 개발하고 공유된 기업 이야기를 둘러싼 모든 기업 커뮤니케이션을 찾아내는 활동은 평판구축을 용이하게 할 수 있다.

이해관계자는 메시지 내용이 일관성이 있다고 인식할 때 기업 메시지를 더욱 잘 받아들이는 경향이 있다. 이는 기업이 그들의 노력에 대해 조리 있게 말하는 것을 포함한다. 그렇게 함으로써 기업이 말하고 있는 바에 관해 더욱 믿게 된다. 반면 기업의 커뮤니케이션과 이니셔티브 사이가 일치하지 않으면 그 반대가 된다. 즉 기업은 솔직하지 않은 것 같다든가 혹은 신뢰성이 떨어진다는 인상을 주게 될 것이다.

좋은 기업 이야기는 다양한 이해관계자의 경험과 일치한다. 기업 메시지에서 신뢰성을 구축하기 위해서 기업은 주요 이해관계자의 전반적 대표자와 허심탄회하게 대화를 나누어야 한다. 그리고 다음의 네 가지 기준을 만족시켜야 한다.

첫째, 기업 이야기는 현실적이어야 한다. 모든 이해관계자들은 기업의 정확한 서술로서 스토리의 내용을 지각해야 한다.

둘째, 기업 이야기는 관련성이 있어야 한다. 이해관계자들이 이야기의 핵심 메시지를 그들의 이익과 관심을 대변하고 있는 것으로 받아들여야 한다.

셋째, 기업 이야기는 기업을 이해관계자들의 요청에 언제든지 응답하는 존재로 소개해야 한다.

넷째, 기업 이야기는 지속 가능해야 한다. 기업은 모든 이해관계자의 경쟁적 요구와 기업이 선호하는 선택 사이의 균형을 알아내고 유지해야 한다.

평판 플랫폼, 그리고 거기서 파생되는 기업 이야기는 기업 전반의 내용과 최소한의 공통점을 공유해야 한다. 그러나 아직 변수가 너무 많다. 기업이 일관성을 더욱 강화시키기 위해 사용하는 중요한 도구는 시각적인 정체성이다. 군대는 깃발과 제복을 사용하고, 종교집단은 의례, 음악, 유니폼 그리고 향을 사용한다. 기업은 기업의 상호, 로고, 색깔, 활자체 사용을 일관된 정책에 따라서 운용하도록 하고 있다. 그렇게 함으로써 이해관계자들은 기업이 제시하는 일관된 시각적 단서에 노출된다. 이 방법은 확실히 유용한 도구이고, 웹에 기반을 둔 과학기술은 점점 더 기업문서를 위한 승인된 이미지, 스타일, 문서형식 그리고 활자체에 대한 자료실을 만들게 하고 있다. 이러한 자료실은 사용규칙을 규정하고 있는 가이드라인에 즉각적으로 접근하도록 할 뿐만 아니라 종종 승인된 양식을 직접 다운로드하는 것도 가능하게 한다. 이렇게 함으로써 원격지에 분리되어 있는 부서가 즉각적으로 본사의 업무속도와 일치할 수 있도록 해준다.

글로벌 평판지수 연구에서 상위권에 든 많은 기업은 제품명과 기업명칭을 같은 이름으로 사용하고 있다. 마이크로소프트, 코카콜라, 소니, 레고, 뱅 앤 올슨, 페라리는 이런 방식으로 많은 이익을 얻었다. 이 방법은 제품광고의 투자에서 기업표준까지 브랜드 가치를 이동시키는 것이다.

그러나 또한 평판지수가 높은 대부분의 기업은 기업과 브랜드를 위해 분리된 이름을 사용하는 것도 사실이다. 가장 잘 알려진 소비재 기업인 프록터 앤 갬블과 유니레버는, 강력한 제품 브랜드를 소유하고 있는 것으로 유명하다. 그러나 이 기업은 기업 브랜드를 지배적으로 포괄하는 최상위의 그룹사의 이름을 프로모션하는 것은 삼간다. 전세계에 걸쳐 슈퍼마켓 체인을 소유하고 있는 아홀드도 동일한 논리를 적용하고 있다. 아홀드는 재무관련 공식회견과 취업대상자를 표적으로 한 커뮤니케이션에만 기업명을 사용한다. 그럼에도 불구하고 네덜란드 사람들은 아홀드를 2001년 최고의 평판기업으로 선정 평가했다. 네덜란드 소비자들은 알버트 헤인(Albert Heyn)이 설립한 아홀드와 소비자들이 쇼핑하는 유명한 소매점의 브랜드 관계를 알고 있었다.

기업 브랜드의 배서에 관한 의사결정은 어려운 작업이다. 기업은 인수 합병의 결정을 내려야 할 단계가 되면 반드시 이 문제에 부딪히게 된다. 두 기업의 실체를 통합시키는 리브랜딩 작업을 반드시 포함해야 한다. 기업을 통합할 때 두 기업의 과거 정체성을 유지하기 위한 노력의 양상으로 이름을 하나의 긴 문장으로 혼합하거나 종종 말도 안 되게 결합시키는 경우도 있다. 회계감사회사인 프라이스 워터하우스 쿠퍼스(Price Waterhouse Coopers)가 좋은 예이다. 이전의 경쟁자인 프라이스 워터하우스(Price Waterhouse)와 쿠퍼스 앤 리브랜드(Coopers & Lybrand)를 합쳐놓은 것이다. 그리고 자동차 회사 다임러 크라이슬러는 다임러 벤츠와 크라이슬러를 혼용한 것이다. 엑슨과 모빌은 엑슨 모빌로 합쳐졌고 텍사코(Texaco)와 셰브론(Chevron)은 셰브론 텍사코(Chevron Texaco)로 통합되었다. 그러나 크라이슬러의 웹사이트를 한번 방문해보라. 거기에는 모기업에 대해서 일언반구도 언급되어 있지 않다는 사실을 알게 될 것이다. 명백히 브랜드를 분리하는 것이 유리하다고 모기업이 판단했을 것이다. 기업명과의 관계는 웹 이용자들이 꼭 알아야 될 것이 아니기 때문이다.

브랜드를 분리하면 기업이 평판을 구축하는 데 있어서 새로운 문제를 야기한다. 이해관계자의 마음에는 동일시와 인격화가 진행되기 때문에 분리된 브랜드로 인해 정체성의 공유나 시각적 표현물, 그리고 전체 기업조직에 어려움을 야기한다. 만약 하나의 우산 밑에 둘 혹은 더 많은 기업이 들어앉아 있다면 그들을 무엇으로 묶어줄 수 있겠는가?

대조적으로, 제약회사간의 융합은 공통의 평판 플랫폼의 필요성에 더욱 세심한 비전을 보여준다. 산도즈(Sandoz)와 시바 가이기(Ciba-Geigy)가 1996년 3월 역사상 최대기업으로 합병을 했을 때, 두 기업은 기업의 과거를 버리고, 노바티스(Novartis)라는 이름 아래 하나의 기업으로 다시 태어났다. 2000년 노바티스와 아스트라제네카(Astrazeneca)는 농업 비즈니스를 합병해서 신젠타(Syngenta)를 합병시켰다. 신젠타는 농작물 보호의 세계적 리더이고 종자기업 중 3위의 입지를 가지고 있는 기업이다.

기업명은 공유된 정체성 요소를 대내외적으로 주입시키는 데 분명히 유용한 도구가 될 수 있다. 또한 기업명은 기업 그 자체에서부터 조직의 브랜드까지 핵심 기업가치를 전달할 수도 있다. 최고수준의 기업인 소니는 평판 플랫폼을 전달하기 위해 노력하는 기업의 좋은 본보기이다. 소니의 평판 플랫폼은 다양한 사업부서에서 혁신, 품질 그리고 소형화를 추구한다. 소니가 영화 프로덕션 사업에 뛰어들려고 시도했을 때, 소니는 그 자체가 사업에 대한 과대 확장임을 알게 되었다. 즉, 기존의 소니가 가지고 있던 평판 플랫폼은 소니와 관련이 없는 영화시장에는 잘 적용되지 않았고, 오히려 그 분야에서 소니가 참담한 실패를 경험하게 된 이유 중의 하나가 되었다. 스위스의 거대식품업체 네슬레는 모기업 네슬레와 산하기업의 수많은 제품명(네스카페, 네스퀵 등) 사이의 명확한 관계를 소비자들에게 소구하려는 점에서 소니와 유사하다. 음료 거대기업 코카콜라는 머뭇거리는 편이다. 즉 TCCC(The Coca Cola Company)는 다사니, 마이뉴트 메이드, 오렌지주스, 환타를 포함한 다양한 청량음료의 평판 플랫폼을 중심으로 결합된 다수 사업부의 모기업이다. TCCC가 모든 사업부를 소유하고 있다는 사실을 아는 소비자는 거의 없다. 공유된 가치를 TCCC 사업부 전반으로 이전하는 것은 더욱 어려웠다. 왜냐하면 모기업에 대한 이해관계자의 충성도가 분리되어 있는 것처럼 보이는 개별 브랜드에의 편협한 충성도로 인해 약화되기 때문이다.

<그림 10-2>는 ING가 자회사를 위해 사용해온 주요한 네 가지 브랜드 배서형태를 비교한 것이다. <그림 10-2>는 자회사와 ING의 이미지 연속성 및 그것에 부응하는 시각적 정체성에 초점을 맞추고 있다.

기업 매니저는 일반적으로 강한 배서와 약한 배서에 대한 장점에 대해서 사업부서장과 일치된 견해를 갖고 있지 않는 경우가 많다. 종종 원망이 섞이거나 감정적인 논쟁은 기업 브랜드가 사업부 브랜드의 영역을 얼마나 침해할 수 있는가에 대한 문제를 야기한다. 다음에서는 4개 산업의 다양한 관리관계자를 대상으로 실시한 질적 연구에서

	무배서 독립형	약한 배서형태	중간 배서형태	강한 배서형태
시각화	'이름을 밝힌다'	'모기업 이름' 일부 '이름을 밝힌다'(로고)	'모기업 이름'(로고) '이름을 밝힌다'	'모기업 이름'(로고) '전문화'
사례	Mercantile Mutual	Mercantile Mutual 'Member of ING (lion)'	ING (lion) Mercantile Mutual	ING (lion) Insurance
기업 브랜드 전략	독립형, 낮은 정도의 모기업 가시성 사업부서 차원에서의 높은 정도 자치권, 효과를 노출하는 것을 피하라	낮은 정도의 모기업 가시성, 통합적 시장 접근에서 통합에 대한 완전한 자치권, 변화 관점에서 기업이 이용하는 것	높은 정도의 모기업 가시성, 기업 메시지의 중요 요소와 일치시키지 않는다, 경쟁사가 벌써 포지션을 굳힌 성숙시장과 Greenfields에 적용할 때	높은 정도의 가시성, 기업수준의 높은 정도의 동일시, 높은 정도의 커뮤니케이션 전략의 투명성, 강력한 협력작용 그룹의 힘을 보여주기

무배서	Mercantile Mutual
약한 배서형태	Mercantile Mutual An ING company
중간 배서형태	ING Mercantile Mutual
강한 배서형태	ING DIRECT

<그림 10-2> ING에서의 기업배서형태

(출처: ING, 2001)

평판 플랫폼의 강력한 적용을 옹호하는 주장

1. 우리는 기업 내부의 협력을 단순화하기 위하여 내적 결합력을 구축하고 싶다.
2. 우리는 우리 조직의 힘과 크기를 외부에 보여주고 싶다.
3. 우리는 외부에 일치단결된 모습을 보여주고 싶다.
4. 우리는 책임감이 있다. 그래서 통제되길 원한다. 브랜딩에서의 획일화는 이 통제를 단순화시킬 수 있다.
5. 비용절감: 획일화는 다양한 다른 브랜드를 각각 지원하는 일보다 더 저렴하다.

평판 플랫폼의 약한 적용을 옹호하는 주장

1. 사업부서 커뮤니케이션에 기업 브랜드를 사용하는 것은 사업부 차원의 브랜드에 대한 투자효과가 희석될 수 있음을 의미한다.
2. 우리는 지역상황과 잘 맞는 대표적인 국내 브랜드명이 있다. 우리가 이 국내 브랜드명을 기업 브랜드로 교체하자마자 시장점유율이 상당히 떨어진다.
3. 기업명과의 고식적인 관계를 시각화하는 일은 사업상의 활동의 폭(유통채널에 대한 선택 등)을 제한한다.
4. 기업규모를 내세우는 일은 금융관계자나 기업 본사를 위한 결정으로서는 좋을지 모르나, 시장의 사업부서에게는 좋지 않다.
5. 기업명 브랜드 대한 중요성의 증대는 기업 매니저의 권한의 증대를 의미한다. 이는 기업부서 관리자에 대한 자유와 권한의 감소를 의미한다.

밝혀진 양측 모두의 입장을 아우르는 기본적인 논의를 정리해보겠다.

심지어 의사결정이 공유된 평판 플랫폼을 촉진시키기 위해 수립된 후에도, 신랄한 논쟁은 종종 플랫폼의 효과적 실행을 저해하고 획득된 시너지 효과를 제한한다. 그러므로 우리는 사업부서간 공유된 평판 플랫폼을 촉진시킴으로써 얻게 되는 이익에 대해 신중한 분석을 권한다. 이는 공통의 평판 플랫폼이 다음과 같은 경우에 가장 잘 적용될 수 있다는 공통된 이해를 기본으로 해야 한다.

- 기업은 밀접하게 관련된 사업에 평판 플랫폼을 적용하는 다각화 전략을 수행하고 있다.

  음료부분에 대한 코카콜라의 다각화 전략은 브랜드의 관리에서 공유된 평판 플랫폼과 일반적 정체성을 더욱 밀접하게 적용시킴으로써 이익을 얻겠다는 것이다.
- 기업은 중앙집중적으로 통합되어 있는 시스템을 신뢰하며 주요 시장기능을 수행하기 위해 노력한다. 포드는 재규어, 포드, 아스톤 마틴(Aston Martin)과 같은 다양한 자동차 사업부를 운영하고 있다. 그리고 GM 역시 새턴, 시보레, 캐딜락과 같은 사업을 운영하고 있다. 이들 사업은 디자인을 기획하고, 생산, 마케팅 업무를 위한 분산된 구조에 의존하고 있다. 이같은 분산된 구조는 공유된 평판 플랫폼을 실제 적용하는 것을 어렵게 만들 수 있다.
- 기업은 종업원과 소비자들이 브랜드보다 모기업에 더욱 많이 동일시되기를 바란다. 의약제품 생산업체인 존슨 앤 존슨은 강력한 브랜드명(예를 들어 베이비파우더 같은)을 가졌음에도 불구하고 사업부서보다는 기업의 정체성 작업에 보다 많은 노력을 기울였다. 존슨 앤 존슨의 소비자 확산은 기업조직의 정체성을 프로모션함으로써 이루어졌다.

3단계 : 통합 커뮤니케이션 시스템의 이행

기업이 공유된 평판 플랫폼을 실행하고 공통된 기업정체성을 기획할 때, 그 정체성은 평판 플랫폼 이행 후 통제되어야 한다. 이는 기업의 다양한 이해관계자 집단에게 전달된 메시지와 이니셔티브를 일치시키는 통합 커뮤니케이션이 요구되기 때문이다. 통합 커뮤니케이션을 전달하기 위해서 기업은 점진적으로 중앙집권적 감독이나 승인보다 쉽게 협력체계를 유지할 수 있는 기술적 솔루션을 더 신뢰한다.

호감을 얻고 있는 네덜란드 전자업체 필립스는 강력한 평판 플랫폼을 채택하여 다각화에 성공한 기업의 좋은 예이다. 필립스는 암스테르담 본사로부터 전세계 지사에 전달되는 글로벌 커뮤니케이션을 조직화하기 위하여 통합 시스템에 의존하고 있다. 다음에 서술된 기업 이야기에 대한 중요한 요소를 생각해보자.

> 창립자 안톤(Anton)과 제럴드 필립스(Gerard Philips)는 혁신자였고 소비자와 종업원의 삶의 향상을 통해서 사업을 성공시킨 기업가였다. 그들의 창립이념은 기업의 내·외부 사람들의 삶을 향상시키는 것이고, 그 성공은 우연의 일치가 아니라 치밀한 기획으로 이루어진 것이다.

필립스는 전자부분에 뿌리를 두고 있고, 기업의 결정체라고 할 수 있는 지속적인 기술혁신을 통해 사업영역을 전방위적으로 개척해왔다고 서슴없이 말한다. <그림 10-3>은 필립스가 사업에 있어 세 가지 주요 경영부문에서 나온 상호 관련된 혁신을 보여준다. 즉 세 가지 주

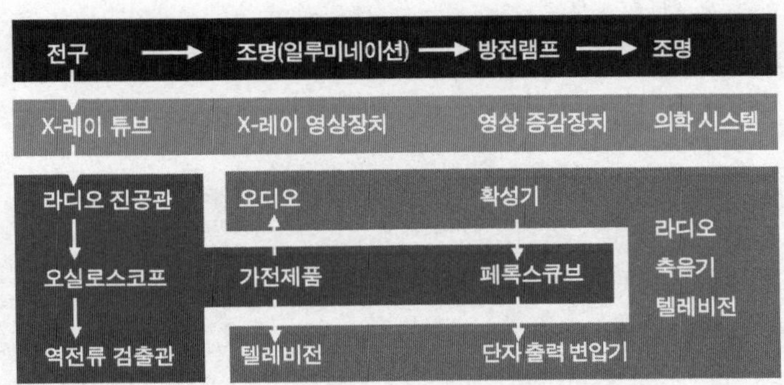

<그림 10-3> 필립스 제품과 기술적 이동경로

(출처: Philips, 2002)

요 경영부문은 조명, 의학 시스템, 가전제품이다.

2001년에 필립스는 '하나의 필립스(One Philips)' 전략을 실행하기 위한 조직을 출범시켰다. 첫번째 과제는 13개 사업분야로 나누어진 필립스의 복잡한 포트폴리오를 5개로 줄이는 작업이었다. 동시에 회사의 각 사업체와 커뮤니케이션하는데 있어서 강한 일치감의 필요성을 인식했다. 이를 위해 기업 커뮤니케이션은 모든 내·외부 이해관계자에게 필립스 경영을 노출시키는 작업을 수행했다. 그리고 커뮤니케이션 이슈를 위한 메시지를 개발하고, 기업과 주요부서 그리고 제품소식의 규칙적이고 효과적인 전달을 조직화했으며, 필립스를 위한 '하나의 목소리(One voice)' 정책을 위한 프로모션 가이드라인 구축작업을 수행했다.

<그림 10-4> 필립스의 로고와 슬로건
(출처: Philips, 2002)

기업의 혁신 플랫폼을 구체화하고 종업원과 소비자의 관심을 북돋우기 위해 슬로건이 선택되었다. 이 슬로건은 '보다 나은 것을 만들자(Let's Make Things Better)'이다. 그 다음으로 필립스는 기존의 의사결정 과정을 수정하고 그룹 전반을 관통하는 커뮤니케이션 시스템을 구축하기 위한 계획수립의 목적으로 월례 정기회의를 개최하는 등 어렵디어려운 작업에 착수했다. 새로운 커뮤니케이션 시스템의 구축을 통하여 필립스는 내부적인 커뮤니케이션을 지배 통제하고 전세계에 퍼져 있는 필립스 계열사를 향하여 공통된 평판 플랫폼에 집중된 메시지가 전달되는 효과를 노렸다. 필립스의 평판 플랫폼의 핵심요소는 다음과 같다.

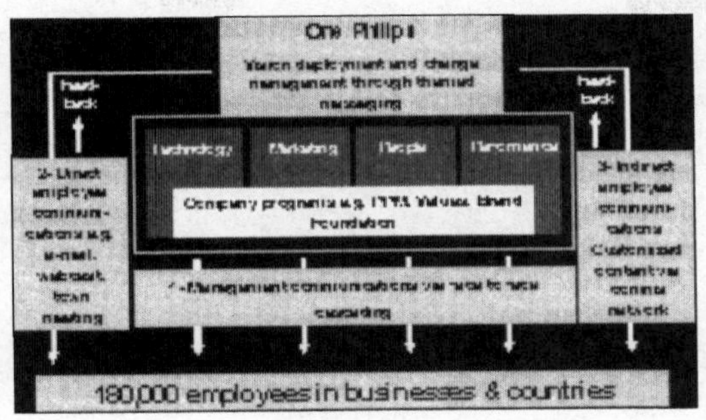

<그림 10-5> 하나의 필립스 비전

(출처: Philips, 2002)

- **비전과 전략**: 디지털 전자산업에 초점을 맞춘 하나의 기업으로서 다른 기업과 관계구축
- **브랜드와 마케팅**: 컴피턴스[1] 구축에 투자하기
- **기술과 혁신**: 인간을 위한 기술과 혁신을 위한 열정
- **사람과 가치**: 지속 가능하고 가치있는 환경의 창출
- **재무와 실행**: 성장, 지속적인 교육 그리고 품질관점에로의 회귀

하나의 필립스(one philips)라는 비전과 그것이 커뮤니케이션에 있어서 함축하는 의미는 <그림 10-5>에 나타나 있다.

하나의 필립스라는 플랫폼을 수행하기 위해서는 서로 밀접하게 연관된 시스템이 요구되었다. <그림 10-6>은 필립스 커뮤니케이션 시스템의 상호관련 요소들을 보여주고 있다. 그것은 기업 전반을 관통하는 공통된 주제에서 출발한다. 그러한 주제의 수행은 15명의 커뮤니케이션 전문가로 구성된 전세계적 조정그룹에 의해 조화롭게 통합

---

1) 컴피턴스(competence): 발달심리학에서는 환경과 효과적으로 상호 교섭하는 능력을 컴피턴스라고 한다. 이것은 외계에 변화를 일으킬 수 있는 능력을 살리려고 자발적으로 동기를 부여하여 행동한 결과, 행동이 숙달되어 자신감을 얻는 일련의 과정을 나타낸다 ― 역자주

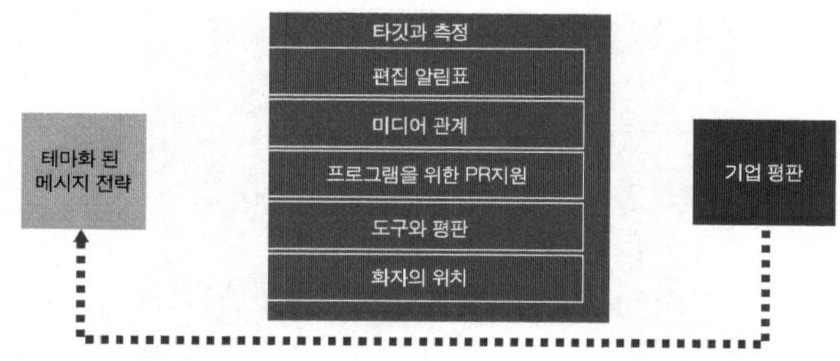

<그림 10-6> 필립스의 커뮤니케이션 실행
(출처: Philips, 2002)

된다. 이 조정그룹은 공통된 편집일정계획을 토대로 운영되며 매체관계, PR 지원, 원고기고, 연설자 선정 등의 일을 조화롭게 배치함으로써 수립된 계획을 집행하고 전체 사업단위를 아우르는 공통된 툴(Tool)과 탬플릿(Template)을 개발한다.

커뮤니케이션 구조는 다음과 같이 3단계로 되어 있다.

- 중앙집중화된 기업 커뮤니케이션 심의회는 글로벌 커뮤니케이션 관리에 대한 책임이 있다 — 이 위원회는 모든 내부 그룹 커뮤니케이션을 감독하고 사업부서나 특별히 흥미가 있는 그룹으로부터 발생한 전략적 이슈를 널리 알리는 데 전력을 기울인다.
- 커뮤니케이션 팀은 기업의 핵심 제품부서와 같다 — 이 팀은 제품에 대해 글로벌 커뮤니케이션 관련성을 알리고 소비자와 산업 이슈를 알리는 데 힘쓴다. 그들은 또한 제품분야에서 내적 커뮤니케이션을 관리한다.
- 지역 커뮤니케이션 팀은 그룹과 각 부서 전부에 걸친 공유된 서비스로서 운영된다 — 이 팀은 지역특성에 맞고 이슈를 중점적으로 다루며, 지역수준에서 필립스 사업에 관련되어 있는 내·외적

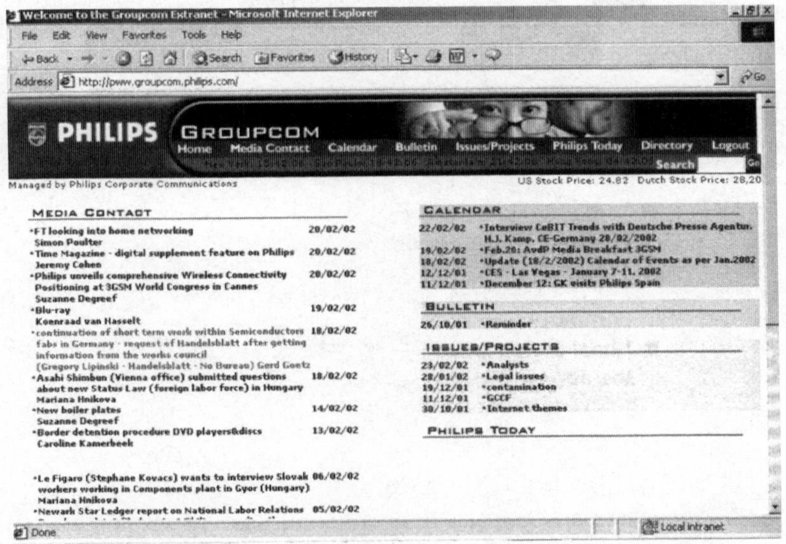

<그림 10-7> 필립스의 커뮤니케이션을 위한 온라인 커뮤니티

(출처: Philips, 2002)

커뮤니케이션을 감독한다.

앞의 팀 모두 회사가 선정한 커뮤니케이션 서비스 업체가 제공하는 글로벌 네트워크의 지원을 받는다.

지리학적으로 다양한 커뮤니케이션 전문가의 활동을 조정하기 위해서, 필립스는 엑스트라넷을 이용한다. <그림 10-7>은 필립스 그룹컴(Philips GroupCom) 온라인 커뮤니티 홈페이지를 보여준다. 이 홈페이지는 커뮤니케이션 일정, 미디어 콘텐츠 그리고 진행 중인 프로젝트에 커뮤니케이션 전문가들이 즉각적으로 접속할 수 있게 해준다.

엑스트라넷과 인트라넷은 기업 커뮤니케이션의 통합을 위해 매우 대중적인 도구가 되었다. 독일에 있는 다임러 크라이슬러의 본사를 방문하는 동안, 고위관리자가 우리에게 다임러 크라이슬러의 강력한 인트라넷을 보여주었다. 그 인트라넷은 승인된 로고, 글자체, 전세계에서 사용되는 기업이미지를 직접적으로 평가해주는 시스템이다. 또한 이 시스템은 즉시 미디어 콘텐츠와 보도자료를 전세계에 알릴 수 있다. 이 시스템은 일치된 목소리를 쉽게 낼 수 있도록 한다. 다임러 크라이슬러 매니저가 공공포럼을 위한 코멘트 작업을 준비할 때, 다임러 크라이슬러 매니저들은 최고경영진 연설뿐만 아니라 준비된 프레젠테이션 그리고 다른 이해하기 쉬운 커뮤니케이션 콘텐츠에 쉽게 접근할 수 있다. 따라서 다임러 크라이슬러 매니저들은 마음에 들지 않는 헤드라인과 같은 것을 가만히 두지 않는다.

4단계: 종업원과 파트너를 지도하라

궁극적으로 일관성은 합심하여 사가를 부르는 것과 같다. 이는 사람들의 이해와 기꺼이 따라 부르겠다는 마음 그리고 실행에 달려 있다. 조화로운 합창이 되기 위한 주요한 도구 중 하나는 상급관리자가 커뮤니케이션에 관해 다수의 하급동료 종업원에게 지도하는 것도 포함한다. 오페라 가수들이 성악 코치를 고용하고 있듯이 기업들도 이전보다 훨씬 더 경영진에 대한 커뮤니케이션 전문가의 공식적인 지도활동에 의지하고 있다. 이러한 전문가의 지도활동은 공식적인 매체훈련, 연설문 기고 및 프레젠테이션 기법활용에서부터 보다 더 미묘한 일 대 일 설득기술의 구축에 이르기까지 다양하게 행해진다. 전문가 교육은 형식적인 미디어 훈련, 말하기와 쓰기 그리고 프레젠테이션에서부터 더욱 치밀한 일 대 일 기술습득까지이다. 많은 기업에서 내부 커뮤니케이션 스텝은 개인적 브랜드를 개발하는 데 있어 임원들에게 종종 개인적 컨설턴트로 행동한다.

체계적으로 적용되는 훈련과 지도는 기업의 평판 플랫폼의 일반적인 이해와 수용을 유도하는 가치있는 메커니즘이다. 그리고 훈련과 지도는 종업원뿐만 아니라 공급망(Supply Chain)의 파트너에게도 평판 플랫폼을 보급하기 위한 가치있는 메커니즘이 된다. 기업을 공급자, 딜러, 소비자 혹은 종업원 모두에게 연결하도록 고안된 특성화된 엑스트라넷은 효과적인 평판 플랫폼 실행에서 상호 보완적인 훈련과 지도를 필요로 한다. 훈련과 지도는 또한 기업의 가치와 정체성을 전달하기 위한 수단이 된다. 바로 이것이 평판 플랫폼이다.

평판이 좋은 GE는 뉴욕의 크로톤빌에서 유명한 훈련시설을 운영하고 있다. 전 CEO 잭 웰치는 관리자들이 기업의 기술관련 및 관리자용 훈련 프로그램에 참여할 것을 강력히 주장했다. 셸이 1990년대 중반에 대규모 글로벌화를 추진했을 때, 셸은 네덜란드에 교육 센터를 설립했다. 관리자들은 미래를 위한 기업 비전의 노출, 변화 그리고 훈련을 위해 그 센터에 참여했다.

대부분의 기업에서 CEO는 이해관계자에게 기업을 인격화시키기 위한 헤드코치의 역할을 수행해왔다. CEO의 호감을 주는 인상은 기업을 사람들에게 확실히 각인시킬 수 있고, 믿음을 줄 수 있다. 에른스트 앤 영 비즈니스 혁신 센터(Ernst & Young's Center for Business Innovation)는 기관투자자들이 기업평가에 있어서 비재무적 분야의 평가에 약 35% 정도의 비중을 두고 있다고 보고했다. 이러한 애널리스트의 평가요소 리스트의 최상단에 기재되어 있는 요소는 경영 신뢰도와 전략의 수행능력이었다. 이 둘은 CEO로부터 나온다.

브랜드화된 CEO는 취업희망자들에게 강력한 자석과 같은 존재로 행동한다. 그리고 종업원들이 최고의 재능을 발휘할 수 있도록 도와주고 이직률을 낮추도록 한다. MBA 학생을 대상으로 정기적으로 기업 선호도를 조사하는 회사 유니버숨(Universum)은 MBA 학생들이 많은 기업 중 브랜드화된 CEO가 있는 기업에 가장 매력을 느낀다고 보고했다.

그러므로 기업 전반에 걸친 일관성을 개발하는 것은 체계적으로 기업의 평판 플랫폼을 전달하기 위한 눈에 보이는 리더십이 요구된다. 이해관계자들은 기업의 임무와 방향을 명확하게 커뮤니케이션하는 CEO를 주시한다. 이해관계자들은 CEO가 종업원들에게 용기를 북돋아주고 동기를 부여해주기를 기대한다. 새로운 정보화 산업에서 두각을 나타내기 위해서 CEO의 이미지를 이야기꾼으로서 그리고 수수한 서민으로 만드는 것이다. 하워드 가드너(Howard Gardner)는 그의 저서 『비범한 정신(*Extraordinary Minds*)』에서 이야기하기가 지지자들에게 영향을 미칠 수 있는 가장 강력한 방법이라고 말했다. 강력한 지도자는 이룰 수 있는 목적을 제시하고 놓인 장애물을 헤쳐나갈 방법을 보여주며, 유토피아를 건설할 수 있다는 보증된 기업 이야기를 구축할 수 있다고 주장한다. 하나의 일화와 같은 기업 이야기는 비인격적인 기업과 제품에 생명을 불어넣을 수 있다.

CEO는 또한 지역 구매자에게 초점을 맞춤으로써 평판자산을 얻을 수 있다. 반스 앤 노블(Barnes & Noble)의 CEO인 레오나드 리지오(Leonard Riggio)는 그의 서점을 특성화시키기 위해 총체적인 노력을 기울인 결과, 그들이 거주하고 있는 지역사회를 대표하는 서점이 되었다. 예를 들어 맨해튼 유니온 스퀘어 가게는 이웃의 즐거움을 반영하고, 작가들의 책 사인회와 시 낭독회의 역할을 수행한다. 지역 지지자들에 대한 기업의 관심과 이 문제에 대한 리지오의 목소리는 반스 앤 노블이 새로운 시장에 진입할 수 있는 통행권을 제공받았으며, 고객을 자기편으로 끌어들이는 데 크게 기여했다.

5개국에서 실시한 평판지수 연구에서 대부분의 기업은 강력한 업적을 지닌 CEO를 가지고 있었다. 기업은 종종 지지자들에게 기업 웹사이트의 상당부분을 할애한다. 미국의 빌 게이츠는 아마도 가장 유명한 기업총수일 것이다. 비록 지금은 2001년에 새로 마이크로소프트의 CEO로 존 발머(John Balmer)가 취임했지만 말이다. 한 예로, 빌 게이츠는 무일푼에서 시작하여 마침내는 어마어마한 지위를 일구어내 '아메리칸 드림'을 실현시킨 살아 있는 전설이다. 다른 예로, 빌 앤 멜린다 게이츠(Bill and Melinda Gates) 재단을 만들기 위한 190억 달러 이상의 상징적인 거액의 기증은 기업이 할 수 있는 근본적인 선행에 관한 강력한 메시지를 던져주었다. 그것은 결국 마이크로소프트 제국에 강력한 선의의 인상을 남겼다.

존슨 앤 존슨은 평판이 높은 기업이고 유능한 CEO를 지닌 또 다른 미국 기업이다. 비록 CEO가 빌 게이츠만큼 유명하지는 않지만, 윌리엄 웰든(William Weldon)은 존슨 앤 존슨과 생사를 같이하는 충실한 리더이다. 웰든은 오랫동안 기업과 생사고락을 함께 해왔고 한 단계 한 단계 올라갔다. 또한 웰든은 기업의 평판 플랫폼과 기업 이야기를 커뮤니케이션하기 위한 강력한 대변자로서 행동했다.

네덜란드의 CEO들은 소비자들의 눈에 잘 띈다. 그들의 연설과 행동은 미디어를 통해 볼 수 있다. 최고의 평판을 받은 기업은 소비자들에게 잘 인식되고, CEO는 박수갈채를 받는다. 2003년 초에 야기되었던 금융 스캔들이 있기 전에 아홀드의 CEO 회벤은 네덜란드에서 가장 주목받는 CEO 중 한 명이었다. 그는 2001 미디어 인용지수에서 3위에 올랐다. 2001년 레이매치는 회벤을 'IR 분야의 미스터 네덜란드(Mister Investor Relations Netherlands)'로 명명했다. 레이매치는 기업의 재무상태를 커뮤니케이션하는 데 있어서 회벤의 총명하고 일관되며 포괄적인 접근법에 대해 찬사를 보낸 투자관련 연구소이다. 그러나 그후 야기된 스캔들은 기업이 얼마나 기만적일 수 있는지를 잘 보여주었다.

이탈리아에서 페라리는 유사한 사례를 보여준다. 설립자 엔소 페라리(Enxo Ferrari)가 물려준 유산은 여전히 기업문화의 구심점을 이루고 있다. 그의 삶에서 도출된 핵심요소는 아직도 주목받으며 존중되고 있다. 현재의 CEO인 루카 코르테로 디 몬테제모로(Luca Cordero di Montezemolo)는 화려한 경력으로 잘 치장된 페라리의 명예로운 상징이며 그는 회사의 본질과 정신을 자기 자신을 통하여 체현하고 있다.

덴마크 A. P. 몰러의 명예CEO 몰러((Maersk McKinney Moller)는 또 다른 중요한 예이다. 그는 일생동안 기업에 몸담고 있는 동안이나 퇴직한 후에도 많은 찬사를 받았다. 최근 그는 논쟁의 여지가 많은 새로운 코펜하겐의 오페라하우스 설립의 기금모금에 열심이다. 그는 덴마크와 전세계의 선박운송업계 두 분야에서는 매우 잘 알려진 이름이다.

CEO 브랜드는 기업평판 플랫폼을 구축하기 위해 필요한 훈련과 지도를 수행하기 위한 가치있는 도구이다. 이는 기업 전반에 일관성을 만들어내기 위한 강력한 초기 발화점으로서 그 역할을 수행한다.

5단계: 측정하고 추적하라

필립스나 다임러 크라이슬러처럼 통합 커뮤니케이션의 마지막 단계는 측정이다. 기업의 비전과 커뮤니케이션과 이니셔티브 기획 사이의 관계를 유지하기 위해서는 신뢰할 만한 채점표가 요구된다. 대부분의 기업은 외부보도와 각 지역에 보내는 보도의 호감 정도 그리고 커뮤니케이션 수행으로부터 기대할 수 있는 평판의 변화를 바탕으로 채점표를 작성할 수 있다. 신뢰할 만한 채점표를 얻고, 그 채점표에 기반을 둔 목표 결과치를 달성하며, 그리고 그 결과를 성취하기 위해 커뮤니케이션 간부뿐만 아니라 사업부 관리자에게 보상함으로써 통합 커뮤니케이션의 성공적인 실행을 보장할 수 있다.

이 책을 통틀어 우리는 기업의 활동과 이니셔티브에 대해 일관된 모니터링을 할 수 있는 척도의 중요성을 강조했다. 3장 '누가 높은 평판을 얻고 누가 그렇지 못한가?'에서, 우리는 해리스-폼브런 평판지수나 폼브런과 해리스 인터랙티브가 개발한 평판지수에 대해 설명했다. 그 도구는 비교할 수 있도록 표준화된 채점표이다. 기업은 기업운영에 대한 표준화된 평판지수를 자신의 실정에 맞게 수정하여 자기에게 알맞은 채점표를 만들면 된다. 우리가 제시한 대로 평판지수에 대한 6개 항목은 모든 기업에게 공통적으로 내재되어 있는 것이다. 또한 20개 평판속성도 마찬가지다. 그러나 기업은 그들이 추구하고 있는 전략적인 옵션을 반영하기 위한 특별한 속성을 찾고자 한다. 이러한 평판지수를 구성하기 위해서는 표준화된 속성을 버릴 것이 아니라 그 속성을 응용해야 한다. 이렇게 함으로써 그 기업의 고유한 평판지수가 형성되는 것이다.

평판 채점표의 결과는 다양한 데이터 수집전략을 사용하는 모든 이해관계자 그룹의 지각을 추적하는 데 이용된다. 이 데이터 수집전략은 소비자와 종업원을 대상으로 한 온라인 서베이뿐만 아니라 일반전화나 실제 인터뷰를 포함한다.

우리가 매우 유용하다고 알고 있는 두번째 추적도구는 기업 미디어 보도에 대한 체계적 평가이다. 오늘날 대부분의 기업은 신문과 비디오 클리핑 서비스에 의존한다. 불행하게도 대부분 이러한 서비스는 보도에 대한 유용한 분석을 제공하지 않는다. 델라하예 미디어링크와 함께 일하면서, 평판연구소는 기업의 평판 채점표와 같은 속성과 분야를 그대로 원용하여 평가를 위해 표준화된 MRI 방법을 개발했다. MRI의 표준화된 버전에서 기업은 평판지수에서 사용된 20개 특성에 의해 평가되었다. 그리고 이 평가는 기업의 미디어 보도가 얼마나 호의적인지 그리고 이 보도가 다른 기업과는 상대적으로 어떻게 배치되어 있는지 설명한다. 이 평가는 영어사용권에서는 전자적으로 처리되었다. 그리고 점차적으로 여러 언어로 실행할 수 있게 되었다. 또한 아직 전자적으로 처리할 수 없는 미디어를 위해서도 질적으로 이루어지고 있다. 같은 척도를 사용하여 미디어를 추적하는 것은 이해관계자의 지각을 측정하는 데 있어서 가치있는 보조수단이 된다.

우리가 추천하는 세번째 추적도구는 평판 채점표에 기초해 코딩 시스템을 구축하는 것이다. 이 평판 채점표는 신문보도, 웹 기사, 연례

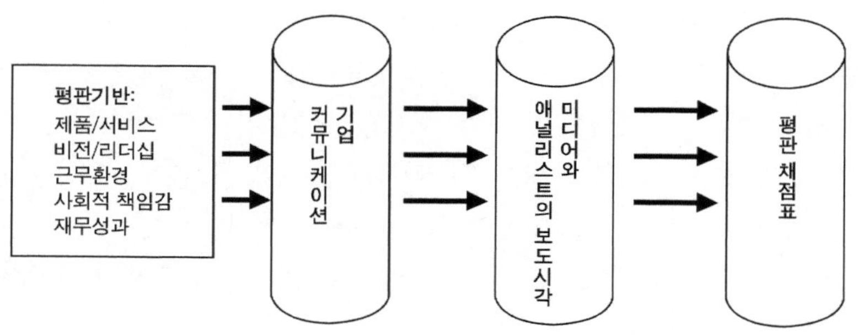

<그림 10-8> 평판측정과 추적

보고서 그리고 경영자의 연설을 포함한 기업이 외부로 내보낸 모든 메시지를 포함한다. 대외용 메시지의 내용분석은 순환구조의 최종단계이다. 그것은 기업이 이해관계자들에게 최종적으로 무엇을 말하고자 하는가를 나타낸다. 미디어 평가와 이해관계자의 평가를 대조하면 기업이 목표로 설정하고 있는 특정분야를 꼭 집어낼 수도 있다. 그리고 미디어의 보도태도와 이해관계자의 인식을 성공적으로 바꾸기 위해서 기업이 보다 더 많은 작업을 해야 할 필요가 있는 평판의 특정속성과 측면이 무엇인지 구체화시킬 수 있다. <그림 10-8>은 평판관리를 위한 기업의 추적 시스템의 통합적 양상을 설명한다.

일관성: 하향식이지만 모든 것을 포괄하라

일관성은 최고의 기업이 가지는 중요한 특징이다. 일관성은 평판 플랫폼을 채택하고, 기업의 정체성을 만들고, 통합 커뮤니케이션을 수행하며 그리고 평판 강화 테마에 대한 정신을 가지고 기업에게 주입시킴으로써 이루어질 수 있다.

일관성을 확립하기 위해서 다음 네 가지 주요요점을 제시한다.

- 기업을 둘러싼 모든 이해관계자에게 신뢰받을 수 있는, 적절하며 현실적인 플랫폼을 만들어라.
- 매력적인 이야기와 쉽게 기억될 수 있는 최소 두 개 이상의 감성적 동기에 기초한 기업 이야기를 만들어라.
- 기업 이야기를 보도하고자 하는 미디어에 관심을 끌 만한 심벌을 첨가해라. 백문이 불여일견이다.
- 기업 이야기를 표현하기 위한 호소력 있는 채널을 개발하라. 광고, PR, 혹은 사회적 이니셔티브, 최고경영자(혹은 CEO)의 개인적 브랜딩 등을 통해서 매력 있는 채널을 개발하라.

기업의 일관성 구축에 사용되는 몇몇 도구는 곧바로 실행할 수 있는 것들이다. 정밀한 가이드라인 개발, 일반 로고의 사용, 논리적 브랜드 구성의 채택, 커뮤니케이션 계획 구축, 인트라넷과 엑스트라넷의 구축 그리고 표준화된 측정과 추적 등이 그것이다. 그러나 나머지 다른 도구는 구축하기가 더욱더 어렵고, 기업의 최고경영진들에 의해 형성된 사례에 많이 의존하고 있는 것들이다. 만약 기업이 정말로 일관성을 가지길 원한다면, 기업의 리더들은 매일매일 좋은 사례를 축적해나가야 한다.

마지막으로 처음에 제시한 바와 같이, 일관성은 모든 이해관계자 집단과 함께 '조화롭게 노래 부르기'와 관련이 있다. 대부분의 기업은 소비자에게 편견을 가질 수 있고, 마케팅 커뮤니케이션의 중요성을 지나치게 강조하는 경향이 있음은 사실이다. 광고예산안은 일반적으로 다른 커뮤니케이션 제안서에 할당되어 있는 예산을 축소시킨다. 그럼에도 불구하고 일관성은 미디어가 이해관계자로부터 지지를 얻는 데 있어 비용면에서 더욱 효과적이라는 증거가 있다. 그러므로 평판관리자가 되고 싶다면 소비자와 투자자에 대한 관련투자가 절대적으로 우세한 세계관을 가진 현재의 기업에게 평판구축을 통한 탁월한 비즈니스 성공사례를 갖다대는 일밖에 없을 것이다. 여기에 딱 맞는 사례가 페덱스가 지난 2000년에 전개한 도전이다. 그리고 다음 장에서는 지난 몇 년 동안 페덱스가 전개한 평판구축 이니셔티브에 대해 설명할 것이다.

11

Becoming a top company: the case of Fedex

최고의 기업이 되는 법

페덱스(FedEx) 사례

2001년 배우 톰 행크스(Tom Hanks)는 대중영화 <캐스트 어웨이(Cast Away)>에서 현대판 로빈슨 크루소 역으로 아카데미 상에 세번째로 후보에 올랐다. 그는 신뢰와 서비스라는 기업목표에 열렬히 헌신하는 페덱스의 매니저를 연기했다. 효율성에 강박적인 집착을 보이는 그는 비행기를 타기 전에 자신을 수신인으로 주소를 써넣은 페덱스의 소포를 모스크바로 부치는데, 이는 그 소포가 도착하는 속도를 알아보기 위해서였다.

돌아오던 길에 톰 행크스가 탄 비행기가 추락해버리는 바람에 그는 무인도에서 5년의 세월을 견디게 된다. 그동안 벗 삼을 만한 것이라고는 윌슨(Wilson) 농구공과 중서부 지역의 누군가에게 보낼 페덱스 소포가 다였다. 마침내 그는 소포꾸러미들을 한데 엮은 뗏목을 타고 집으로 돌아갈 방법을 찾아낸다. 이 영화는 톰 행크스가 개인적으로 해당 수신인들에게 그 소포를 전달함으로써 페덱스의 서비스 임무를 완수하는 장면으로 마무리된다.[1)]

2002년 수퍼보울(Super Bowl) 중계 프로그램에 삽입된 TV 광고에서 페덱스는 이 영화의 원래 엔딩과는 다른 장면을 보여준다. 톰 행크스를 닮은 대역배우가 어떤 농장의 초인종을 누르자 한 여인이 나온다.

"안녕하세요." 그가 말한다. "저는 이 소포와 함께 5년간 무인도에 고립되어 있었답니다. 그리고 제가 페덱스를 위해 일하고 있는 이상 제가 꼭 당신에게 이것을 전해드려야겠다고 마음먹었지요."

"배려가 깊으시네요." 그 여인이 말한다. "고맙습니다."

"근데 소포 안에 대체 뭐가 들었나요?" 하고 탐 행크스 대역이 묻는다.

"별거 아니에요." 그녀가 대답한다. "위성전화기, GPS 추적기, 낚시장비, 정수기 그리고 약간의 씨앗들이에요. 그냥 있어도 그만 없어도 그만이죠."

이 유머광고는 CNBC, 《뉴욕 타임즈》 그리고 《LA 타임즈》에서 실시한 인기투표에서 연속 1위에 올랐다. 페덱스의 전략기획 및 관리담당 부사장이자 CAO(Chief Accounting Officer)인 제임스 왓슨(James Watson)의 말을 들어보자. "이 광고는 신뢰와 서비스에 대한 페덱스 팀의 임무수행을 훌륭하게 커뮤니케이션했다. 우리가 통상 사용하는 것이 무엇인지, 그리고 그것이 유머러스한 환경이라는 점에 대해서 말이다. 우리는 그 점을 자랑스럽게 여기며, 이 광고는 페덱스 가족 전원이 어떤 임무를 부여받고 있는지 그리고 그 임무가 얼마나 탁월한 서비스와 신뢰를 지니고 있는가를 단적으로 보여준다고 생각한다."

페덱스는 1973년 사업을 시작한 이래 30년간 심야 택배사업에서 서

1) 이 영화를 본 페덱스 관계자는 "텍사스에서 모스크바에 이르는 화물운송 경로를 따라가는 영화 첫 장면에서부터 톰 행크스에게 희망을 준 화물을 전달하는 마지막 장면까지, 페덱스는 영화의 일부분이라기보다는 영화의 한 캐릭터에 가깝다"며 자사 브랜드에 대한 자부심을 표현했다. 페덱스가 영화제작 기간 동안 야자나무, 통나무 뗏목, 바다 속 촬영을 위한 특수촬영 장비들을 포함한 물품들의 운송을 직접 담당했을 뿐만 아니라 LA와 멤피스의 약 1,500명의 페덱스 직원들이 영화를 위해 엑스트라로 동원되었고, 페덱스의 창립자 겸 회장인 프레드릭 스미스(Frdedrick W. Smith)가 카메오로 출연했다-역자주

비스와 신뢰라는 두 가지 테마를 기반으로 강력한 브랜드를 만들어냄으로써, 국제항공수송에서 특권적인 선도주자의 자리를 차지하기에 이르렀다.[2] 그러나 1990년대 중반 페덱스는 경쟁이 격화되고 성과는 줄어드는 곤란을 겪게 되었다. 이는 화물수송 시장에서의 오랜 라이벌 UPS뿐만 아니라 다른 신생 사업자들과의 경쟁이 가속화되었기 때문이다. 이에 맞서기 위해 페덱스는 전지구촌 커뮤니케이션과 평판관리 수행에서 근본적인 변화를 요구하는 일련의 전략적 이니셔티브를 런칭했다. 이 장의 나머지에서는 페덱스가 도입한 변화들, 그러한 노력이 낳은 커뮤니케이션 구조 그리고 페덱스의 브랜드들로 구성된 사기충천한 가족에게 보다 넓은 범위의 서비스를 도입한 결과로 페덱스가 누리게 된 성공에 대해 살펴보기로 한다.

근본적인 변화의 도입

이 이야기는 페덱스가 캘리버 시스템(Caliber System)의 인수를 결정한 1998년부터 시작된다. 캘리버 시스템은 RPS(육상소포 서비스), 로버트 익스프레스(Robert Express: 속달), 바이킹 프라이트(Viking Freight: 소화물 운송) 그리고 캘리버 로지스틱스(Caliber Logistics: 창고관리)와 캘리버 테크놀로지(Caliber Technology: 물류관리 통합과 기술 관련 솔루션) 같은 다양한 계열사들을 거느린 기업이었다. 이 계열사들은 페더럴 익스프레스(최초의 특

2) FedEx는 1970년대 초까지만 해도 배송사업에서 고전을 면치 못하는 기업이었다. 당시 에머리 항공화물(Emery Air Freight)은 최초의 항공화물 운송업자였고, 항공화물에서 절대적인 강자로서 철야배송에서부터 값싼 2~3일 배송 서비스, 소화물, 대화물까지 다양한 서비스를 제공했다. FedEx는 이에 맞서 철저히 서비스를 차별화하기로 하고 "절대적으로 필요한 화물이라면 야간에도 반드시 배달해드립니다"라는 배송 서비스의 새로운 영역을 개척했다. 그럼으로써 '철야배송(Night Delivery)' 시장에서 높은 배송료에도 불구하고 전세계적인 영업망을 구축할 수 있게 되었다― 역자주

급운송 서비스)에 인수되어 FDX라는 브랜드 아래 한 기업그룹의 일원이 되었다. "이것은 아주 바람직한 결합이다. 전체가 부분의 합보다 더 커질 수 있으니까." 당시 인수에 대해 페덱스 회장이자 CEO인 프레드 스미스가 한 말이다.

이후 2년여에 걸쳐 FDX는 캘리버 시스템 계열사의 통합을 지휘 감독했고 페덱스의 트레이드마크인 서비스와 테크놀로지 강화 대부분이 인수된 신규 서비스에도 고스란히 도입되었다. 2년간 페덱스는 운영과 마케팅 입장을 고려하여 속달과 육상부서를 따로 유지했다. 그러나 1999년 말 환경이 바뀌었다. 소비자들은 원스톱(One stop) 운송수단을 원했는데, 이는 수송수단이 무엇이든 간에 상관없이 하나의 접점에서 하나의 송장(送狀)만으로 페덱스가 책임을 져달라는 요구였다. 설상가상으로 경쟁사의 보다 공세적인 경쟁에 직면하게 되자(가장 두드러진 사건이 1999년 UPS가 IPO를 한 일로, 당시만 해도 기업역사상 가장 큰 IPO였다), 페덱스는 반격을 피하지 않을 수 없었다. 2000년 1월 페덱스는 자사의 기업 브랜드를 활용하기 위해 모든 계열사에까지 기업 브랜드를 확대 적용하기로 했다. 비록 속달과 육상운송 네트워크가 계속해서 독자적으로 운영되기는 했지만, 이 새로운 페덱스는 전계열사가 힘을 합쳐 그룹차원에서 경쟁사에 대응해나가도록 했다. 예를 들면 속달 서비스에는 페덱스 익스프레스라는 이름을, 육상 서비스에는 페덱스 그라운드(FedEx Ground)라는 이름을, 소화물 서비스에는 페덱스 프라이트(FedEx Freight)란 이름을, 그리고 통합판매, 마케팅, IT 그리고 고객 서비스 부문에는 페덱스 서비스(FedEx Service)라는 이름을 붙인 것이다.

같은 시기에 페덱스는 글로벌 브랜드 파워에도 동일한 브랜드 확장 전략을 적용하기 시작했다. 이 기업그룹이 제공하는 서비스를 통합하는 과정에서, FDX 코퍼레이션은 페덱스 코퍼레이션(FedEx Corporation)으로 이름을 바꿨다. 자회사의 경우 페더럴 익스프레스는 페덱스 익스프레스가 되었고, RPS는 페덱스 그라운드가 되었다. 로버트 익스프레스는 페덱스 커스톰 크리티컬(FedEx Custom Critical)이 되었고 캘리버 로지스틱스와 캘리버 테크놀로지는 하나로 합병되어 페덱스 글로벌 로지스틱스가 되었다. 자회사를 위한 판매, 마케팅, 고객 서비스 그리고 정보기술 기능 등을 통합하기 위해 2000년 6월 페덱스 코퍼레이트 서비스(페덱스 서비스)가 설립되었다. “우리의 위대한 자산 가운데 하나인 페덱스 브랜드의 위상을 높이고 그 범위를 확장할 때다. 그래야만 우리의 고객들에게 통합된 서비스 솔루션을 제공할 수 있다”라고 스미스는 언급했다.

다음해 수많은 인수합병과 재편으로 인해 페덱스 자회사의 규모와 영역에 다양한 변화를 가져왔다. 첫번째 이니셔티브는 페덱스가 기업의 브랜드 변경을 고지한 지 한 달 후에 생겼으며 새로운 자회사의 설립을 초래했다. 2000년 2월 페덱스 코퍼레이션은 타워그룹 인터내셔널의 인수를 고시하였는데, 타워그룹은 국제 물류유통과 무역정보기술 업계의 리더였다. 타워그룹은 페덱스 트레이드 네트워크의 전신이 되었다. 고객들에게 국제무역과 수송을 지원하는 것을 목적으로 하는 것이었다. 한 달 후 트레이드 네트워크 자체가 통관대행 및 무역정보 관련기업인 월드태리프(Worldtariff)를 인수했다.

2001년 1월 페덱스 로지스틱은 고객 서비스를 더욱 개선하기 위해 능률화되었다. 페덱스 글로벌 로지스틱스 산하의 주요 자회사가 다른 자회사로 이동했다. 페덱스 서플라이 체인 서비스는 페덱스 서비스 산하로 들어왔으며 캘리버 인수시 함께 사들였던 캘리버 트랜스포테이션 서비스(Caliber transportation service)는 페덱스 트레이드 네트워크 산하로 들어오게 되었다.

다음달 페덱스는 미연방 40개주의 소화물 선도기업 아메리칸 프라이트웨이(American Freightway)의 인수를 마무리했다. 아메리칸 프라이트웨이는 다시 바이킹 프라이트(Viking Freight)와 합병되었고 유일하게 기업 리브랜딩 과정에서 이름이 바뀌지 않은 유일한 자기업이 되었으며 2001년 2월 페덱스 프라이트로 재탄생했다.

2003년까지 페덱스의 힘은 자회사의 구성에서 증명된다. 이는 페덱스 익스프레스, 페덱스 그라운드, 페덱스 프라이트, 페덱스 커스톰 크리티컬, 페덱스 트레이드 네트워크 그리고 페덱스 서비스 등이다. 이러한 조합을 이뤄 페덱스는 운송, 전자상거래 그리고 공급체인 관리 서비스에서 주도적인 글로벌 공급자가 되었으며, 연간수익은 220억 달러로 경쟁사 UPS의 300억에 이어 2위를 차지했다.

새로운 구조 아래 페덱스의 자회사는 내부적으로 공통된 모토를 이용한다. "독립적으로 운영하되 한데 힘을 합쳐 경쟁사와 경쟁하라." 독립적으로 운영함으로써 각 기업은 저마다의 시장에서 오직 최고의 서비스로 배송하는 것에만 집중할 수 있다. 캘리버 인수 시점에서 CEO 프레드 스미스는 이렇게 말했다. "우리는 지난 25년간 화물과 일상적인 운수시장을 연구해 온 결과 그 두 시장이 서로 완연히 다름이 확인되었다. 이제 각 분야의 생산성, 고객 서비스 그리고 가격경쟁력을 극대화하자면 철저한 통합과 헌신적인 전문기술이 필요함을 알았

<그림 11-1> 새로운 페덱스(2000)

다." 페덱스의 기치 아래 하나의 집단으로 경쟁함으로써 모든 자회사는 세계적으로 아주 잘 인지된 브랜드를 이용하여 혜택을 입는다. <그림 11-1>은 전세계에 모습을 드러낸 이른바 '새로운 페덱스'를 보여준다.

페덱스 커뮤니케이션즈의 역할

<그림 11-1>에서 보듯이 페덱스의 패밀리 브랜드 런칭에 대해 미디어가 상당한 비중으로 다루었음에도 불구하고 장기간의 회의주의자를 복음주의자로 바꾸어놓는 데는 실패했다. 비평가들은 페덱스가 패밀리 브랜드의 남용으로 브랜드 자체가 희석되리라고 전망했다. 금융분석가들은 그 운영모델에서 예견되는 시너지에 대해 조소했다. 언론인들은 그 구조의 특징을 잘못 파악한 나머지 그것의 장기적 생존력에 의문을 표시했다. 직원들 또한 경영진의 변화 의지를 내면화시키지 못한 채 통폐합 이전에 원래 하던 대로 운영하고 커뮤니케이션하는 데서 맴돌았다.

이에 페덱스 커뮤니케이션즈는 글로벌 기업 커뮤니케이션즈의 수장인 빌 마가리티스(Bill Margaritis)의 지휘 아래 페덱스의 새로운 비즈니스 모델을 인식시키고 새로운 페덱스 패밀리를 위한 안팎의 홍보대사들을 회사 내·외부에 만들어내기 위한 전략적 캠페인에 착수했다. 이러한 노력은 각 자기업 소속의 리더십 팀이 열정적으로 참여함으로써 뒷받침되었다.

아울러 이 과정에서 2000년 9월~11월 사이 실시된 양적 질적 연구가 병행되었으며, 페덱스의 주요 PR 대행사 켓첨 커뮤니케이션즈(Ketchum Communications)의 지원을 받았다.

직원대상 조사

연구결과 새로운 페덱스 구조에 대해 직원들의 이해와 수용도가 극히 저조하였으며 커뮤니케이션 관리에서 변화가 필요하다는 시사점이 도출되었다.

경쟁력 분석

전국의 오피니언 리더를 대상으로 한 조사는 이 비즈니스 모델의 시너지를 명쾌하고 효과적으로 그려낼 필요가 있음을 증명했다.

미디어 보도 점유율 연구

2000년 1~12월에 걸친 미디어 보도내용 분석결과 새로운 페덱스 메시지에 대한 보도가 비효과적이어서 향후 더욱 공격적이고 목표 타깃을 정확하게 잡은 미디어 관계가 필요하다는 점이 강조되었다.

저널리스트 대상 조사

비즈니스 저널리스트 대상으로 한 전화조사 결과 페덱스의 새로운 통합에 대한 인식이 부족하고 나아가서 경쟁사보다 덜 통합된 기업으로 인식되고 있음이 드러냈다. 또한 저널리스트를 교육시켜 틀린 것을 바로잡아야 한다는 필요성이 재삼 확인되었다.

금융분석가들의 보고서 리뷰

2001년 이후 발행된 금융분석가들의 보고서는 페덱스의 비즈니스 모델에 대해 회의적이었다. 이는 사전에 성공할 수 있음을 커뮤니케이션하고 금융계에 본질적인 시험대를 제공할 필요성을 입증해주었다.

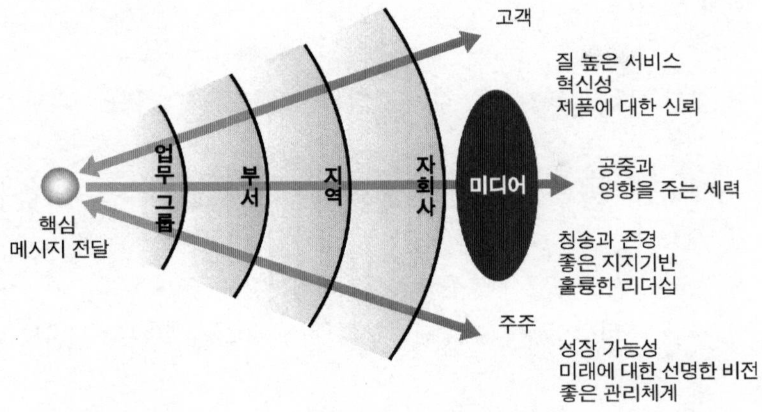

<그림 11-2> 커뮤니케이션: 일터에서 시장으로

(출처: FedEx,2002)

커뮤니케이션 캠페인

최초의 과제는 분명했다. 그것은 페덱스의 새로운 구성을 설명하고 '하나의 비전, 하나의 목소리'를 설명하는 일이었다. 이를 위해 페덱스의 커뮤니케이터들은 교차기능적인 캠페인을 개발했다. 애초부터 고위관리자들의 참여와 승인을 전제로 커뮤니케이션은 기능과 부서간의 상호지원을 끌어올리고 과정을 안정시키며 페덱스 어디서나 이 캠페인을 지원하도록 의도되었다. <그림 11-2>는 페덱스가 자사 브랜드를 '안에서 밖으로(inside-out)' 재포지셔닝하려는 일터에서 시장으로(work place-to-marketplace)의 전략을 그림으로 보여주고 있다.

이 커뮤니케이션 캠페인의 공식목표는 타깃 오디언스에게 새로운 페덱스에 대한 이해와 지지를 늘리고 페덱스의 경쟁적인 포지셔닝, 브랜드 자산, 그리고 이해관계자들의 가치를 강화시키는 것이었다. 여기서 타깃 오디언스에는 금융관련 미디어, 산업분석가들, 소비자들, 그리고 직원들이 포함된다. 이 커뮤니케이션 캠페인의 전술적 목표는 다음과 같았다.

- 장차 고안될 교차 기능적이고 협력적인 커뮤니케이션의 내적 기반을 마련한다.
- 새로운 페덱스에 대해 미디어를 교육시켜서 잘못된 인식을 바로잡는다.
- 자회사로 구성된 새로운 페덱스 패밀리를 커뮤니케이션하기 위해 블록버스터급 고지수단과 시기적절한 순간에 돈을 투자해야 한다.
- 새로운 페덱스에 대한 전사적인 차원에서의 내부 커뮤니케이션을 개시한다.

커뮤니케이션 캠페인의 실행

커뮤니케이션 캠페인의 내부기반은 페덱스가 자기업 전반에 걸쳐 재활성화 커뮤니케이션 과정을 주관하는 교차기능적 커뮤니케이션 위원회의 설립으로 가능해졌다. 또한 새로운 페덱스의 메시지 플랫폼 개발책임을 맡고 전체 기업의 커뮤니케이션 요소와 채널에 이런 메시지와 테마를 불어넣는다. 마지막으로 협조를 원활히 하기 위해 페덱스는 인포센트럴(Infocentral)을 활성화 한다. 이는 모든 커뮤니케이터가 전자정보 자료실에 접근할 수 있도록 한다. 그 결과 미디어 보도내용, 접촉사례, 연중행사, 연설, 이미지 그리고 이해관계자들에게 새로운 페덱스를 설명해주기 위한 가이드라인을 제공해준다.

다음의 전술적 목표로 페덱스는 미디어를 체계적으로 교육시키기 시작했다. 커뮤니케이션 그룹은 미디어 접촉을 위한 내부집단을 확인하여 그들에게 페덱스에 대한 브리핑을 집행했다. 이는 기자들과의 관계를 굳건히 하고 메시지를 강화해서 인식의 간극을 줄이기 위함이다. 페덱스는 또한 페덱스 사실점검팀(FedEx Truth Squad)을 출범시켰는데, 이는 미디어 보도를 실시간으로 점검하고 부정확하거나 그릇된 인식을 바로 바로잡기 위한 정치 캠페인 전술 아래 조직되었다. 마지막으로 페덱스는 목표로 하는 미디어 접촉 포인트를 강화하기 위해 미디어 담당 스텝의 각기 담당제를 배치시켜서 상위권 미디어의 불미스러운 보도를 사전에 봉쇄했다. 직원들과 미디어에게 체계적으로 뻗어나가는 것을 보완하기 위해 한편으로 페덱스는 주의를 끄는 '블록버스터 모멘트(blockbuster moment)'에 확실한 투자를 했다. 이해관계자의 주의를 끌 수 있는 의미있는 비즈니스 이벤트를 통해 기업에 대해 이야기할 수 있는 기회가 다루어진 것이다. 예를 들면 페덱스 홈 배달 서비스의 런칭과 확장, 페덱스와 미국 우편 서비스와의 제휴, 휴가철 배송제의 도입, 아메리칸 프라이트웨이 인수, 매출공개, 그리고 소비자 보상 등이 여기에 포함된다. 각 이벤트는 회의적인 시선에 맞대응해서 이 기업의 전반적 성장전략을 알리기 위한 기회로 쓰였다.

단연코 이 캠페인에서 가장 중요한 과제는 이 변화의 이면에 있는 직원을 움직여서 사내에 활기를 불어넣는 것이었다. 제자리를 잡은 이니셔티브들 가운데 다음과 같은 몇 가지는 매우 돋보였다.

- 새로운 페덱스에 대해 직원을 고무시키고 자회사의 다양한 문화를 하나로 통합하기 위해 '나아갈 길(The Way Ahead)' 캠페인을 런칭한다.
- 상급관리자들 대상의 랠리(rallies)와 소속기업 직원들의 대규모 집회를 연다.
- 이해하기 쉬운 직원용 커뮤니케이션을 원활하게 해서 자회사간의 상호교류를 통한 시너지로 성공을 거둔 사례정보를 널리 퍼뜨린다.
- 유통채널을 간결하게 하고 영업 커뮤니케이션을 촉진하는 데 필

요한 풍부한 정보를 만들어낸다.

페덱스 커뮤니케이션즈의 성과 평가

페덱스 커뮤니케이션즈의 캠페인에는 목표가 두 가지 있었다. 하나는 새로운 페덱스를 보다 두드러지게 만들어서 모든 주요 이해관계자 집단에게 널리 이해시키는 것이다. 다른 하나는 시장에서 페덱스의 경쟁적인 포지셔닝을 개선하는 것이었다. 우리는 각 목표에 대한 결과를 검증했다.

페덱스 커뮤니케이션즈의 캠페인은 모든 자회사에 새로워진 페덱스의 기업문화가 두드러질 만큼 배어들게 했는가?

2002년 가을 실시된 직원대상 조사에서 고객과 직접 만나는 직원(예를 들면 페덱스 그라운드 계약자, 고객 서비스 대표들)이 새로워진 페덱스의 가치와 브랜드 속성을 구체화하여 고객의 인식을 개선하게 되었다는 결과가 나왔다. 게다가 페덱스 커뮤니케이션즈는 페덱스 그룹 내의 내용과 메시지 테마를 한데 통합했다.

언론의 보도는 점차 페덱스의 비전을 지원했다. 포브스에 기고한 마크 탓게(Mark Tatge)에 따르면, "프레드 스미스의 …… 페덱스의 28년 역사상 가장 급진적인 개혁이었다. …… 그라운드 쉬핑(Ground Shipping)은 4분기 매출이 8%에서 10%로 성장했다." ≪포춘≫에 기고한 맷 보일(Matt Boyle)은 다음과 같이 말했다. "페덱스는 단지 항공화물 운송이라는 이미지를 성공적으로 벗어던졌다. …… 어떤 운송수요라도 원스톱으로 구매할 수 있게 되었고 …… UPS 주식이 고작 19% 상승에 그칠 동안 페덱스 주식은 1년 동안 거의 30%가 올랐다. 올해 페덱스는 전세계 비즈니스 청중의 가슴과 마음을 사로잡았다." ≪블룸버그(*Bloomberg*)≫[3)]에 기고한 존 리퍼트(John Lippert)에 따르면, "페덱스 회장

프레드 스미스는 이를 기업역사상 위대한 전환기의 일부라고 말한다."

페덱스 사실점검팀은 수많은 진상을 기록하는 데 열성적이어서 부정확하거나 불완전한 미디어 보도에 대해 공세적으로 대응했다. 2001년 5월 21일자 ≪비즈니스 위크≫를 예로 들면, '육상수송전쟁(The Ground War)'라는 기사에 페덱스에 대한 오보가 들어 있었다. 사실점검팀은 ≪비즈니스 위크≫의 담당기자와 고위편집진을 상대로 일련의 부정확한 보도내용을 조목조목 반박했다. 2001년 6월 11일자 ≪비즈니스 위크≫에는 편집자에게 보내는 편지와 완벽한 정정보도가 실렸다.

마지막으로, 새로운 페덱스 구조와 향상된 고객대응 수행에 대한 직원들의 이해가 개선된 것으로 나타났다. 페덱스 커뮤니케이션즈의 조사에서는 페덱스 서비스 직원들의 88%가 "독립적으로 운영하고 모두 힘을 합쳐 경쟁하라"는 전략을 명백히 또는 매우 잘 이해하고 있음이 드러났다. 그리고 84%는 동의하거나 어느 정도 동의하고 있어서 그들이 전략에 기여하고 있는 것으로 나타났다. 더욱 포괄적인 페덱스 커뮤니케이션즈 기법과 향상된 이해력을 지니도록 무장된 영업팀(Sales force)은 현대 모터 아메리카, 데이지텍(Daisytek), 월마트 같은 보증된 멀티 운영 기업고객과 계약하면서 서비스의 교차판매를 늘렸다.

페덱스 커뮤니케이션즈의 캠페인은 페덱스의 경쟁상태, 브랜드 속성 그리고 이해관계자의 가치를 향상시켰는가?

페덱스는 2001~2002년 사이 뚜렷한 경영성과를 보였다. 회계변경으로 인한 누적효과를 감안하지 않는다면 직전회계년도의 주당 1.99달러에서 희석주 주당 2.39달러로 수익이 20% 증가했다고 페덱스는 발표했다. 당해 순수익은 희석주 주당 2.34달러였고 이는 0.05달러의 회계변경에서 발생한 비현금비용을 포함한 것이다. 전년도 4/4분기의

3) 미국의 비즈니스 관련 뉴스를 장기로 하는 경제일간지 – 역자주

1억 2,400만 달러의 비용을 제외하고 그해 수입은 희석주 주당 2.26달러였다. 추가적으로 회계년도의 결합회계 결과는 다음과 같다.

- 총수입이 전년도의 19조 6천억 달러에서 20조 6천억 달러로 5% 증가했다.
- 경영수익이 전년도의 1조 7백억 달러에서 1조 3,200만 달러로 23% 증가했다.
- 회계변경 효과 이전 수익이 전년도의 5억 8,400만 달러에서 7억 2,500만 달러로 24% 증가했다.
- 잉여현금 흐름이 전년의 6,900만 달러에서 6억 1,600만 달러로 증가했다.

CEO인 프레드 스미스는 다음과 같이 말한다. "페덱스는 그해 동안 괄목할 만한 수익을 올렸고 상당한 잉여현금흐름을 불러일으켰다. …… 우리의 페덱스 그라운드와 페덱스 프라이트는 매우 높은 혜택과 서비스 신뢰 수준으로 운영되고 있다. 페덱스 익스프레스는 자본지출 수준을 상당히 줄였고 또한 서비스 신뢰를 괄목할 만한 수준으로 끌어올릴 수 있었다. 더구나 이는 불경기 동안 거래량이 감소한 상황에서였다." 페덱스의 CFO 앨런 그랩 주니어(Alan Graf, Jr.)는 다음과 같은 말로 화답한다. "페덱스는 분기에서 고객들에게 익스프레스(속달), 그라운드(육상운송), 프라이트(화물운송) 그리고 공급망 솔루션 영역에서 폭넓은 서비스를 제공함으로써 이익을 얻었다."

결과적으로 애널리스트들은 페덱스의 전략과 시장 포지셔닝의 수용이 늘고 있음을 언급하기에 이르렀다. 샐로먼 스미스 바니(Salomon Smith Barney)의 스캇 플라워(Scott Flower)는 이렇게 말한다. "거래량이 늘고 있는 것은 신규고객의 유입과 가능성의 개화 그리고 서비스 인식 개선을 통한 시장점유율 증대를 반영한다."

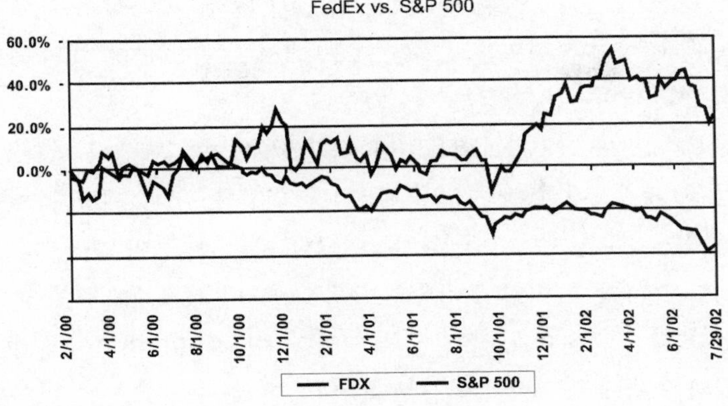

<그림 11-3> 페덱스의 시장가치

(출처: Thomson Analytics)

소비자들을 대상으로 한 성공은 또한 비즈니스 모델과 통합된 브랜드 파워의 이점을 강화했다. 전반적 불경기에도 아랑곳하지 않고 2002년 페덱스의 전체 비즈니스는 성장했으며, 특히 신규 브랜드인 페덱스 프라이트와 페덱스 그라운드가 그러했다. 페덱스 그라운드의 경우

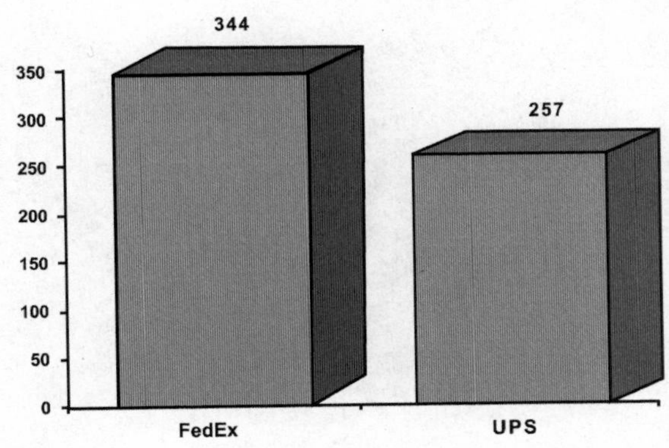

<그림 11-4> 2001년의 미디어 보도를 전자 내용분석한 결과

(출처: Delahaye Medialink/ Reputation Institute)

페덱스 홈 배달의 25%를 상회하는 성장과 함께 두 자리 수의 성장을 기록했다. 이러한 결과는 <그림 11-3>에서 보듯 S&P500 대비 페덱스 주식의 강력한 시장가치를 증명해주고 있다.

부분적으로는 페덱스 커뮤니케이션즈가 벌인 캠페인의 결과로, 기자들은 페덱스에 대해 더욱 긍정적인 기사를 쓰게 되었다. <그림 11-4>는 2001년 페덱스와 UPS를 언급한 모든 언론기사를 전자 내용 분석한 결과이다. 미디어 내용은 긍정적이거나 부정적인 것으로 분류되었고 다시 순수효과지표로 집계되었다. 이 지표는 미디어의 내용이 기업의 평판에 긍정적이거나 부정적인 영향을 주는 정도를 반영한다. 이런 결과는 페덱스가 UPS가 1991년 거뒀던 것보다도 상대적으로 훨씬 더 긍정적인 평판을 미디어에서 얻었음을 뜻한다.

마지막으로 평판조사에서 페덱스의 포지셔닝은 페덱스 커뮤니케이션즈의 캠페인이 실행된 이래 인상적으로 상승했다. ≪포춘≫이 실시한 2002년 세계에서 가장 존경받는 기업 조사에서 페덱스는 2001년 하위권이었던 74위에서 훌쩍 건너뛰어 7위가 되었다. ≪포춘≫이 함께 실시한 미국에서 가장 존경받는 기업 조사에서 2001년도에는 16위

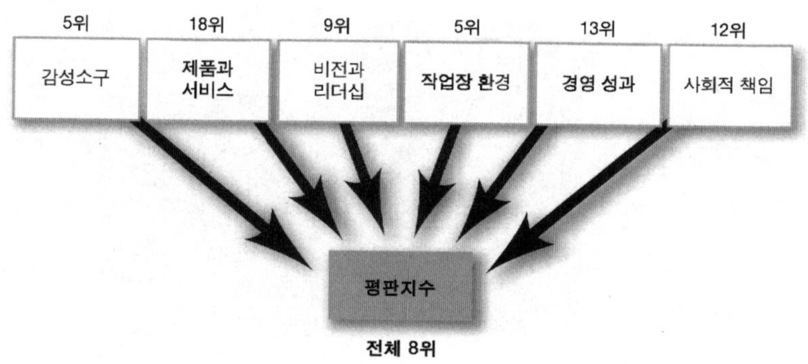

<그림 11-5> 2001년 연례 평판지수에서 나타난 다양한 기준에서의 페덱스 순위

(출처: Harris Interactive/ Reputation Institute)

였지만 2002년에는 8위가 되었다. 이로서 페덱스는 사상 처음으로 양대 조사에서 상위 10위권 안에 들었다. ≪파이낸셜 타임즈≫가 CEO들을 대상으로 실시한 2001년 세계에서 가장 존경받는 기업 조사에서는 페덱스가 새로이 22위에 선정되었다. 마지막으로 2001년 해리스 인터랙티브와 평판연구소가 공동으로 조사한 '미국에서 가장 두드러지는 기업' 순위에서 페덱스는 기업평판 총점에서 8위에 올라 2000년 13위보다 수직상승했다. <그림 11-5>는 2001년 소비자를 대상으로 실시한 평판지수 조사에서 페덱스의 상대적인 위치를 요약해서 보여준다.

보다 상세하게 <그림 11-6>은 1999년, 2000년, 및 2001년에 걸쳐 미국의 대표적 소비자 표본을 대상으로 한 조사결과 추출한 평판평가의 모든 측면을 페덱스가 어떤 식으로 개선시켰는지 보다 상세하게 보여준다. 페덱스가 캘리버 시스템즈를 인수한 지 3년 만에 페덱스는 소비자들이 신뢰하고 좋아하고 존경하는 정도를 나타내는 감성소구 순위에서 지속적인 상승세를 보였다. 이는 ≪포춘≫이 2002년 3월 다

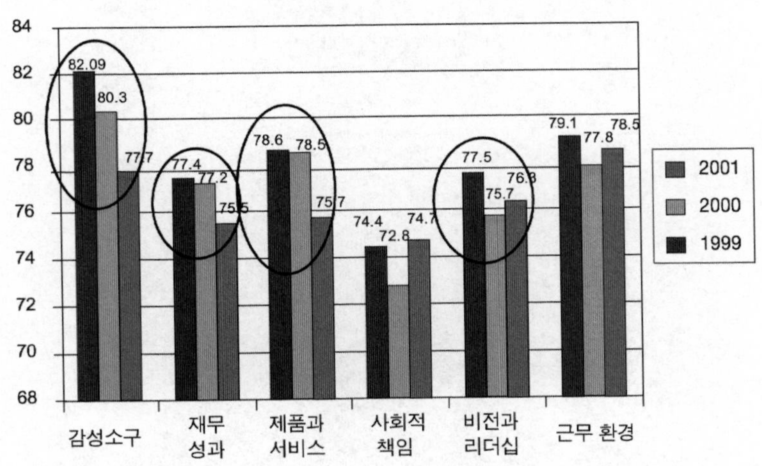

<그림 11-6> 미국 소비자를 대상으로 조사한 페덱스의 평판지수

(출처: Harris Interactive/ Reputation Institute)

음과 같이 지적한 바와 맥락을 같이 한다. "단순한 항공속달운송 비즈니스에서 어떤 물류의 수요도 원스톱으로 구매할 수 있게 됨으로써 페덱스는 기업 이미지를 성공적으로 쇄신했다."

기업 인지도를 증대시키는 페덱스 커뮤니케이션즈의 캠페인 성공을 기념하기 위해, 페덱스는 2002년 일련의 글로벌 광고를 내보냈다. 여기서 성공의 근원은 다름아닌 페덱스 직원들임을 일깨워준다. <그림 11-7>은 감성소구 광고의 프랑스판을 보여준다. 이 캠페인은 직원들에게 페덱스가 기획한 확장전략의 성공과 외부 이해관계자들에게

〈그림 11-7〉 종업원들의 외부 인식을 축하하는 페덱스 광고 시리즈

(출처:FedEx Corporation)

도 이러한 성취가 성공적으로 인지되었음을 효과적으로 알렸다. 의심할 바 없이, 페덱스는 단기간에 수많은 물적 자산을 획득함으로써 강한 비즈니스를 구축했다. 아울러 페덱스는 그에 못지않게 페덱스 커뮤니케이션즈가 이러한 물적 자산을 하나의 전체로 통합해서 도전하도록 했다. 이렇게 함으로써 모든 이해관계자들을 상대로 가치있는 평판자산을 형성할 수 있었다.

기업은 어떻게 해서 최고등급이 되는가?

페덱스의 경험은 기업이 성공적인 평판을 발전시키는 과정에서 많은 핵심요소를 예로 보여준다. 여기서는 세 개의 핵심적인 교훈을 제시한다.

교훈 1: 평판관리는 반드시 감사를 받고 그 과정이 추적되어야 한다

발빠르게 활동하고자 하는 유혹에도 불구하고, 당신 주변에서 우선 벤치마킹을 하지 않고서는 평판에 초점을 둔 이니셔티브를 런칭한다고 해서 재미를 보기 쉽지 않을 것이다. 효과적인 평판관리는 직원, 소비자 그리고 기업의 운영과 관련된 외부 그룹을 포함한 이해관계자의 인식을 조사하는 데서 출발한다. 조사는 양적·질적 둘 다 수행 가능하다. 양적 분석자료는 특정 이해관계자 집단들과의 문제가 되는 인식의 차이를 정확하게 짚어내는 데 도움이 된다. 질적 조사는 관리를 거쳐 수행되는데, 이해관계자 인터뷰는 또한 평판환경에 대한 폭넓은 윤곽을 기술하는 데 도움이 된다.

평판에 대한 감사는 기업의 실체를 평가하는 커뮤니케이션 감사와 연계되어야 한다. 기업이 실제로 이야기하고 있는 것이 무엇인지, 그러한 이야기가 커뮤니케이션 처리의 모든 채널을 통해 얼마나 잘 처리되고 있는지 알아야 한다. 커뮤니케이션 조사의 목적은 어떠한 방식으로 또한 얼마나 기업이 이해관계자에게 잘 이야기하고 있는지 확인하는 것이다. 조사는 또 결과에 대해 지속적으로 추적할 수 있는 기반을 제공해준다.

실제 커뮤니케이션에 대해 나란히 이해관계자의 인식을 병렬시키면 차이분석을 통한 원자료를 추출할 수 있다. 이러한 차이분석은 이해관계자의 기업에 대한 인식을 기업의 실체와 함께 정렬한 것이다. <그림 11-8>은 분석이 제시하는 요점뿐만 아니라 도출해낼 수 있는 시사점을 보여준다. 만약 실체가 이해관계자들의 인식을 앞지르면, 기업의 목표는 커뮤니케이션을 개선하는 것이어야 한다. 다른 한편으로 인식이 실체보다 좋으면 기업은 위험도가 높은 것이며 목표가 두 가지로 나뉜다. 첫째는 기업의 실체를 시정하기 위해 고안된 근본적인 이니셔티브를 런칭하고 기업의 평판위치의 위험을 감소시켜야 한다. 둘째는 기업이 주도하는 변화에 대해 공격적으로 커뮤니케이션해야 한다.

교훈 2: 평판은 내부에서 나온다

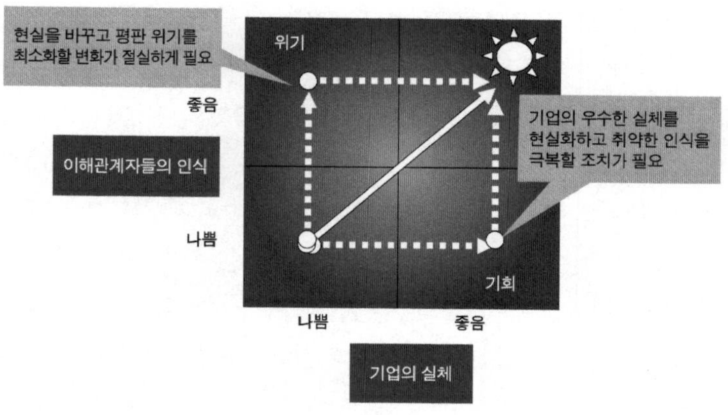

<그림 11-8> 갭 분석: 기업의 실체는 이해관계자들의 인식과 부합하는가?

세상에 흔히 알려진 것과는 반대로 기업평판이란 임원으로 승진하고 싶은 기발한 커뮤니케이션 담당자가 그 전략적 발판을 마련하기 위하여 마구 책상머리에서 도매금으로 생산되는 것이 아니다. 평판은 과학자들이 소위 사회적 사실이라 일컫는 것으로, 다시 말해서 이해관계자들의 눈에 비친 기업활동과 이니셔티브를 반영하고 있는 것이다. 이처럼 평판은 내부에서 나온다. 이는 투자자들과 소비자 그리고 파트너들이 해당기업의 역사, 문화, 전략, 작업장, 실천 그리고 구조라고 인지하는 것에 대한 부분적인 반영이자 부분적인 왜곡이다.

페덱스처럼 기업의 평판을 구축하거나 재구축하자면 구식 PR이나 광고보다는 더욱 새로운 방향의 전략적 실천이 필요하다. 이것은 해당기업의 문화적 토양에 뿌리박힌 깊은 변화와 관련되어 있다. 이것이 바로 평판의 이니셔티브가 최근 몇 년간 그토록 주목을 받게 된 연유이다. 평판 이니셔티브는 전문적인 커뮤니케이션 스텝의 전통적인 영역에서는 제대로 다뤄지기 어렵다. 이것들은 늘 기업의 복잡한 기능간의 협력적 노력을 필요로 한다. <그림 11-9>는 기업과 이해관계자들 간의 관계의 층위를 벗겨놓았다. 이는 기업의 역사, 정체성, 문화, 전략에 근본을 둔 기업의 생명력을 이해관계자들이 동일시하게

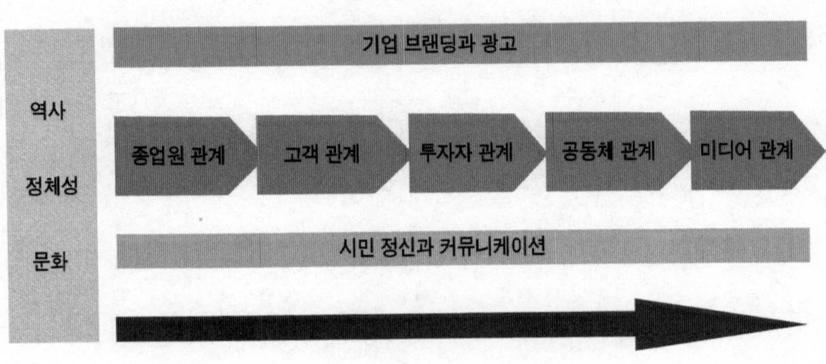

<그림 11-9> 기업평판의 내적 근원에 대한 탐구

만드는 것이다. 역으로 평판구축은 역사적 요소, 정체성 요소, 문화적 요소, 전략적 요소를 동일시하는 것을 의미한다. 이러한 요소는 시장에서 기업을 경쟁자들로부터 차별화된 차이를 만들어주며 이러한 차이를 커뮤니케이션과 통합된 이니셔티브를 통해 직원, 소비자, 투자자, 지역사회, 그리고 미디어와 관계된 이해관계자에게 전달할 수 있는 길을 찾게 해준다.

교훈 3: 평판은 차곡차곡 쌓아올려야 한다

그렇게 생각하고 싶을지는 몰라도, 평판관리는 한 번으로 끝낼 수 있는 것이 아니다. 기업이 정기적으로 새로운 경쟁상황에 대응하려고 그들의 물적 자산을 재배치하듯이, 관리자들은 조직적으로 혹은 합병을 통해 기업의 전략적 방향을 변화시킨다. 그들은 새로운 비전과 그들이 추구하는 전략을 지속적으로 조절하기 위해 열심히 일해야 한다. 그리고 기업문화의 존재는 변화에 반동적이다. 2003년 2월 ≪월스트리트 저널≫에 보도된 2002년 연례평판지수 결과에서 페덱스는 2001년 평판지수 순위보다 약간 떨어졌다. 또한 경쟁사인 UPS에게 육상운송에서의 선두자리를 빼앗겼는데, 이는 UPS가 2002년 내내 공격적인 광고, 커뮤니케이션, 일터 이니셔티브 등을 동원해 자기 회사의 주요한 가시성과 신뢰도를 형성했기 때문이었다. 페덱스가 그다지 많이 처진 것은 아니지만, UPS는 앞을 향해 대담한 도약을 취했다. 누가 보더라도 평판은 상대적인 것이다. 그것은 지속적으로 그리고 늘 경쟁하는 마음으로 얻어내야 하는 것이다. "작품은 수십 번 거듭한 기교를 통해 완성된다"는 프랑스 속담처럼 말이다.

***

이 책에서 강조한 바는 이해관계자들의 인식이 기업의 이니셔티브의 궁극적인 성공에 대하여 강력한 압박효과를 갖고 있음을 기업이 깨달아야 한다는 점이다. 평판은 이러한 대차대조표의 차변에 속하는 무형자산이다. 그러나 평판은 기업의 전략이 시장에서 얼마나 잘 수용되는가에 영향을 미치며 기업이 성취하는 경영성과에도 또한 영향을 준다. 페덱스는 이러한 효과에 대한 통찰력과 자각을 보여주었다. 그리고 페덱스의 커뮤니케이션 스텝은 통합적 기획과 그들의 이니셔티브 집행을 하는 과정에서 경영진의 지원을 받았다.

이 책의 독자들은 평판을 개선하고자 할 경우 이러한 교훈을 마음속 깊이 새겨야 할 것이다. 이 책을 통해 여러분에게 영감을 주었으면 한다.

찾아보기

(ㅈ)

(ㅊ)

(ㅋ)

(ㅎ)

■ 지은이

찰스 J. 폼브런(Charles J. Fombrun)

뉴욕 대학교 스턴 비즈니스 스쿨의 명예교수이며, 기업 평판에 대한 연구와 측정, 평가를 전문으로 하는 사설 연구기관인 "평판연구소"의 대표이사다. 그리고 콜롬비아 대학교, 와튼 스쿨과 뉴욕 대학교에서 최고경영자 과정을 운영하고 가르쳤다. 전 세계의 기업을 대상으로 평판관리와 조직변화의 문제에 대하여 컨설팅하였으며, 『기업평판 리뷰』의 공동 설립자다. 폼브런 박사는 유명 저널에 100편 이상의 논문을 기고하였으며, 저서로 *Leading Corporate Change*, *Reputation: Realizing Value from the Corporate Image*, *The Advice Business: Essential Tools and Models for Management Consulting* 등이 있다.

시스 B.M. 반 리엘(Cees B.M. Van Riel)

네덜란드 로테르담에 있는 에라스무스 대학교 로테르담 경영스쿨에 재직중인 기업 커뮤니케이션 교수다. 현재 『기업평판 리뷰』의 편집장으로 재직중이며 평판연구소의 대표이사, 유럽에서 가장 탁월한 5개의 비즈니스 스쿨이 공동으로 설립한 기업 커뮤니케이션을 위한 인터내셔널 마스터 프로그램의 설립 이사, ING 그룹의 브랜딩 조정위원회 위원이다. CI(Corporate Identity)와 브랜딩(Branding)에 대하여 다수의 논문이 있으며, 저서로 *Corporate Communication*, *Identity and Image*, *Principles of Corporate Communications* 등이 있다.

■ 옮긴이

한은경

현재 성균관대학교 신문방송학과 교수이며, IMC, 브랜드와 평판에 관하여 강의하고 있다. 또한 한국방송위원회의 상품판매방송 심의위원이며 한국광고자율심의기구에서 지상파방송광고 심의위원을 맡고 있다. 역서와 저서로는 『IMC광고론』, 『글로벌 마케팅 커뮤니케이션』, 『지속가능발전을 위한 광고의 새로운 패러다임』 등이 있다.

명성을 얻어야 부가 따른다
— 최고 기업의 명성관리 노하우

지은이 | 찰스 J. 폼브런 · 시스 B.M. 반 리엘
옮긴이 | 한은경
펴낸이 | 김종수
펴낸곳 | 서울출판미디어

초판 1쇄 발행 | 2004년 12월 10일
초판 3쇄 발행 | 2015년 5월 20일

주소 | 413-120 경기도 파주시 광인사길 153 한울시소빌딩 3층
전화 | 031-955-0655
팩스 | 031-955-0656
홈페이지 | www.hanulbooks.co.kr
등록번호 | 제406-2003-000051호

Printed in Korea.
978-89-7308-165-3 03320

* 책값은 겉표지에 표시되어 있습니다.
** 서울출판미디어는 도서출판 한울의 자회사입니다.